JN235487

持家資産の転換システム

リバースモーゲージ制度の福祉的効用

倉田 剛 KURATA Tsuyoshi

THE WELFARE BENEFITS OF THE
REVERSE MORTGAGE PLAN

法政大学出版局

目 次

はじめに

序　章　リバースモーゲージの要件 …………………………………… 1
1　研究課題とその視角 ……………………………………………………… 3
　1－1　制度構成要素の検討 ……………………………………………… 3
2　日本のリバースモーゲージ制度の後進性 ……………………………… 14

第1章　日本のリバースモーゲージ ………………………………… 17
1　スタートしたリバースモーゲージ ……………………………………… 17
2　金融機関のリバースモーゲージ商品 …………………………………… 18
　2－1　殖産銀行の「しょくぎん・ゴールドローン・長寿」 ………… 18
　2－2　中央三井信託銀行の「住宅担保型老後資金ローン」 ………… 20
　2－3　東京スター銀行の「充実人生」 ………………………………… 21
　2－4　外資系金融機関の参入 …………………………………………… 23
3　ハウスメーカーのリバースモーゲージ商品 …………………………… 24
　3－1　旭化成ホームズの「リムーブ」 ………………………………… 24
　3－2　トヨタホームの「ライフサポートサービス」 ………………… 29
　3－3　積水ハウスのリバースモーゲージ商品 ………………………… 31
4　災害地復興資金のリバースモーゲージ制度 …………………………… 33
　4－1　神戸市災害復興住宅高齢者向け不動産処分型特別融資制度 … 33
　4－2　新潟県不動産活用型融資制度 …………………………………… 37
5　リバースモーゲージと不動産市場 ……………………………………… 38
　5－1　リバースモーゲージは不動産市場を革新する ………………… 38
　5－2　「高齢者住み替え支援制度」とリバースモーゲージ ………… 40
　5－3　「買戻特約付住宅」とリバースモーゲージ …………………… 42
　5－4　不動産市場の課題 ………………………………………………… 43

6 リバースモーゲージの課題と展望 ································· 44
  6-1 厚生労働省のリバースモーゲージの課題 ················· 44
  6-2 住宅政策の転換とリバースモーゲージ ··················· 52
  6-3 リバースモーゲージの事業性と福祉性の拡大 ············ 53
  6-4 農業協同組合とリバースモーゲージ ····················· 55
  6-5 沖縄県のリバースモーゲージ ···························· 56

第2章　アメリカのリバースモーゲージ ······················· 63

 1 医療制度とリバースモーゲージ ································· 63
 2 リバースモーゲージの歩み ···································· 64
 3 リバースモーゲージ・プラン ·································· 69
  3-1 ホーム・エクイティ・コンバージョン・モーゲージ ····· 77
  3-2 ホームキーパー・モーゲージ ····························· 82
  3-3 ホームキーパー・フォー・ホーム・パーチェイス ········ 83
  3-4 キャッシュ・アカウント・プラン ························ 84
 4 リバースモーゲージの特徴 ···································· 86
  4-1 ホーム・エクイティ・コンバージョン・モーゲージの特徴 ··· 86
  4-2 リバースモーゲージの市場調査 ··························· 90
  4-3 新しい動き ·· 93
 5 テキサス州のリバースモーゲージ ······························ 95

第3章　ハワイ州の住宅市場とリバースモーゲージ ········· 101

 1 オアフ島の観光産業と住宅市場の課題 ························ 101
  1-1 軍事基地のプロジェクトと建設市場 ···················· 104
  1-2 建設産業の抱えるジレンマ ······························· 106
 2 オアフ島の住宅市場 ··· 108
  2-1 日本人の不動産投資 ···································· 108
  2-2 住宅価格の上昇圧力 ···································· 110
  2-3 低価格（アフォーダブル）住宅供給政策 ··············· 115
 3 オアフ島のコンドミニアム市場 ······························· 118

3-1　追随するコンドミニアム市場 …………………………………… 118
　　3-2　コンドミニアムのコンバージョン・モデル ……………………… 120
　4　リバースモーゲージ ……………………………………………………… 123
　　4-1　金融機関とリバースモーゲージ …………………………………… 124
　　4-2　住宅市場とリバースモーゲージのジレンマ ……………………… 128
　　4-3　リバースモーゲージ関連法 ………………………………………… 134
　5　ホノルル市・郡の不動産資産税と鑑定評価方法 ……………………… 136

第4章　環境とリバースモーゲージ
　　　　――沖縄本島とオアフ島の比較 ………………………………… 143

　1　自然環境と住宅市場 ……………………………………………………… 144
　　1-1　自然環境とコミュニティ …………………………………………… 144
　　1-2　自然環境性要素と市場経済環境性要素の比較 …………………… 145
　　1-3　自然環境と住宅構造 ………………………………………………… 147
　　1-4　自然環境と不動産市場 ……………………………………………… 150
　2　居住環境（地域特性）とリバースモーゲージ ………………………… 154
　　2-1　沖縄県の地域性への対応 …………………………………………… 155

第5章　オーストラリアのリバースモーゲージ ……………………… 159

　1　不動産市場 ………………………………………………………………… 159
　　1-1　都市集中型社会のオーストラリア ………………………………… 159
　　1-2　オーストラリアの住宅市場 ………………………………………… 161
　　1-3　「暮らし向き」と「自然環境条件」 ………………………………… 163
　　1-4　オーストラリアン・ドリーム ……………………………………… 167
　2　中古住宅市場とリノベーション ………………………………………… 172
　　2-1　リノベーション ……………………………………………………… 172
　　2-2　スマート・ハウスとサステイナビリティ ………………………… 178
　3　リバースモーゲージ市場とその特徴 …………………………………… 181
　　3-1　リバースモーゲージ市場の背景 …………………………………… 183
　　3-2　リバースモーゲージ・ローン ……………………………………… 186

4　不動産開発と金融機関 …………………………………………… 194
　　　4－1　市場経済と不動産開発 ………………………………… 194
　　　4－2　住宅金融機関 …………………………………………… 198
　5　オーストラリアの不動産権 …………………………………… 203

参考文献 ……………………………………………………………… 209
資　　料 ……………………………………………………………… 211
索　　引 ……………………………………………………………… 223

はじめに

　これまで，わが国の貯蓄率は国際的比較においても高いものとされてきた。しかし内閣府の国民経済計算によると，貯蓄率は1970年代後半をピーク（23％強）に，それ以降は下降傾向を示していて，2002年では6％程度にまで低下してきている。その要因として，もっとも確実視されているのが世帯の高齢化である。ライフサイクル仮説によると，若いときは老後に備えて貯蓄するが，退職後は収入以上に消費するから，当然，貯蓄率はマイナスになる。「家計の金融資産に関する世論調査（平成18年）」によると，「定例的な収入が減少したので貯蓄を取り崩した」家計が5割強に上り，「老後が心配」とする回答は8割強まで増加した。その心配の理由としては，「十分な貯蓄がないから」，「年金・保険が不十分だから」などの点が挙げられている。また「貯蓄の目的」としては「老後の備え」とする回答が，1992年頃から逓増している。老後の生活を不安視していて，その自衛的措置として家計の貯蓄を継続している傾向が明白である。

　本来，社会保障基金への貯蓄は，家計の貯蓄とは代替的関係にあるはずであり，社会保障制度が整備されてくれば，高齢期に備える予備的貯蓄も減少してくる理屈である。しかし最近の度重なる保険料の引き上げや，支給条件（支給年齢や支給額等）における不本意な変更は，社会保障に対する将来的な不安感をこれまで以上に煽っており，家計の自衛的措置として予備的な貯蓄行動に結びついてきている。事実，2003年からの貯蓄率はわずかながらも上昇カーブを描き始めてきている点で，これらの要素には整合性が認められる。

　とはしながらも，平均的な高齢者世帯の家計には余裕が少ないことから，将来の漠然とした不安を払拭するに十分な貯蓄はきわめて難しい。平均的な高齢者家計においては，生活している「住宅（持家）」が金融資産以上に重要な資産である。また住宅は，そのまま子供への相続資産となるのがこれま

での伝統的な潮流であった。しかし最近の風潮の一つとして，親がその住宅を必ずしも子に遺すとは限らなくなってきている。住宅資産を，親が自らの老齢生活資金として消費していく選択も珍しくない。皮肉な点だが，不動産市場の長期的な低迷が不動産（住宅）への経済的な期待感を減耗させ，所有コスト（租税負担や維持管理義務など）の負担感を増幅させている点などから，子の方の相続意向も希薄になってきている。

このような，社会的，経済的な変貌の下で，高齢者世帯の持家に着目した持家資産年金転換制度ともいうべき「リバースモーゲージ（逆抵当；reverse mortgage）」が，社会保障制度の補完的な福祉年金プログラムとして浮上してきている。「現在，住んでいる家を譲渡担保とした"前受金"が欲しい。住まなくなったら，家を引き渡すから，それで，"棒引き"にしたい」。言い換えるならば，「現役時代に住宅に投じた購入資金を，安定収入のない高齢期に入ったら生活資金（年金）に転換（回収）したい」とするものであり，そう希望する高齢者世帯は少なくないはずである。「居住」することの保証と「生活資金」の貸し付けを，同軸的に実現させる「リバースモーゲージ」こそ，「居住福祉制度」とも位置づけられるプログラムである。その仕組みは，高齢者世帯が現住している住宅を担保にしながら生活資金を貸し付けるものであり，生存中の返済義務を外して，死後に，担保物件の処分，あるいは相続人の代位弁済によって，一括，清算するものである。

こうしたリバースモーゲージ特有のメカニズム（循環性）を簡明に語ろうとするとき，著者ならば，「住宅資産転換方式（ホーム・エクイティ・リバーシブル・システム；home equity reversible system）」と集約するものであり，あるいは「青壮年期に住宅資産として投入された資金（蓄財）を，高齢期には福祉資金として，再び，「現金化（リターン）できる仕組み」とも定義づけられるスキームである。そのスキームの，資金の流れに注目するとき，一般の住宅ローンの場合を「順方向（フォワード；forward）」，すなわち「投資」とみるならば，「リバースモーゲージ」の場合は，まさしく「逆方向（リバース；reverse）」である。また，その「逆進性」をもって，資金の「還元性（returnable）」と理解することも誤りではない。こうした論理は，アメリカやカナダ，またイギリスでは，リバースモーゲージによる現金

収入を,住宅取得に投じた自己資金のリターンと看做して非課税としている点からも実証されている。生活のベースとなる「住まい」に投じられた資金（蓄財）は,長期にわたって固定化されて,担保力や帰属家賃などの他に,資財力として実現させる機会は極めて限定的である。相続財産となれば,さらに資金の固定化は次世代に継承されていく。相続を予定していない高齢者世帯の場合であれば,住宅資産の「転換システム（reversible system）」がもたらす「居住福祉」の効用は歓迎されるはずのものである。「住まい」に固定化された蓄財（ストック；stock）が,再び現金化（フロー；flow）されることで,家計の現金収入が安定し,消費活動もまた活発になるからである。

　「住まい」を現金化する方法としては,「売却」の他に,「住み替え」による家賃収入の確保などが一般的である。しかし,これらの方法は,いずれも高齢者に世帯の「移動」を強いるものであり,現状のままの「居住」と「福祉」を両立させられない点で,リバースモーゲージとは明らかにその性格を異にしている。固定資産（持家）の「転換システム」は,福祉的効用のほかに,不動産市場においては住宅ストックの流動性を高める動力となるものであり,新たな対応（ビジネス・スキーム）が前提条件となるのだが,不動産取引を活発化させるばかりか,退職後のライフスタイルの多様化にも奏功するものである。

　リバースモーゲージを,単なる持家高齢者世帯の経済的自立支援策だけに収束させてはならない。その論拠としては,リバースモーゲージの転換システムの機能によって,「生存権的財産（固定資産）」が,「福祉年金化（流動化）」する点が挙げられる。そのことで創生される「福祉的効用」や「経済的効果」は,社会保障制度を補強するばかりか,資金の流動性を加速させ,住宅市場のカンフル剤ともなるからである。

　イギリスの持家率の時系列パターンが示すように,イギリス人は若い時から住宅を取得し,高齢期に入ると,それを流動化させている。そうしたパターンは,加齢に伴うライフステージの移動に沿ったスムーズな暮らし方とも理解できるものだが,イギリスの住宅の優れたサステイナビリティが認知されているからこそ描かれる構図である。日本でも,住宅資産のサステイナビ

リティの増強について，欧米に範を求める点は少なくない。

　折りしも，耐用年数200年の「長持住宅」の建設を，税制優遇や建築補助策などで促進しようとする動き（二百年住宅ビジョン）がある。著者が，拙著『リバースモーゲージと住宅』（2002年8月刊行）の中で，木造住宅の長寿化への必要条件として，(1) 主要部材の断面の増大，(2)「可変性」の向上（改造などの難易度；173頁〜179頁），(3) 住宅ローン減税制度における新築・中古住宅の格差の是正（221頁），などを提言した。拙著の刊行から数年後には，中古住宅への不公平な減税措置が改正された。また「二百年住宅ビジョン」が具体化すれば，(1) 堅牢な部材の使用，(2) 間取りの可変性，などについても，早晩，見直される公算は大きい。

　リバースモーゲージの制度原資は，原則，高齢者世帯の持家の担保力（市場価値）にある。日本の公的なリバースモーゲージは，その貸付限度（融資枠）を，持家の土地（敷地分）だけに限定した担保評価に基づいて設定している。欧米の場合，建物は「土地の上に付着した構築物」であり，土地と一体の資産として評価されていることから，リバースモーゲージの貸付限度の設定も土地・建物全体の一体評価に基づいている。建物の老朽化・破損などは，リノベーション（交換・修繕）を施すことで修復可能な程度・状態ならば住宅全体の評価を大きく引き下げる要因としていない。言い換えれば，アメリカやカナダのリバースモーゲージでは高齢者の持家（住宅）を評価する場合，「生活する場所（living place）」としての「使用価値（use-value）」に基づいている。対照的に，日本の場合は，広義でいうならば「交換価値（exchange-value）」に基づいており，「市場価値（相場）」に偏重している。日本では，「建物」も独立性を付与された不動産であり，その資産価値にも単独性を認めているのだが，30年程度のサステイナビリティがゆえに融資の際の担保力は極めて僅少であり，結果として「土地」に偏重した評価が現実的である。このような資産評価上の相違が，内外の中古住宅市場の景況の格差を惹起し，リバースモーゲージ市場にも大きな隔たりの要因となっている。もちろん欧米といえども，老朽化や破損が著しい家屋はそれなりの評価しか得られない点は日本と変わらない。しかし欧米の場合は，そこに建物

が「現存」している「事実（現存性）」から，「住宅」としての「居住空間性能」が明確化されており，また「住宅資産」としての「公信力」も認めている。さらに，その家屋が，「主たる住居（principal home）」としての法律上も保護された私権の存在も確認できるものとされている。簡明にいってしまえば，そこに「家屋が存在」するからこそ，人が「生活できる空間」が確保されているのであって，まず建物が「存在（既存）」していることの「価値（exiting-value）」を認めている。また，そうした法定便益（既得権など）を有効視すれば，家屋の構造的な老朽化・破損，あるいは性能・機能・デザイン面での陳腐化などの問題（ペナルティ）は修復可能な要素であり，現存する住宅を土地だけの評価に限定するほどの要因とは考え難い。

アメリカ以外の国のリバースモーゲージであっても，やはり利用者が，「その持家に継続して居住している」点が重要な要件であり，リバースモーゲージ・ローンの継続・終了を確定付ける厳格な条件とされている。その根拠は，リバースモーゲージが公的な社会保障制度の一環であり，政府の関与が濃厚な公的福祉制度だからである。

日本のリバースモーゲージの場合は，その実態は「土地担保長期融資制度」であって，「土地」の担保力だけに立脚した貸付限度を設定して憚らない。この点が集合型住宅（マンション）を制度対象から除外している要因ともなっている。また土地だけの担保力に基づいた単純な年金融資だから，地価の下降がとどまらない地域内では機能しない。

日本のリバースモーゲージを，一見，海外のリバースモーゲージと同じ制度と勘違いしがちであるが，この両者の違いには埋めがたいほどの大きな隔たりがある。もちろん日本の場合は，人口の減少や高齢化に基因した社会規模の縮小が誘発している住宅市場の低迷も否定できない要因ではあるが，国家間の「福祉性」の濃淡であり，「社会保障制度」の理念の相違が，海外と，日本のリバースモーゲージのシステム上に大きな格差を生じさせている点に疑念はない。

本書では，先見性に富んだ，先導的な社会システムの研究・開発の緊急性については繰り返し論じている。「リバースモーゲージ」にしても，やはり有望な社会システムの一つのスキームであり，少子高齢社会を支える福祉制

度の一つとして普及すれば好都合なことである。この先，日本社会が，ますます多様化し，あるいは個性化する道を辿ることが確実視されている。それだけに，退職後のライフスタイルやライフ・サービス・ニーズにも柔軟に対応できるバリエーションの多彩化は，ともすれば硬直的なリバースモーゲージ市場の発展への推進力となるものである。

　本書の中では，紙幅の都合もあって，論及されていない点だが，リバースモーゲージの制度環境の重要な課題として，以下の各項を明示しておきたい。
1. 「家族形態」の検討。多世代同居の勧め。家族観の進化。
2. 金融体制の成熟化（多様化）。持分の担保。共有化による担保力の補強。
3. 生活保護法との重複性の検討。
4. 住宅のサステイナビリティの補強と，その資産評価基準の検討。

　本書の構成については，次のように整理している。
　第1章では，日本のリバースモーゲージ市場の現状を概説しながら，不動産市場との関係にも論及している。自治体のリバースモーゲージの中には，単なる融資先の仲介的なプログラムもあって，その福祉的効用は期待できない。また厚生労働省のプログラムにしても，地域性に配慮していないフラットなシステムであり，多様化する高齢者世帯のライフ・ニーズにも十分な対応ができない点で，居住福祉制度としては不全である。さらにリバースモーゲージを取り巻く周辺環境が抱えている課題についても，平明に整理し論述している。
　第2章では，アメリカのリバースモーゲージ市場の足跡を整理し，また比較的新しいリバースモーゲージ・プランについて論じている。他に，リバースモーゲージの利用に，最も慎重な対応を固持してきたテキサス州政府の，躊躇と葛藤の経緯についても概説している。アメリカのリバースモーゲージ市場は，規制という外枠があるにしても，ドラスティックなアジャスタブル・マーケット（adjustable market）と表現できるほど，その動きはビビットである。その論拠として，あらゆる社会システムに通底している構造的な硬直化，あるいは形骸化を危惧して常に官民で調整機能を働かせながら進化を遂げている点である。しかしアメリカの社会制度について，州毎の

相違点や特徴を整理することは，多大な時間・エネルギーを要する作業となる。したがって本書ではリバースモーゲージを検討する場合でも，各州に共通している部分を取り上げて，制度の全体像を俯瞰しようと試みている。アメリカ社会の重大な特徴でもあるのだが，政策と実態のギャップなどについても比較的短期間のうちに捕捉できる点があり，その先行している足跡を辿り，日本の社会制度に敷衍させることが，本書のアメリカ研究の目的である。また，そうした政策の展開がもたらす功罪についても，ディスクローズすることを逡巡させない，多層社会の自律的な均衡圧力を確信させる国がアメリカといえる。

第3章では，90年代以降，ジェット・ストリーム（jet stream）とも評されるほどの住宅価格の急騰が見られたハワイ州オアフ島の住宅市場を概説しながら，リバースモーゲージ市場との連環性に論及している。また住宅市場の好調と，世界中からのリゾート住宅需要に翻弄されているハワイ州の島嶼性との関係を解明し，さらに持家高齢者世帯の家計の影響についても考察している。

第4章では，共通点の多い沖縄本島とオアフ島を対比させて，自然環境や市場経済，さらにリバースモーゲージ市場について，その連環性を分析し実証している。また両島に共通している，外部経済への依存性や経済的自立の脆弱性についても検証している。

第5章では，オーストラリアのリバースモーゲージ市場を概説している。オーストラリア国土の大陸的な特徴と不動産市場の需給の逼迫性，また金融市場の特異性などとの緊密な因果関係に論及しながら，特色あるオーストラリアのリバースモーゲージ・プランも解説している。

なお本書では，著者がこれまで関係学会で報告した論文や資料なども使用している点をお断りしておきたい。

人間社会にみられる森羅万象は，結局のところ，自然環境の許容と制約の中で繰り返されているに過ぎない。われわれは，その活動のすべてに，ある種の謙虚さが要求されていることを放念してはならない。あらゆる「資源」の「消費」と「活用」に際しては，そこに「循環性」の付帯は大原則であり，

本書の大意は，まさに，この一点に収斂することができる。
　また人間社会において，「勤勉」は報われなければならない。個人が，自ら（家族）の勤勉さをもって「住まい」の中に投入した財力（蓄財）は，扶助を要する高齢期に入ったら生きるための「糧」としたい。そうした「循環性」が失われた社会を評して，われわれは「成熟社会」とはいわない。
　最後に，本書の中の不適切な記述や誤りなどについては，読者諸氏のご教示とご寛恕を賜りたい。

2006年11月

序　章　リバースモーゲージの要件

　わが国の少子高齢化は相変わらず進行している。したがって社会保障の財源を担う次世代層は薄くなり，逆に被保障者層の方は厚くなる。しかも，その社会保障額は増大し，保障年数も延伸化していく。このところの日本政府は，膨らみ続ける高齢者医療費が財政を圧迫していることを理由にして，医療・介護サービスに対する高齢者負担についても加重させる方針を示している。国立社会保障・人口問題研究所のまとめによると，2003年度の年金，医療，介護などの社会保障給付費は，過去最高の84兆2668億円に上っている[1]。そこで2025年度の医療費給付費をなんとしても49億円に抑え込むために，政府はいくつかの対策を盛り込んだ医療制度改革を打ち出しているが，その骨子は，やはり高齢者を中心にした国民側の負担の加増にある。
　このところの日本の社会保障制度は，高齢者個々人に対して，たとえ，その生存権的必要性のある費用であったとしても，自己負担を加重させる方向に逆進している。年々，高齢者のいる家族の背負う有形・無形の介護（世話）負担も，かつての比ではなくなっている。こうした介護（世話）負担の過重な実態は，確実に逓増している，「老々介護世帯数」からも明白である。
　こうした向きの社会保障制度の下にあっては，高齢者世帯にしても，これまで以上に家計の自助的な経済的自立策を講じる必要性が高まってきている。
　本書では，持家の高齢者を対象にした，自助的でありながらも社会保障制度の補完的なプログラムの一つとして，持家担保年金転換プラン，すなわち「リバースモーゲージ（reverse mortgage）」を取り上げている。このプランは，高齢者が，その「持家」にそのまま住み続けながら，なおかつ「現金収入」を調達できて，その返済方法は「持家」の処分によってまかなうといった仕組みである。
　また本書では，「居住」と「福祉」を，そのシステムの両輪としている「リバースモーゲージ」が，「持家（既存住宅）」のサステイナビリティ増強

の経済的効果まで包摂している点に着目して,「リバースモーゲージ」を「居住福祉環境制度」として括っている。

　社会の少子高齢化は,わが国だけに限った特異な現象ではなくて,先進各国にも共通するものである。欧米各国においても,その社会保障制度上の重要課題として,高齢者個々人が,「在宅」で,「自立した生活」を維持・継続させる「ノーマライゼーション（normalization）」の支援を政策の重要な柱に据えている。アメリカでは,1980年代後半から,リバースモーゲージ・プログラムのデモンストレーションを展開し,現在では恒久的な社会保障制度のセイフティーネットとして,その普及・定着に成功している[2]。イギリスやフランス,またカナダやオーストラリアなどでも,すでにリバースモーゲージ市場は確立されている。

　わが国のリバースモーゲージ市場においては,1981年に,武蔵野市福祉公社（東京都）が始めた取り組みが嚆矢となっている。その後も,各自治体が,持家高齢者の経済的支援措置の一環として,それぞれ独自のプログラムを推進してきている。

　2002年12月には,厚生労働省が,全国都道府県社会福祉協議会に対して,「長期生活支援資金制度」の導入を指示し,2003年4月から,全国共通の「生活福祉資金（長期生活支援資金）貸付制度」をスタートさせた。また,この数年間では,金融機関やハウスメーカーなどがそれぞれ開発した独自のリバースモーゲージ商品の販売に踏み出している。

　平均的な家計に共通している点だが,家計の資財力の大半が持家資産に凝縮されている。したがって,その持家の資産力（価値）を,退職後（定期的な現金収入が途絶える意）の現金収入に転換するリバースモーゲージは,高齢期の生活支援プログラムとして合理的であるばかりか,固定資産の運用上の効率性においても優れている。

　とはしながらも,リバースモーゲージは高齢者の居住用資産を原資（担保）にしているだけに,まず借り手の加齢に伴って逓増していくトラブル（身体的障害から認知症まで）から始まり,家族の問題（同居・保証人・介護・扶養）,不動産市場や金融市場の変動・改変,そして社会諸制度の変化などと,取り巻く制度環境は極めて流動的であり,また複雑である。

そうしたリバースモーゲージの制度環境の一つに,「居住地域環境（コミュニティ）」がある。コミュニティには,連帯意識や帰属意識の他に,ほぼ通底している処世観やライフスタイルがある。そうした非可視性要素から類推できる,地域の平均的な家族像,相続選好,そして資産観などを掌握して,リバースモーゲージのシステムに反映させる柔軟性がなければ,「居住福祉環境制度」としては機能不全に陥る。以上の視座からすれば,リバースモーゲージの研究には,学際的な検討が欠かせない。

　また欧米社会のリバースモーゲージと,厚生労働省の「長期生活福祉資金貸付制度」とを比較するとき,そのシステムの外枠は類似していても,社会保障制度の補完的プロジェクトとして必要な「福祉性」の視角から検証するならば,明らかに異なったシステムである。わが国の場合も,リバースモーゲージに対する社会的必要性,あるいは期待について疑念を挟む余地がないだけに,その普及・定着に向けた「福祉性」について改めて慎重な議論を重ねなければなるまい。

　以上のような論拠から,本書では,リバースモーゲージについて,学際的視角からの検討と,アングロサクソン・モデルともいうべき,アメリカとオーストラリアのリバースモーゲージについても検証を試みようとしている。

　本書の構成としては,第1章で,まず,わが国のリバースモーゲージ市場の現状を分析する。第2章では沖縄本島を取り上げて,その地域特性とリバースモーゲージの適応性について論及する。次に,海外情報として,第3章でアメリカ本土,第4章ではハワイ州オアフ島のリバースモーゲージ市場を取り上げて検証する。最後の第5章ではオーストラリアの不動産市場やリバースモーゲージ市場,そして金融市場などについても概説する。

1　研究課題とその視角

1-1　制度構成要素の検討

　先進各国の社会保障制度には,それぞれの国固有の歴史や文化,宗教や教育,そして社会や経済の構造などまでが色濃く投影されている。しかしリバースモーゲージ制度においては,各国の多彩なバリエーションにもかかわら

ず，システムの「基軸」そのものは，いたってシンプルであり普遍的といえる。

本書では，先進各国のリバースモーゲージ制度の組成や作用を分析した結果，リバースモーゲージの公分母に相当する基本的要素を下記の8項目に集約させて，各要素の問題点や課題を整理している。

リバースモーゲージ・システムの，「持家（固定資産）」を，「年金（流動資産）」に転換させるメカニズムの構成要素について，広義で捕捉するならば，「受益権利者」，「対象財」，「資金」であるが，本書では，これらをさらに細分化して，「利用対象者」，「対象不動産」，「キャッシュ・フロー」，「リスク」，「福祉性」，「適応性」，「カウンセリング」，「関連諸法」の8つの要素に整理して検討している。またリバースモーゲージの市場には，「固定資産（持家ストック）」を「流動資産（キャッシュ・フロー）」に転換させるための作用環境として，「金融市場」と「不動産市場」が直接的に関係することから，両市場に共通の「変動性要素」である「不動産価格の変動」と「金利の変動」と，「生命関数」である「生存年数（寿命）」も「変動性条件」として集束させ，「リスク」として括っている。

(1) 利用対象者（該当者条件：年齢・所得・同居人）
(2) 対象不動産（担保条件：持家の種類・構造，権利の種類・担保）
(3) キャッシュ・フロー（資金的条件：借入・返済・金利・用途）
(4) リスク（変動性条件：不動産価格・金利・長命）
(5) 福祉性（終身性・生存配偶者条件）
(6) 適応性（柔軟性・多様性）
(7) カウンセリング
(8) 関係諸法

(1) 利用対象者（該当者条件：年齢・所得・同居人）

本書において，「公的リバースモーゲージ制度」とは，「生活福祉資金（長期生活支援資金）貸付制度」を指している。この公的リバースモーゲージ制度（以下，公的制度）の「貸付対象」は，あくまでも「世帯」である。通常，「世帯」とは，「住居・生計を同じくしている者の集団」を意味するもので

あり，また「親族以外の者が含まれている場合」や，「一人の場合」もあるとされている[3]。しかし公的制度から「資金の貸付けを受けようとする者（借入申込者）」は，該当要件を備えた不動産を単独で所有している者（個人）である。言い換えるならば，当該公的制度は，資金を，「世帯」に貸付けるのだが，「借入人」は「個人」と定めた制度であり，厳密に言えば，「個人」と，「世帯」の関係が曖昧である。

① 年齢規定

　　海外制度の借り手の適用年齢は，62歳以上が多い。日本では，おおむね65歳以上である。公的制度の福祉目的からすれば，対象者を「社会的弱者」と括るべきであり，年齢の制約は本義的には不適正である。

　　また世帯の構成員を65歳以上と定めているが，構成員の年齢差が制度利用を阻害する場合も想定されることから，柔軟性を持たせるべき点である。

② 所得規定

　　公的制度では，その利用者の所得規約（住民税非課税程度の低所得世帯）が隘路になって，制度利用を望む高齢者世帯の経済的自立に貢献できない懸念がある。医療費などが過大な負担となっている高齢者世帯も予想されることから，厳格な（杓子定規な）所得制限は福祉性を損なうものである。

　　最近の社会風潮から，持家の相続を予定しない高齢者世帯は逓増傾向にあり，いわゆる困窮世帯の救済だけではなく，老齢期の生活に余裕をもたらす資金の調達を目的とした公的制度も必要とする社会傾向が，各機関の調査からも確認できる。

③ 同居人規約

　　公的制度は，「第三者の同居」についても柔軟な対応が要請される。むしろ同居人の存在によってかもし出される，「福祉」効果も評価すべきである。「世帯」から配偶者の親以外の同居人を制限・排除しているが，子供が老親を介護しているケースも排除してしまうことになる。貸し手側の，清算（住宅の売却処分）の際のトラブル回避が目的の規約だろうが，清算時の完全退去の確認や代位弁済予約で片付く問題であり，

検討すべき点である。

(2) 対象不動産（担保条件：持家の種類・構造，権利の種類・担保）

　本書では，「持家」については，その「土地（敷地）」と「建物（専用住宅）」を一体評価し，担保設定する仕組みを想定して述べている。現行の公的制度では，「持家」の「敷地分（土地）」だけの担保評価から融資極度額を算出しているが，不適切な規定である。

　不動産関連法の下では「建物」を独立した権利主体と法定しながら，公的制度においては，その資産価値を認めないといった，不公正，あるいは不合理な取り扱いに映る懸念がある。老朽化している建物なら，それなりに評価すれば済むことであり，借り手の，諸費用の負担を配慮した措置ならば，別の軽減方法を検討すべきである。公的制度が，建物に対しても，第三者関与を制限しているならば，なおさらのことである。

　① 資産価値とサステイナビリティ

　　　制度原資である，「持家（中古住宅）」の「資産性」は重要であり，なおかつ「サステイナビリティ」は欠かせない要件となる。

　　ⅰ 持家（中古住宅）資産の市場性（換金性）を維持・持続させることで，アメリカ市場に見られるように，中古住宅市場の需要が生起され，取引が活発になる。そうした市場環境が整備されれば，民間企業のリバースモーゲージ市場参入も活発化し，高齢期の生活資金の調達策として多彩な商品開発も実現する。

　　ⅱ 持家を，ていねいに使用しながら，必要な維持管理を怠らないで，可能ならば付加価値も高める（増築・改装など）。そうした「住まい方」が，市場での換金性（転売価格）を向上させられるならば，中古住宅の資産評価は真正化する方向に向く。個人の，住宅寿命の延伸（サステイナビリティ）に資する行為に供する融資や課税には，何らかのインセンティブ措置が検討されるべきである。

　② 制度対象住宅の多様性・柔軟性

　　ⅰ 現行の公的制度が，分譲型共同住宅（マンション）を，その対象から除外している点では，「福祉性」に乏しく，社会保障制度のセー

フティーネットにはなり得ない。社会の少子高齢化から，高齢期の居住形態の選択として，将来的には共同管理型住宅に住み替えする傾向が本流化する可能性は高く，協住型施設であるコハウジング（cohousing）[4]なども普及するようになるからである。

高齢者にとって，持家（戸建住宅）を単独で維持管理することは加齢とともに難しくなる[5]。また生活の利便性などからも，都市部にある共同管理のマンションへの「住み替え」が増えてくるだけに，戸建住宅に固執した，旧弊な資産観に基づいた規約は，その「福祉性」を鑑みた場合には「不公平性」が問題視される懸念もある。

マンション（共同住宅）も，区分所有権に基づく独立性が確定された権利主体であるが，土地（敷地）の所有権については，全体の専有面積に対する持分（専有床面積）に対応した比率に基づく持分共有であり，相応した敷地利用権となる。日本の公的制度が，融資対象を戸建住宅の土地だけに限定している意図の一つは，「高齢者の持家は老朽化した木造家屋」の想定の基に，その評価価値をゼロと踏んでいるからであろう。しかし堅固な構造を持つ中高層マンションなどの場合は，その資産価値の大半は建物部分にあり，公的制度の対象に組み込んでも何等の支障もないはずである。

ⅱ「借地」の上に建築された建物（戸建住宅・マンション）であっても，この条理は準用できるはずである。「借地」の上の住宅が，制度の対象外となり，公的制度を利用できないのは，土地だけの担保評価に基づいた融資だからである。しかし「借地」の上の「建物」も，その建物を表示登記する方法によって，「地上権」の第三者対抗要件も構成できるし，経済的価値も当然，発生する。「定期借地権付住宅」の場合などでは，権利関係も明確であるが，現行制度では制度対象から排除されるといった不整合性も問題視されるべきである。

公的制度の「福祉性」を考量するならば，「借地」の上の持家であっても，共同型住居（マンション）にしても，個人の「持家資産」である点に何等の遜色もなく，その敷地や構造形状の相違を理由にして，公的制度の利用のすべてを拒むことには，不公平な福祉制度と非難さ

れる懸念がある。
③ 地域特性

　　沖縄本島では，厳しい自然環境を配慮して戸建住宅の大半が堅固な鉄筋コンクリート構造であり，その担保評価額も木造に比べて高額であり，土地の評価額と逆転するケースも少なくない。この点だけでも，沖縄県においては，現行の公的制度が，地域の住宅事情と噛み合っていないし，また地域特性に対応できる柔軟性を持たせなければならないとする論拠となる。自然環境条件の厳しい地域，あるいは地域環境などが特異な場合は，その地域性に対応するべく――リバースモーゲージ制度の大枠では全国共通であっても――制度の運用規定など，細部に関しては，各自治体にその裁量権を委ねるケースも検討するべき必要性を付言しておきたい。

(3) キャッシュ・フロー（資金的条件：借入・返済・金利・用途）
① 公的制度の場合は，月の最高融資額は30万円であり，3カ月ごとに交付される。また貸付利率は3％か，あるいは当該年度の4月1日の長期プライムレートのいずれか低い利率を採用する。資金用途は，世帯の生活資金であり，特段の制限はない。
② ノンリコース・ローンの意味

　　アメリカやカナダのリバースモーゲージは，原則としてノンリコース・ローン（非遡及型融資）であり，その生存期間中は，たとえ融資総額が担保評価額を超えたとしても融資は継続される。その場合，過剰融資分については，政府保証（保険）によって補填されるシステムである。わが国の公的制度のように，担保価値の変動いかんによっては，融資が途中で止められるケースも想定されるといった不確定性のシステムに対しては，そこに「福祉性」は認め難い。
③ 清算（一括返済）する場合でも，担保対象を売却処分して返済する方法の他に，相続人による代位弁済があり，この場合であってもインセンティブ措置の用意があれば，よりスムーズな清算が期待できる。
④ 行政側の財政事情

厄介な問題として，自治体の窮屈な財政事情があり，各自治体が負担する制度財源（融資の3分の1）の確保が難しい。公的制度の場合は，償還（資金回収）の時期が不確定であり，いきおい自治体の予算配分ではリバースモーゲージ資金の確保は後順位になっている。こうした実態から，資金調達は債権買い取り機構や第二市場に委ねて，政府や自治体はリスクテイキングに当たる仕組みが必要となる。このメカニズムの有効性についても，アメリカ市場では実証されている。

(4) リスク（変動条件：不動産価格・金利・長命）
　① 政府によるリスクテイキング
　　　個人の生存権的居住用資産（持家）を，ノーマライゼーションのための費用に充当する福祉性目的をもって自己消費する事例に対して，国の取るべき態度は，納税者の負う「納税義務」に対応した「反対給付」を実現しなければならない。さらには憲法で保障している「福祉的サービス」の代替機能として，公的制度に生じるリスクテイクは政府が引き受けなければならない責務と言える。日本の場合は公的制度であっても，連帯保証人（推定相続人）が融資に関するあらゆる債務のリスクテイカーであり，しかも推定相続人が指名されている。この規約は公的な福祉制度としては誹謗されても仕方ない稚拙な部分である。この点についても，アメリカやカナダに学ぶところは少なくないはずである。
　② 金利変動や地価下落などの市場変動や長命による担保割れリスクは，本義的には借り手が負うべきリスクではなくて，貸し手のリスクとすべき性格のものである。リスク回避に必要な情報収集や分析能力において，借り手と貸し手の間には絶対的な格差があるからである。現行の公的なリバースモーゲージ制度のほとんどが，推定相続人の連帯保証を義務づけていて，制度普及上の重大な阻害要因となっている。欧米諸国の制度で，相続人の連帯保証を義務づけている事例を筆者は知らない。

(5) 福祉性（終身性・生存配偶者条件）
　① 終身型融資の必要性
　　　リバースモーゲージの特徴は，高齢期（65歳以降）から始まる点であり，原則，「転居」あるいは「融資極度額（貸付限度額）」に達するまでの期間を融資期間と定めている点にある。借り手が高齢者であることから，その加齢に伴うリスクとして，借り手の「意思能力」に問題が生じるケースも想定される。憂慮すべきことだが，譫妄（せんもう；軽度ないし中度の意識混濁）などの場合では，周囲でも気づかないケースも珍しくもない。加齢などによって意思能力が衰える方向にある高齢者が，市場の変動に起因した不利益を被るシステムに，「福祉性」は認められない。

　　　公的制度では，借り手に「災害その他やむを得ない理由」が認められる場合に限って，「償還猶予」あるいは「償還免除」が規定されている。しかし現実問題として，そうした事態に直面したとき，借り手の誰しもが，冷静に，適正に，対応できるのだろうか。結果（顛末）が同じならば，最初から公的制度は「ノンリコース・ローン」，すなわち「非遡及型高齢者持家担保融資」にすれば，仕組みも簡明になる。貸付金総額（貸付元利金）が極度額に達したら，「生活保護」，あるいは「終身型保険」などに引継がれる仕組みも，借り手にとっては複雑であり，また不安な材料にもなるものである。
　② 生存配偶者条件
　　　多くの夫婦が，配偶者を看取り，後に一人残されるケースは少なくない。配偶者の医療費や介護費用に，家計の蓄えを取り崩してしまい，残された者は，孤独と生活苦に陥るケースもまた珍しくない。やはりアメリカやカナダのリバースモーゲージのように，生存配偶者にも同一条件の融資が約束されてしかるべきである。

　　　現行の公的制度にも，同様な「貸付契約の承継」が規定されているのだが，気がかりな点は，「借受人に係る貸付元利金が再評価により算定した貸付限度額（融資極度額）に達していないこと」を生存配偶者への貸付契約の「承継」の条件にしている点である。「償還猶予」や「償還

免除」の条項も適用される契約上の約束についても，同一世帯の構成員だから，そのまま承継させるべきである。

(6) 適応性（柔軟性・多様性）
① 社会の変化と既成制度との間に生じるミスマッチは，常に時の問題となり，新たな課題を惹起している。とりわけリバースモーゲージの場合は，その制度効果が高齢者の居住用資産や家計に及ぶ点などから，「仕組み」そのものにも高齢者個々人の多様なニーズにも柔軟に対応できる適応性が必要とされている。たとえば消費者物価の上昇に対応して，月次年金支給額を上乗せできるなどの適応（変更）は，制度の現実的な適応機能といえる。あるいは看病・介護に必要な第三者との同居などのケースにおいても，規則を盾にして拒むならば，公的制度は「福祉制度」ではなくなる。もちろん公的制度の性格からして，借り手（高齢者）に不利な効果をもたらす変更は論外である。
② 民間企業の市場参入

リバースモーゲージ市場への民間企業の参入は，高齢者の多様なニーズにも幅広く対応できる柔軟性・多様性に富んだ商品開発の実現を早めるものである。民間企業の参入は，債権買い取り機構や第二市場との関わりを緊密にし，リバースモーゲージ市場を安定的成長に導く。民間企業参入の経済的効果については，すでにアメリカ市場で実証されているところである。
③ 沖縄県の事例から学ぶ点であるが，公的制度にも，地域特性を反映させたバリエーションの用意が必要である。一定地域の固有の生活特性に対する柔軟な対応は，必要な「福祉性」である。沖縄県の場合は，「家」に対する伝統的な父系親族承継の慣習など，地域特性に基因した課題がある。「持家」が，単なる「居住用資産」でない点から，詳細は後述するところであるが，一律的で平準なリバースモーゲージでは対応が難しい。
④ これまでの個々人の独立した居住単位（世帯）とは，その成り立ちから異なっている比較的新しい居住形態の「協住型コミュニティ（コハウ

ジングなど)」には，リバースモーゲージのシステム上の適応性が要請される。海外のリバースモーゲージでは，コーポラティブ・ハウスは対象外とされている場合がある。またフランスのビアジェ (viager) [6] が住宅に限定しないで，すべての財物に適応する仕組みであり，アメリカでは，資金用途を固定資産税納付に特定させたプランもあるくらいに，借り手のニーズに適応したプランを用意している。

⑤ 住宅ローンとの接合

　　リバースモーゲージを，協住型コミュニティ（コハウジング）の「建設プロジェクト」に，企画の段階から組み込む方法を推奨したい。アメリカのリバースモーゲージ・プラン[7]のように，住宅の購入に際して，住宅ローンとリバースモーゲージ・ローンをワンセットにしたプランならば，「住み替え」に際しても「買い替え」が容易になり，ライフステージにふさわしいライフスタイルを選択できる可能性は格段に広がる。このプランならば，新築住宅，中古住宅のいずれの市場にも，その取引件数を増やす効果があり，市場の需要と供給の両面から貢献できる。

(7) カウンセリング

　　リバースモーゲージのシステムでは，借り手の，スタート時の年齢が高ければ高いほど月次交付金額は多くなる。こうした特異性があるから，借り手は契約前に丁寧な説明（カウンセリング）を受ける必要がある。この「カウンセリング」については，日本の現行の公的制度に，その詳細は明文化されていないが，貸し手と借り手の双方に義務づけるべき重要な部分である。アメリカの場合も，トラブル回避のためにも重要な予備手続きとして明文化させており，貸し手の義務違反に対しては厳格な制裁措置まで定めている。

(8) 関係諸法

　① リバースモーゲージは，原則的には持家を担保にして借入し，その清算は持家の売却代金をもって一括返済する仕組みだけに，誤解や曲解を生じやすい難点がある。また借り手が高齢者であるから，加齢による意

思能力の喪失も懸念される問題であり，悪くすれば，その家を失い生活保護を受ける羽目にも陥りかねない。こうしたリバースモーゲージの難しさを考量するとき，民間企業の安易なリバースモーゲージ市場への進出は，まさに「両刃の剣」にもなりかねない懸念があるだけに，法的環境の整備は不可欠である。

　また最近の社会風潮として，高齢者をターゲットにした悪質な犯罪（詐欺事件）の枚挙に暇がない[8]。こうした事態には，そのコミュニティの協力・参加が効果的である。そのためには，法定後見人制度などの関係法をさらに見直して，高齢者の日常的な行為の輔佐を，より簡便に，より的確に，周辺の関係者に委託する必要があり，その対抗力のための法的サポートは欠かせない。東京都では，2006年度からケアマネージャーなど介護サービス関係者に，高齢者と外部業者との取引について，必要なサポートを委託している。

② 中古住宅市場の安定的需要の確保（不動産関係の法律・基準の見直し）

　高齢者の持家，すなわち「既存（中古）住宅」に対する需要が，アメリカの中古住宅市場ほどに旺盛ならば，日本のリバースモーゲージでも，土地だけの担保評価ではなくて，建物も評価する「土地・建物一体評価」の採用が現実味を帯びてくる。しかし現実問題として，日本の場合は住宅の築後年数による一律的な評価基準が主流をなし，住宅寿命の短命化の圧力となっている。融資や減税措置などにおいても，中古住宅は新築住宅に比べて劣位な取り扱いを容認してきた経緯がある。また所得税法の減価償却資産の耐用年数規定などは，あらゆる機会において，木造住宅の資産価値の持続性を制限的なものにしてきている。建物の築後年数に基づいた耐用年数を法定化しないで，市場の均衡的価格メカニズム（神の見えざる手）にも委ねる方向の改正も検討されるべき点である。

　アメリカの住宅市場では，ゾーニング（土地利用）をベースにした市場調整が珍しくない。その場合，「中古住宅」に対する需要が強固である理由の一つとして，そこに住宅が「既存（現存）」していること自体が「価値」を持ち，既得権にも結び付くメリットがあるからである。日本の場合も，既得権は古くから私有財産については認められてきている。

建築基準法や都市計画法などにも，法施行以前の「既存建物」に関する「既得権」は明文化されている。しかし市場の需要を喚起させるほどのメリットを約束するものではない。本書では，それをさらに拡大化して，「中古住宅」に対する「現存性価値」[9]の政策上の法定評価として，中古住宅ストックの購入に対しては「中古住宅購入資金優遇措置」を設けて，税法（流通税・ローン減税など）や融資上の優遇条件（一定期間の金利引き下げ等）など，インセンティブ措置の検討が，リバースモーゲージ市場の確立には不可欠である点を主張している。

③ 家計の資産マネージメントの支援策

リバースモーゲージの利用は，「持家資産」のフロー化であり，家計における「アセット・マネージメント（Asset Management）」とも解することができる。「持家」の生存権的資産性を鑑みれば，個人の「財産権」の保護を目的にした特別法が必要になってくる。将来的には，民間企業のリバースモーゲージ市場参入は確実であり，海外資本も機をうかがっている。早急に，「リバースモーゲージ融資規制法」の制定を準備しなければならない。

2　日本のリバースモーゲージ制度の後進性

アメリカやカナダのリバースモーゲージは，その福祉性は言わずもがな，多様性や柔軟性，また事業性（第二市場の用意等）などの面においても，わが国のリバースモーゲージとは比較にならないほど先進的である。アメリカのリバースモーゲージの目的を，「高齢者の生存権的生活ニーズに対応した終身型の資金的支援」と理解するならば，わが国の現行制度の目的は，単なる「持家担保の長期生活資金融資」に過ぎない程度のものである。

日米両国のリバースモーゲージには，根元的な相違がある。その要因としては，制度背景であるアメリカ社会の多層的・多民族的構造，社会保障制度の特徴，不動産市場の規模・景況などからの影響・効果が挙げられる。またアメリカの場合は，広大な国土，独立性の強い家族制度，自立性に富んだライフスタイルなど，その自然環境や社会環境などの特性が，リバースモーゲ

ージをドラスティックで，かつフレキシブルなものにしている。

　一方，日本の社会構造や社会保障制度，また不動産市場や資産観，あるいはライフスタイルなどを考量するとき，リバースモーゲージの仕組みそのものが日本人には馴染み難いものかもしれない。簡単に説明すると，リバースモーゲージとは，持家資産の「取り崩し」のシステムであり，美徳と標榜されてきた「備蓄」とは，まったく「逆行」するような印象が強く，日本人の多くは抵抗感を抱く。これまでの日本の伝統的な家族制度や相続観，あるいは社会保障制度などにしても，私的財産の「持家資産」は次世代への承継（相続）財であり，社会保障財源の方も次世代に依存していく構図の，正・負がともに継承されていく「受け渡し」構造（メカニズム）の社会が長く継承されてきたからである。

　しかし近年は，日本の社会構造も大きく変貌を遂げている。ひと頃までは，「還暦」は，人生の終焉期が間近いことを意味していたが，最近では，「第二の人生」のスタートラインと考えられるほどにライフスパンが延伸している。皮肉なことだが，こうした社会の変貌が個人や社会全体に課す負担は，決して僅少なものでは済まない。

　また核家族化の進行から，単独夫婦世帯は増加傾向にあり，個人の長命化は，高齢者家計にも生存権的費用（医療費・介護費等）の負担分を逓増させているなど，次第に「自立型社会」へと移行している。こうした「自立型社会」は，後期高齢期を迎えた高齢者世帯の場合で考えてみると，その持家資産を――子に相続させないで――自己消費（老齢生活資金に変換）していく生存権的必要性に帰結していく。したがって，これからの日本社会においては，持家資産を老齢資金へと変換するプログラムの必要性は必然的である。

注
(1)　『日本経済新聞』2005 年 11 月 4 日付。
(2)　アメリカやカナダで普及しているリバースモーゲージは，一般融資と明確に相違している点だが，「借入返済は利用者の死亡時に一括返済」であり，さらに，「担保物件（持家）に継続して居住すること」が融資の条件である。リバースモーゲージ・システムを，「死ぬまで自分の家に住み続けながら，家を消費していく」仕組みとも換言で

きる。「貸し手」と,「借り手」との間で起こる「現金の流れ (cash flow)」の「方向」が, 一般融資 (foward) に対して「逆 (reverse)」である点からリバースモーゲージ (reverse mortgage) と呼称されている。
(3)　松村明編 (1989)『大辞林』三省堂, 1337頁参照。
(4)　北欧・カナダ・北米に普及している協住型住居群。倉田剛 (2002)『リバースモーゲージと住宅』日本評論社, 第5章参照。
(5)　2005年末から2006年初めにかけて日本各地で豪雪による被害が多発した。高齢者の戸建住宅の損壊や屋根の雪下ろしなどによる高齢者の死傷事故が例年以上に多く発生したことから, 高齢化する単身者世帯の増加が問題視された。
(6)　フランスの伝統的なリバースモーゲージ。倉田, 前掲書, 第1章第4節参照。
(7)　Fannie Mae (米) のリバースモーゲージ・プランの一種である「ホームキーパー・プラン (Home Keeper for Purchase)」。
(8)　耐震・床下防虫工事にまつわる詐欺事件が2003年頃から多発し, その被害者の大半が持家高齢者であった。
(9)　既存建物の「現存性価値」。新たに「新築」するのではなくて,「既に建物が建っている＝既存」ことの, 環境保全的意義を評価し, 施されるコンバージョン, リノベーションなどに対する各種恩典的措置を創設する方策によって, 既存 (中古) 建物に向ける「需要」が補強される。こうした視点からも, 既存住宅の長命化と連環する「リバースモーゲージ制度」は, 優れた「環境福祉システム (environment welfare system)」として高く評価できる。

第1章　日本のリバースモーゲージ

　高齢者の高い持家率を利として，その高齢期の「暮らし」について，「居住」と「福祉」の，二つの要素を同軸的に確保し，なおかつ安定的に継続させていくプログラムが「リバースモーゲージ（reverse mortgage）」であり，その制度運営の原資は高齢者の持家資産である。したがって持家資産のサステイナビリティの確保は，リバースモーゲージの制度基盤を補強するばかりか，社会資本の安定化にも貢献し，ひいては懸案の温暖化ガス削減効果や環境保全にも奏功する重要な課題である。言い換えるならば，少子高齢社会にあって，リバースモーゲージの普及・定着こそ，高齢者の家計を，社会保障制度依存型から経済的自立型に移行させていく牽引力となるものであり，不動産市場やその関連市場にまで及んで革新的な経済発展を促すものともいえる。

　しかし心身ともに衰耗していく後期高齢期を，人々が不安なく生活していくための施策としては，現行のリバースモーゲージでは心もとない。高齢者個々人の多様な生活ニーズ（医療・介護等）に対しても，柔軟に対応できる「生活サービス・プラン」の開発などが優先的な課題となってくる。こうした新規性に富んだ商品開発について，政府が民間企業に期待を寄せるならば，市場参入を促すインセンティブの創設と，併せて利用者を保護する法的整備などの，二面的な政府の対応が必要にもなる。日本政府のリバースモーゲージ制度への取り組みは，その緒に就いたばかりである。

1　スタートしたリバースモーゲージ

　日本でも，各自治体が，その福祉制度の一環として，独自にリバースモーゲージをスタートさせてきた。1981年からスタートした武蔵野市の「福祉資金貸付事業」はその最初の試みであった。1980年代半ばから，信託銀行

も資産家を対象にしたリバースモーゲージを始め，1999年になると，山形の殖産銀行が，金融機関としては初めて単独のリバースモーゲージ商品を開発し，その販売に踏み出した。その利用の実態は，各自治体のリバースモーゲージの場合，2001年度までの合計融資件数[1]が163件であり，民間プランの方もわずかな件数で推移している。

2003年4月，厚生労働省は全国共通のリバースモーゲージとして，「生活福祉資金（長期生活支援資金）貸付制度」をスタートさせている。その利用状況については，2004年1月1日現在でリバースモーゲージを扱っている社会福祉協議会は35カ所，融資決定件数の合計は93件であった[2]。

その後，民間企業によるリバースモーゲージ商品がいくつか誕生している。2003年10月，旭化成ホームズが「リムーブ」を，またトヨタホームも翌年4月には住宅と金融を融合した「ライフサポートサービス」を発表している。2005年3月から，中央三井信託銀行が「住宅担保型老後資金ローン」の販売を始めた。同行は，居酒屋チェーンのワタミ・グループ（本社，東京都大田区）と提携しながら，老人ホームへの住み替え資金を融資するリバースモーゲージ商品の発売を2005年8月22日に発表している。

また災害復興の支援措置の一つとして，神戸市では，1995（平成7）年の阪神淡路大震災で住宅を失った高齢者を対象にリバースモーゲージを始めた。新潟県の場合は，2004（平成16）年に起きた中越地震の被災者すべてを対象にして，復興住宅建設（取得）資金の全額を融資する方法に，持家の処分をもって一括返済するリバースモーゲージ方式を採用した。

2　金融機関のリバースモーゲージ商品

2−1　殖産銀行の「しょくぎん・ゴールドローン・長寿」

わが国全体が社会的構造不況の長期化からデフレ経済状態に陥って久しい中で，殖産銀行は金融ビッグバンの波を被りながらも地方銀行の採るべき方向と金融機関として課せられた社会的役割を模索していた。同行は，周辺地域住民の銀行に寄せる期待（ニーズ）を探る方法としてシルバーモニター調査を行った。その結果，将来を見据えた，地域密着型の福祉・高齢化問題に

積極的に取り組む銀行を殖産銀行の未来像として掲げるに至った。

同行は，高齢化が顕著な地域社会の中における地方銀行に課せられた「役割」を見据えた結果，高齢社会サービスの提供の一環として，福祉ローンの発売や老健施設への融資等に積極的に取り組む姿勢を独自のリバースモーゲージ商品"しょくぎん GOLD ローン「長寿」"の発売（1999 年 6 月）で明らかにした。同行の斉藤誠一氏（個人ローン推進課）は，「県内の路線価も下降しているなど，リバースモーゲージ・ローンの環境としては厳しい状況下にある。したがって積極的な販売は展開していない。利用件数も当初の 1 件に止まっている。」と答えている（2006 年 7 月 24 日）。

一方，首都圏など地価が高水準な地域では，新たなリバースモーゲージ商品が，開発され販売されていることから，リバースモーゲージ市場には不動産価格の動向が大きく影響している点が検証できる。

殖産銀行のリバースモーゲージ商品「しょくぎん・ゴールドローン・長寿」は，次のような内容である。

(1) 利用対象者

　　65 歳以上で，山形県在住の人。

(2) 対象不動産（制度担保）

　　自己所有の宅地および建物（第 1 順位の根抵当権設定と条件付所有権移転の仮登記設定の義務）。

(3) キャッシュ・フロー

　① 融資金額枠：300 万〜5000 万円。

　② 融資形態：年 2 回，6 カ月毎の分割融資。

　③ 融資金利：住宅ローン 10 年ものの固定金利適用。利息 6 カ月毎元金に組み入れ契約期間満了時に利息総額の一括清算。

　④ 融資期間：10 年以内。担保評価見直し後，期間延長も可。最終期限は 100 歳までとする。

　⑤ 返済方法：契約期間満了又は契約者死亡時には，元利金全額を一括返済（推定相続人による債務継承を審査の上，認める場合もある）。

(4) その他

　① 保証人：原則推定相続人のうち 2 名。原則推定相続人全員の同意が

必要。
　② 利用用途：老後の生活資金。
　③ 保証会社：殖銀カードサービス（株）の保証付。
　④ 取扱手数料：3万1500円（消費税込）。

2−2　中央三井信託銀行の「住宅担保型老後資金ローン」

　中央三井信託銀行が2005年4月から販売を始めたこの商品は，実は20年ぶりの再開となる。今回の発売開始から半期（2005年9月期）で13件の成約があり，2006年3月期までには20〜30件に達する見込みである[3]。

(1) 利用対象者
　① 満65歳以上79歳以下。
　② 一人または夫婦二人暮らし（原則他の同居人のいない人）。

(2) 対象不動産
　① 三大都市圏（東京・神奈川・千葉・埼玉・愛知・大阪・兵庫・京都）内。
　② 戸建住宅（土地の評価額が原則5000万円以上）が対象。
　③ 第1位順位の根抵当権（融資限度額の120%）の設定が条件。

(3) 融資条件
　① 毎年1回の一定金額融資。
　② 融資極度額は担保評価額の50%まで（3年毎に見直し）。
　③ 最長融資期限が15年で利用者80歳到達前まで。
　④ 短期プライムレートに連動した変動金利。
　⑤ 返済期限は原則借入人の死亡時，あるいは転居，売却まで。
　⑥ 返済方法は原則自宅の売却金による返済（余剰金は相続人に支払う）。
　⑦ 資金用途の制限なし（事業性用途は除外）。
　⑧ 保証人は不要。
　⑨ 中途の返済も可能。

(4) その他
　① 契約時に，三井住友海上きらめき生命保険商品の終身年金保険に加入すると80歳以降も終身年金を受け取ることができる。

② 中央三井信託銀行で遺言書の作成。

　この「住宅担保型老後資金ローン」は，一般的なリバースモーゲージとは次の条件で相違している。
(1) まず利用者が，一定年齢（79歳）に達する期間までと，その融資を限定的に定めている。この条件からすれば，「リバースモーゲージ・ローン」よりも，むしろアメリカ市場で人気のある「ホームエクイティ・ローン（Home Equity Loan）」に近い。ただ，この商品の場合は対象を高齢者に限定している点である。したがって，「シニア・ホームエクイティ・ローン」と称した方が，内容をより正確に表現している。
(2) 夫婦以外の同居人を認めない条件は，高齢者対象の融資だけに不合理である。
(3) 対象地域が限定的であり，普遍性がない。
(4) 融資対象が戸建住宅の土地（敷地）のみであり，マンションや借地を排除している点で制約的である。
(5) 融資対象の不動産評価額に下限枠（5000万円）を設定している点で制約的である。
(6) 金融機関の商品だけに，高齢者が正確に理解できているのか不安がある。NPO機関など，利害関係のない団体による「カウンセリング」の義務づけが望ましい。

2-3　東京スター銀行の「充実人生」

　東京スター銀行（東京都港区）は，2001年6月にファイナンシャル・フリーダム（＝お金の心配からの解放）を企業理念に掲げて開業している。法人部門はノンリコース・ローンや事業の証券化などを扱い，新しい中堅中小企業を営業ターゲットと定めている。東京スター銀行は，介護施設を運営するトータルケアサポート，ウェルフェアーシステム，メデカジャパンの3社と提携して，シニア世代のケアハウスへの住み替えを支援する営業方針を打ち出している。持家を手放さないで，ケアハウスへ住み替えする方式など，シニア層の多彩な生活ニーズに対応しようとしている。同行では，リバース

モーゲージ商品「充実人生」の取り扱いを 2005 年 9 月 15 日からスタートさせた。

(1) 利用対象者

自己名義の戸建住宅に住んでいる単身者, 60 歳以上（夫婦の場合はともに 60 歳以上）の夫婦世帯。返済能力として, 年間返済予定金額の 3 倍以上の安定的な収入が必要。

(2) 対象不動産

本人所有の戸建住宅。対象地域は, 首都圏, 近畿圏, および山梨県。

(3) 資金用途

原則, 生活に必要な用途。事業性用途, 投資用資金用途は除外。

(4) 融資極度額

① 500 万円以上 1 億円以内（10 万円単位）の範囲内。

② 極度額上限は, 担保土地の評価の 90％以内。

③ 融資極度額の見直し（1 年毎の評価見直し。超過融資分は 1 年以内に返済）。

(5) 融資期限：終身。

(6) 返済方法：利息は毎月返済で, 元金は一括返済。利息部分は預金残高と連動制で残高相当分は利息返済なし。

(7) 担保：融資極度額の 110％相当の根抵当権（第 1 順位）設定。

(8) 利息：変動金利制（＝基準金利＋2.8％）基準金利は 6 回目毎に見直し。

(9) 保証人：原則, 不要。ただし共有物件の場合のみ共有者が連帯保証人。

(10) 事務手数料

① 初回利用時：極度貸付利用手数料 10 万 5000 円（税込）。

② 担保管理料：2 年目以降 1 万 2600 円／年（税込）。

(11) 繰上返済：一部繰上返済：2 万 1000 円／回。繰上完済：3 万 1500 円。

(12) その他

「ファイナンシング・コンシェルジェ」に登録（無料）すると, 資金カウンセリングなどのサービスを受けられる。

2－4　外資系金融機関の参入

　GEコンシューマー・ファイナンス（東京都目黒区）は，世界50カ国で事業展開しているアメリカ・ゼネラル・エレクトリック・カンパニー（米GE）の日本法人であり，2005年4月から日本金融市場に参入を果たして，個人向け金融サービスの分野でグローバル・モデルを展開している。その営業スタイルは，日本の既存の金融機関の常識を塗り替えるアメリカ・モデルの営業戦略であり，日本式の金融サービスを固持して改めない既存の金融機関を震撼させるはずである。GEコンシューマー・ファイナンスの営業の機軸は，一口でいうならば，借り手のニーズに適応しようとしている「市場性向対応型」と評することが妥当である。日本の金融機関が，「貸し手側の論理」をベースに組み立てられた貸付審査基準をもって融資対象から排除していた借り手にも，同社では融資の道を開くなどして日本市場では新しい営業機軸を明確にしている。

　しかし同行の営業姿勢も，アメリカの金融市場においては，格段，珍しくもないのは，アメリカの金融市場が熾烈な競争下にあるからであり，市場原理に基づくものだからである。この辺の事情については，拙著『少子高齢社会のライフスタイルと住宅』の中で，もう少し詳しく述べている。

　同行の営業を有利にさせる強み（特徴）としては，多様な商品化が発展しているアメリカの住宅金融市場，移民が多く外国人向け無担保融資が発達した欧州市場と，ワールドワイドで個人向け金融事業を展開してきた実績を踏まえた商品設計であり，ノンバンクならではの広角度な営業上の自由度にある。この強みを生かしたアプローチで，伝統的な貸し手本位の日本市場に新たな金融システムの開発を促す一穴を開けて欲しいと期待するのは著者だけではあるまい。

　同行の営業戦略は，店舗営業やインターネット上の店舗のほかに，第三のチャンネルとして既存の地銀などとの積極的な業務提携を決めている。また営業範囲は広角度的であり，個人ローンの他にも新規性の高い保険商品の開発・販売戦略を打ち出している。こうした事業展開の先には，日本国内で遅々として進展していないリバースモーゲージ市場への参入も，当然，視野に入れていると，同行は明言している[4]。

当時，金融相の与謝野馨氏は，2006年2月27日に開かれた金融機関との意見交換会の席上で，「金融機関が自らの責任と判断でリスクを取り金融仲介を行うことが重要な課題である」と述べて，金融機関の，担保や保証に過度に依存した融資姿勢からの脱却を要請している[5]。与謝野氏の発言は，まさに時宜を得た内容である。金融機関は，その果たす社会的役割を改めて再認識し，社会構造の変化に敏感に対応して社会に先導性を示すような金融市場の構築に努めて欲しいものである。

3　ハウスメーカーのリバースモーゲージ商品

3－1　旭化成ホームズの「リムーブ」

　旭化成ホームズ（東京都新宿区）は，旭化成版リバースモーゲージ商品「リムーブ」を日立キャピタル（東京都港区）と共同して開発し，その取り扱いのスタートを2003年10月に発表した。

　「リムーブ」は，旭化成の住宅商品「ヘーベルハウス」の購入者（居住者）を対象にしたリバースモーゲージ・プランであり，その仕組みの特徴としては，「既存住宅ストック」を「キャッシュ・フロー」に変換する作用を利用者の「住み替え」行動によって実現している点である。要するに，既存する「ヘーベルハウス」（持家）を旭化成が一括して借り上げる方法で，賃料収入と物件担保融資を組み合わせて，住み替え費用や日常生活資金を捻出する仕組みである。この「リムーブ」では，持家を収益獲得と融資担保の二つの用途に供する仕組みである。つまり，「住み替え」する手段で，居住用としての単一的な資産的効用（資産価値享受）から，収益物件（貸家）に転用させて現金収益を獲得する。いま一つは，持家を担保資産化して生活資金の融資を受ける，といった複合的活用を実現する仕組みである。多くのリバースモーゲージが，単純融資であるのに対して，持家を賃貸収益資産に転化させることで，月々の家賃収益を確保している「リムーブ」は，リバースモーゲージの三大リスク（金利変動・資産価値下落・長生きリスク）を軽減させている点でも優れている。

「リムーブ」の内容
(1) 利用対象者
　①「ヘーベルハウス」所有者で，20歳以上70歳未満の人。
　② 配偶者とともに夫婦での利用。
　③ 持家に担保設定がない（本制度による借り替えでの抹消も可能）。
(2) 対象不動産
　旭化成ホームズ商品「ヘーベルハウス」
(3) キャッシュ・フロー
　① 融資枠は3000万円，あるいは旭化成不動産（株）が提示する買取保証額のどちらか，少ない金額。
　② 貸出金利は，2年固定金利（2年毎の見直し。短期プライム＋0.6％／年）。
(4) その他
　① 旭化成不動産が，「ヘーベルハウス」オーナーと「10年間一括借上げ契約（家賃保証）」を結び，さらに10年後の「買取保証を約束」することで，日立キャピタルが根抵当権設定融資（3000万円が上限）を実行する。
　② 旭化成不動産（東京都新宿区）が，「ヘーベルハウス」を転貸し，その家賃収入の中から，借入金の金利と手数料を差し引いた残額を，毎月，オーナーに支払う。
　③ オーナーは，自宅を担保にした融資極度額の中で，新たな住居に要する資金や不測の事態の備えが可能であり，さらに毎月の生活余裕資金が入る。
　④ 契約期間は，基本的には10年間であり，さらに5年毎の更新が可能である。その際は，買取保証金額についても再提示する。
　⑤ 借入元金は，契約期間満了時か，オーナー死亡時に持家の処分等で清算する。もちろん，随時の返済も可能である。

この「リムーブ」の特徴を，次のように整理できる。
大半のリバースモーゲージは，持家に継続して住み続けることが前提条件

であるのに対して,「リムーブ」は「住み替え」を前提条件としている点が特徴である。この「住み替え」行動が，実はこの商品の重要な要素であり，次の点で優れている。まず，最近，顕著な中高年層の「都心回帰」現象にも適応できる。生活情報センターの調査結果によると,「住み替え」の理由の大半は「今後の生活をより豊かにする目的」である。またケア付きマンションやグループホームなどへの「住み替え」を検討する場合でも，このプランは歓迎される。「移動」を伴う「住み替え」は，現行のリバースモーゲージの多くが対応できないだけに，その普及に期待したい。

この商品の場合は,「住み替え」の結果として，良質な戸建住宅ストック（この場合はヘーベルハウス）が賃貸住宅市場に供給されることになり，市場の活性化に繋がる二次的効果がある。この種のリバースモーゲージ商品が普及することで，改めて持家の資産性のサステイナビリティが評価され，注目される効果も無視できない。

さらに，この商品の重要な特徴であるが，債務保証に関しては,「人的保証」ではなくて，持家を対象とした「物的保証」に依拠している点で優れている。すなわち非遡及型融資（ノンリコース・ローン）であり，したがって連帯保証人を必要としないから家族の同意も得やすい。リバースモーゲージは，高齢者世帯を対象にした融資であり，経年するにつれて，債務者の当事者能力は減退する傾向にある。他に遡及する債務は，煩わしく，とくに利用者側にすれば制度利用の隘路となる。アメリカやカナダの制度は，原則としてノンリコース・ローンであり，その高い普及度と無関係ではない。

プラン運用上の都合から，推定相続人の1名が通知人になり，対象不動産は配偶者が相続する約束であり，夫婦はお互いに連帯債務者になる，などの条件が規定されている。

またマンション物件も融資の対象に組み込んでいる点から，老朽マンションの建て替え時にも積極的に対応したいと，担当者は話している。「リムーブ」は,「住み替え」を前提にしたプランだけに，とりわけ，こうした事態にはスムーズな対応が可能である。このプランでは，対象物件の評価額の上限・下限に関しては，特段の制約が設けられていない。

「リムーブ」の販売がスタートしてから 2004 年 7 月までに，折衝中の件数が 30 件以上であり，仮契約締結が 1 件である．小郷直史氏（旭化成ホームズ株式会社，開発企画グループ課長）は，こうした結果について，「商品の仕組みが複雑であり，観念的にも馴染みのない制度だけに，オーナーの十分な理解を得るまでには多くの時間を要している，また家族や親類縁者，友人にまでも理解を得ておきたいと考えていることから，かえって性急な進行は好ましくないと判断している」と，著者のインタビューに答えている．

　この「リムーブ」の成否は，ひとえに，旭化成ホームズの住宅商品「ヘーベルハウス」の資産性の有無，サステイナビリティに基因している．同社が，独自に行なった，顧客の「総合満足度」の調査結果から，次の点が確認できる．「一般中古戸建住宅の総合満足度」と「中古ヘーベルハウスの総合満足度」との，また「購入時」の満足度と「売却時」の満足度とのギャップ（乖離）をそれぞれ比較すると，ヘーベルハウスの方が購入時と，売却時の満足度がともに高く，特に中古ストックとして売却した場合の満足度が高い点は重要である．すなわち，「中古住宅市場においても満足する価格で売却できる」ことを示唆しているからである．言い換えれば，ヘーベルハウス商品は，その「住宅資産としてのサステイナビリティが高い」ことを示している．この点が確定的だからこそ，「リムーブ」商品が販売できるのである．

　旭化成の「ヘーベルハウス」商品は，その躯体が，軽量鉄骨造，ヘーベル板貼の構造であり，長期間にわたっての定期点検（築後 50 年間に 11 回の点検）を販売者側の義務として継続（途中の所有者変更にかかわらず）している．主に，建物の基礎，躯体，外装などの「耐久性診断」，また設備（給排水・衛生・空調）機器や開口部等の「機能性確認」なども同時に実施して，その都度に必要なメンテナンスを施してきた効果が，結果として「資産価値の持続」に結びついている．

　また住宅の「可変性」については，機能性の長期継続化を意図した構造設計が実現されており，なおかつ「ユニバーサル空間」や「将来可変空間」などの「キーワード」を使いながら，将来の家族の変化や世代承継，あるいは所有者の変更なども視野に入れたデザインが採用されている点なども，市場の流通性（循環性）を高める重要な要素となっている．以上のように，戸建

住宅の構造，機能・性能・デザインなどの各要素を，「スクラップ＆ビルド」ではなくて，長期的耐用仕様に照準を合わせたことで，中古住宅市場のストックとしても，その市場価格に反映される資産性が約束される。ちなみに，同社では，自社商品「ヘーベルハウス」を「ロングライフ住宅」と位置付けて「60年耐用住宅」を標榜している。

図らずも，旭化成ホームズのリバースモーゲージ商品「リムーブ」の事業化によって，本書の中で著者が論じているいくつかの論点がほぼ実証されている。

まず「リムーブ」の中には，
(1) リバースモーゲージ制度の社会的必要性（実は生存権的必要性と著者は捉えているのだが）が明確に定義されている。さらに，その制度基盤（原資）としての
(2) 持家の資産性とその継続性が実現されていて，
(3) 利用者が「住み替え」る方法で「収益性」もプログラミングされている。

リバースモーゲージのシステムとして括目すべき点は，
(1) マンションなど集合型住宅が対象に入っている。
(2) 推定相続人の連帯保証や同意の義務づけ規約がない。
(3) 非遡及型融資であり，これらの要件は現行制度利用上の隘路を取り除くものである。

日本の伝統的な住宅資金融資制度は，その大概が「人的保証」に基づいた融資であり，連帯保証人や団体保証，また生命保険契約加入は不可欠条件であったが，肝心の融資対象物件に関する鑑定・評価の方は曖昧・杜撰な程度で処理されてきた。この仕組みが，実は住宅資産のサステイナビリティを重要視しない風潮を助長し，やがて固定化させる導因となった。要するに，日本の住宅融資は「人的保証」に立脚しており，対照的に，アメリカの不動産融資は明確な「物的保証」である。その格差はノンリコース・ローンに表象されている。

「物的保証」で，さらに重要な点は融資対象の実物価値（市場売買価格に

反映する）である。また融資期間中の維持・管理も，その住宅の資産性持続のためには必要であり，住宅の改造などは付加価値が高まり，資産形成にも資するところから，彼らは持家の補修・修繕を自分たちの手で頻繁に施している。したがってアメリカの住宅は，「スクラップ＆ビルド」ではなくて，数度の所有者の変更は当り前に見られる現象であり，中古住宅市場の循環性を活発にしている。

　以上のように，旭化成ホームズのリバースモーゲージ商品を分析し，検討を加えてみたが，「リムーブ」が——時間は要するかもしれないが——将来，普及することは，まず間違いない。

　社会保障制度の補完的な位置づけである現行の公的リバースモーゲージ制度の他に，民間サイドだけで開発し，そのリバースモーゲージ商品に事業（営利）性を付加し，民間企業の旺盛な事業意欲と活発な営業能力に基因した事業展開，そして重要な企業の基盤的経営理念とする経営的持続性（going concern）などが，鼎（かなえ）のように相互補完性を発揮し機能しているからである。「リムーブ」が備えた福祉的効用は，超長期的な高齢者の持家福祉制度としての制度的信頼と社会的認知を得られるだろう。あえて苦言を呈するならば，商品の利用（ローンの実行）までに要する時間の短縮であろう。この点は，アメリカの場合も同様である。商品の標準・平準化と広報活動の展開なども必要であるが，まず専門知識が豊富な担当者の用意が先決であり，さらには普及に奏功する公的支援（協賛）なども検討される必要がある。

3－2　トヨタホームの「ライフサポートサービス」

　トヨタ自動車（愛知県豊田市）も，トヨタホーム（愛知県名古屋市）とトヨタファイナンスサービス（愛知県名古屋市）各社を連携させながら，住宅商品の販売に，新たに金融機能である「ライフサポートサービス」を付加させる営業展開を2004年4月にスタートさせている。

　「ライフサポートサービス」とは，トヨタホームのブランド・ビジョン[Sincerely for you]——人生をごいっしょに——に基づいて，「お客様との接点・コミュニケーションの充実を図り，お客様の展望に対して生涯にわ

たって，その都度の必要なサービス」を，トヨタの住宅事業・金融事業が連携して提供していくことによって，トヨタホーム・オーナーの「豊かで快適な生活」をサポートしていくことを狙いにしている。要するに，トヨタホーム商品の購入層に，ライフステージに合わせた資金ニーズにも対応した融資プランの提供を計画したものである。トヨタホームの2003年度の戸建販売実績は，3930戸（前年比117％）を達成し，トヨタのグループ会社も含めた2003年度の住宅販売戸数では4650戸（前年比113％）を達成しているだけに，その資金ニーズをビジネスに取り込む効果は大きいものと予測される。

(1)「ライフサポートサービス」

トヨタファイナンシャルサービスの子会社であるトヨタファイナンス(株)が提供している，トヨタホーム専用ローン「トヨタホームローン」の利用者を対象にした融資プランである。リフォーム，教育，旅行，結婚など，ライフステージに合わせた資金ニーズに対応して，「無担保」，「低金利(2.8～9.5％)」で融資するプランであり，ホームローンの「返済履歴良好者」には金利面でさらに優遇を約束している。

一般金融機関では必要な「保証料」や「手数料」などを「無料」にしている特典から，その利用度はトヨタホーム購入者の85％（2004年3月現在）といった高利用率である。これまでは，ややもすると「売り抜け」的な印象の営業が当り前の住宅販売であったが，購入後も，その生活全般に及んで各種のサービス提供を商品化させていく企業戦略が明白である。住宅販売にセットされて，介護的サービスなどの提供が商品化される日も，そう遠い先のことではない。

(2)「リバースモーゲージ・サービス」

このサービスは，愛知県内に在住のトヨタホームの戸建住宅購入者のうち，60歳以上の顧客を対象としたリバースモーゲージ・プランであるが，旭化成ホームズに比べても，本格的な取り組みまでに至ってはいない。サービスの内容としては，年金の補完的役割として老後の生活資金需要に対する戸建住宅の資産価値を担保にした定期的な融資であり，契約が終了した時点で，住宅を売却する方法で一括返済を予定している。現時点では，全国規模ではないが，将来的には「ライフサポートサービス」の中でも重要なサービスと

して，広く消費者に利用されるようになるものと予測される。
　(3)「建物長期点検制度」
　トヨタホームの購入者と「30年住まい安心契約」を結び，5年毎に6回，住まいの点検とメンテナンス工事の実施を条件にしながら，建物基礎や躯体に不具合が生じた場合は「無料」で修繕する制度である。適当な時期に施す修繕によって住宅寿命は格段に延伸できることから，中古住宅ストックとしての商品価値（資産性）の継続・持続が実現できる。旭化成ホームズを初めとする，数社のハウスメーカーが顧客に提案している「長期間メンテナンス・プラン」は，販売した住宅商品の，将来のリバースモーゲージ化を視野に入れ始めた営業展開であり，住宅性能（寿命）の長期化を消費者と協同して実現させ，そこに新しいビジネス・チャンスを探ろうとしている企業戦略が窺える。

3－3　積水ハウスのリバースモーゲージ商品
　積水ハウス（大阪市北区）は，りそな銀行と提携して中高年層の住宅の建て替え・増改築ニーズに応えるため，リバースモーゲージ型新型ローンを開発し，2006（平成18）年4月に販売を開始した。このリバースモーゲージ型の新型ローンの導入により，豊かな老後を送るための新しいライフスタイルを提案し，資金不足や将来のランニングコストに対する不安を取り除くことで，シニア世帯の建て替えや増改築に対する需要の掘り起こしを目論んでいる。
　(1) リバースモーゲージ型の新型ローンの特徴
　　　この新型ローンの特徴は，返済するのに通常の元利均等返済タイプに加えて期限一括返済タイプを取り入れている点である。期限一括返済タイプは，毎月は元本の返済の必要がなく，利息のみの返済となる。また当座貸越を利用すれば，余裕のあるときに繰上返済をして金利負担を減らし，必要なときに当初の融資額の範囲内で随時借り入れができる。そして，本人（単身）あるいは夫婦とも死亡した場合に残債を完済するものである。この新型ローンの特徴は，従来型のリバースモーゲージが生活費を生涯継続融資するのと相違して，住宅建築資金面（建て替え，増

改築）での資金ニーズに対応している点である。
(2) リバースモーゲージ・タイプの新型ローンの概要（2006年3月30日現在）
　① 利用対象者：50歳以上で，日本国籍の者又は外国籍で永住権のある者。
　② 融資資金
　　　i 積水ハウスが請負う住宅建て替え資金。
　　　ii 積水ハウスリフォームが請負う増改築資金。
　　　　　　　（いずれも首都圏・中京圏・近畿圏の住宅が対象）
　③ 融資金額：担保不動産の土地評価に応じて個別に決定。
　④ 融資期間
　　　i 最長35年（期間を定めて返済する場合）。
　　　ii 終身。
　⑤ 融資形態
　　　i 証書貸付。
　　　ii 当座貸越。
　⑥ 金利：変動金利型。
　⑦ 返済方法
　　　i 利息部分：毎月返済。
　　　ii 元本部分：元利均等分割返済（返済期間は最長35年）。元本部分は返済期日もしくは借入人の死亡時に，手元現金もしくは担保物件の売却により返済（随時返済可能）。
　　　iii 期限一括返済（返済期間は最長35年もしくは終身）。
　⑧ 担保
　　　対象となる物件に，りそな銀行を第一順位とする根抵当権ならびに代物弁済契約による所有権移転仮登記を設定。
　⑨ 連帯保証人：保証人は原則不要（配偶者は連帯債務者）。

　「住宅」の本来的価値は，まず，その「居住性能」にあり，その機能・効用・デザインに価値を認める視角から捕捉するならば，「住宅資産」を，「土

地」と「建物」に分離・分割できない性格の一体型財産と解すべきものである。

欧米社会では,「ホーム；home」は,すなわち「居間；living place」そのものであり,権利関係にしても一体性を持っている。日本の場合は,建物が,比較的,軽構造の木造軸組が主流であった点も無関係ではないかもしれないが,「古くなったら,新しくする」風潮が伝統的であった。しかし世界的規模の環境保護問題から始まる,「省エネルギー・省資源」への取り組みが住宅業界にも浸透した結果,これまでの安易な「スクラップ＆ビルド」の風潮に対して,社会全体が疑念を抱き始めてきた。

また人口構造の変化からも,「住宅」が必ずしも相続財産ではなくなり,中古住宅ストックとして,二次所得者に売却する機会も増えつつある。いま一つは,住宅の性能・機能が高位となり,住宅価格も高額化する傾向から,従来のような一次購入者だけの短期的使用期間(寿命)では住宅コストが過大となり,転売して住宅資金を回収しようとする意欲も以前に比べて高まってきている。こうした背景もあって,建物寿命もこれまで以上に延伸化される方向にある。

4　災害地復興資金のリバースモーゲージ制度

4－1　神戸市災害復興住宅高齢者向け不動産処分型特別融資制度

「神戸市災害復興住宅高齢者向け不動産処分型特別融資制度(神戸市リバースモーゲージ制度)」とは,1995(平成7)年の阪神淡路大震災で住宅を失った高齢者が,神戸市内で自ら居住するための住宅を建設する,あるいは取得するために必要な資金を融資する制度である。一般的な住宅ローンでは,年齢条件などで利用できなかった高齢者にも,その住宅再建を支援する制度であり,金融機関が土地・建物を担保に融資して,返済が不可能な場合は担保対象を処分して償還するシステムである。2006年度までの利用件数は11件であり,2006(平成18)年3月末までの申込期限は,さらに2007年度まで延長されている。

(1) 対象者

　　阪神淡路大震災により居住する住宅が被害を受けたため，神戸市内に自ら居住するための住宅を建設しようとする者で，次のいずれにも該当する場合。

① 自己が所有する土地に住宅を建築する者，または新築住宅を取得する者。

② 抵当権等の諸権利が設定されていない，独立して売却処分可能な土地を所有する者。

③ 土地処分等による借入金の償還まで，融資金額にかかる元金及び利息の支払いが確実に行われると認められる者。

④ 次のいずれかに該当する者が居住する住宅を，建設，又は取得する者。

　ⅰ 借受人（借受時において満年齢が65歳以上。以下同じ）。

　ⅱ 借受人及びその概ね60歳以上の配偶者。

　ⅲ 借受人及びその65歳以上の親又は65歳以上の子。

　ⅳ 借受人及びその概ね60歳以上の配偶者並びにそれらの65歳以上の親又は65歳以上の子。

⑤ 年間所得が1000万円以下で，当融資の第1回目の償還額（全額融資実行の翌月の元金と利息の合計額）と，他の借入金の年間返済額の12分の1の額との合計額が，年収の12分の1の額の25％以下となる者。なお所得の算定にあたっては同居の配偶者または子の所得を合算することができる。

⑥ 金融機関との間に対象不動産の処分を前提とする金銭消費貸借契約が締結できる者。ただし必要な場合には，これに加えて遺言執行引受予諾契約又はこれに代わる契約を締結できる者。

⑦ 金融機関が定める規定に適合する者。

(2) 対象となる住宅

① 建築基準法，その他関係法令に適合する住宅。

② 住宅部分の床面積が175㎡以下の住宅。

(3) 融資条件

① 極度額

　100万円以上1500万円以下。ただし土地の評価額の70％以内，住宅取得の場合は住宅（土地・建物）の評価額の70％以内（金融機関の評価による）。

② 融資利率：当初10年間は年2.8％，11年目以降は年3.7％。

③ 契約期間

　当初の契約期間は10年とし，住宅を建設する者はこの10年間の前に最長1年以内で1カ月単位の元金据置期間がある。この据置期間を除く当初10年間が経過した時点で借受人が契約を希望し，かつ継続することについて神戸市及び金融機関双方に異議がない場合は契約は継続する。（その時点の状況によっては継続できないこともある。）なお当初10年間が経過した場合の契約期間及び据置期間中又は据置期間を除く当初10年間に借受人が死亡した場合等における契約期間については次のとおりである。

　i 借受人が死亡し，対象不動産の処分による清算が完了するまで。ただし，その時点において同居する配偶者または借受時において同居する65歳以上である親もしくは子がいる場合で，神戸市及び金融機関の承認を得て，その者が債務を承継した場合は，その者が死亡し，対象不動産の処分による清算が完了するまで。

　ii 借受人及びその配偶者または借受時において65歳以上である親もしくは子が，建設又は取得した住宅に居住しなくなった場合は対象不動産の処分による清算が完了するまで。

④ 償還方法

　当初10年間が元利均等償還。ただし11年目以降は，償還残高に対し利子のみを償還。元金は，借受人が死亡した時等に対象不動産を処分して清算する。

⑤ 連帯保証人が必要。融資を受けようとする者は，法定相続人全員を連帯保証人としなければならない。ただし遺言等により，対象不動産の処分に支障が生じないと判断される場合は，遺贈を受ける一部の相続人を連帯保証人とすることができる。融資を受けようとする者に法

定相続人がいない場合は，遺言により対象不動産を遺贈される者を連帯保証人としなければならない。なお上記のいずれにも該当しない場合は，十分な償還能力を有する連帯保証人が1人，必要になる。

(4) 融資を受ける者の義務

① 借受人は，融資金の償還前において，対象不動産を譲渡し，交換し，貸与し又は担保に供する等，対象不動産に所有権を阻害する権利を設定させてはならない。

② 借受人は配偶者または借受時において65歳以上の親または65歳以上の子以外の者を居住させてはならない。

③ 借受人がこの融資の利用にあたり遺言を作成した場合は，借受人は金融機関に遺言の写しを渡さなければならない。

④ 法定相続人に異動があれば，速やかに金融機関に知らせなければならない。

これまでの利用件数は，12件（平成9年度5件，平成10年度5件，平成16年度1件，平成17年度1件）である。2006（平成18）年度も引き続き継続される見通しであるが，2004（平成16）年度までは，阪神淡路大震災復興基金から10年間の利子補給が受けることができた点や，ある程度まで復旧されている点などから，この制度の今後の継続については検討する余地があるといった意見もある[6]。

土地，家屋の資産価値変動リスクについて，この制度では，融資額は土地評価額の70%以内であり，当初10年間で融資額の30%を返済する仕組みであり，資産価値の約50%までの変動は担保されている。しかし借受人もしくは相続人が死亡して，対象不動産を処分する際に資産価値が50%以下になった場合は，金融機関は変動リスクを負わないために神戸市が全額損失補償することになる。2006年2月時点では損失補償は起きていないが，変動リスクを抱える仕組みについては検討を要する課題である。

また，この制度の利用を検討する場合，借り手に「十分な償還能力」を要求しているが，一般的には退職年齢に達する65歳以上の高齢者には，平時であっても難しいものであり，隘路となるものである。しかも，親か，65歳以上の子との同居しか認めていない点から，償還能力はさらに低いものに

なる。災害復興住宅の建設支援を目的に謳うならば、第三者抵当権、償還能力、同居人制限などの閉塞的な条件は、柔軟な対応が用意されていなければ、単なる画餅に過ぎない救済措置に陥る。

4－2　新潟県不動産活用型融資制度

　新潟県は、2004（平成16）年に起きた中越地震のすべての被災者の生活が再建できるよう、まず住宅の再建から支援する「住宅再建総合対策事業」について、2006年度からの実施を決定している。

　現地では、2005年1月末現在、仮設住宅に暮らす人は2405世帯（約7600人）に上り、そのうち生活再建方法が決まっていない世帯数は209世帯である。復興を担当する（財）新潟県中越大震災復興基金では、その事業の内の「自宅再建支援」として、「宅地復旧工事補助」、「中山間地型復興住宅建設補助」、そして「不動産活用型融資制度（リバースモーゲージ）」の3種類のメニューを用意している。

　被災者の生活再建の支援策の一つである「不動産活用型融資制度（リバースモーゲージ）」は、仮設住宅に暮らしている人を対象にした住宅再建資金の全額を融資するシステムである。この制度の内容は、復興基金を原資にしながら、金融機関等から融資を受けることが困難な被災高齢者等を対象に、その借り手（被災高齢者）の不動産や金融財産までを含む一切の相続財産を担保にして融資し、その返済方法は土地・建物の売却等による一括返済を条件としている。

　大規模な震災を受けた傾斜地の原形復旧は、極めて困難であり、また膨大な工事費が必要となるケースが想定されるだけに、安全性の高い別の場所への地域ぐるみの移転計画も検討されるはずである。新潟県の不動産活用型融資制度には、従来のリバースモーゲージに共通している「持家に継続的居住」の基本的要件は該当しないから、まったく別のシステムとなる。高齢者の持家そのものが損壊してしまい、土地でさえも原形を留めていない状態であるから、新たに建築する住宅を担保にした復興住宅建設資金の融資であり、その返済方法も、復興住宅の売却による一括返済が条件になる。また同居人規定なども、被災地の復興住宅建設であるから、その趣意を鑑みれば、柔軟

な対応を前提にした，従来のリバースモーゲージとは明らかに別の仕組みとならざるを得ない。

5　リバースモーゲージと不動産市場

5-1　リバースモーゲージは不動産市場を革新する

　不動産市場と密接な相互性を保っている金融市場に，従来とはまったく正反対の概念に基づいた「逆住宅ローン」の萌芽が見え始めている。少子高齢化に起因した社会の変化が，新しい金融システムのニーズを示唆しているからである。しかしこのシステム自体は，そう新しいものではなくて，古くは18世紀のフランスに見出すことができる伝統的な金融スキームであった。

　これまで，住宅は単なる家屋ではなくて，家族の拠（よりどころ）であり，社会生活の基盤ともなる重要な個人資産でもある点から，海外では「ドリーム」と表象され，日本でも「恒産」として扱われ，継承（相続）資産として固定してきた。しかし近年見られる顕著な人口構成の変化は，人々の価値観や生き方（ライフスタイル）までも変貌させるものであり，伝統的な社会的メカニズムまでが適応を迫られている。

　不動産市場においても，当然，こうした社会環境の変化に呼応して，革新的なシステムの模索に取り組む必然性については誰しもが理解を示している。個人住宅にしても，これまでのような「スクラップ＆ビルド」の風潮は見直されるべきとする意見は多い。しかしながら，他方で築後20年程度を経過した木造住宅には，その資産価値をほとんど認めていない実態も現実であるだけに，そう単純な問題ではない。

　日本の各地で，コミュニティの「過疎化」や「集約化」が蔓延している。また高齢者が生活利便性のよい都市部のマンションなどへ住み替えするのを支援する取り組みが，国土交通省によって，2006年度から始められている。こうした取り組みに通底している要素は，人の「移動」であり，これまで日本社会の特質であった「定着（定住）」とは対立的な社会環境要素が，行政主導で始まろうとしている点に着目すべきである。この日本社会にも始まる生態的移動は，アメリカやカナダなどの生活パターンは顕著に見受けられる

特徴であり，日本の住宅市場にも活発な流動性が期待できる予兆なのかもしれない。

2006年度から始まる規制緩和[7]の気運を追風にしながら，最近の不動産市場の性向も反映させた試案のいくつかを整理しておきたい。

(1)「住宅地の区画規模の倍増プラン」

　　スペース的余裕のある住宅地開発（コモン・スペースの多用と各区画の拡大化）は経年後の環境の成熟を約束する。敷地に余裕が生じるから，既存住宅の増築や改築を容易にする可変性が向上し，次の購入インセンティブにもなり，結果として住宅のサステイナビリティに奏功する。欧米の住宅に施される頻繁なリノベーションも，区画のスペース的余裕が大いに関係している。日本の平均的な戸建住宅の区画は，160〜170㎡程度が平均的な面積であり，増改築には制限的な条件となっている。

(2)「住宅価格の引き下げ」

　　住宅価格を引き下げると，その年収倍率も低下するから，市場の住宅購買力は増強されて売買取引も活発化する。その結果，住宅需要も増幅されて，中古住宅のサステイナビリティも確保できる（需給補正率が改善）。住宅価格の引き下げは，中古住宅市場における再販価格と，当初の取得価格との乖離（下落）幅を縮小することから，中古住宅の負債化（市場価格と借入金額との逆差額）が免れるし，不動産取得の関連税負担も軽減する。

(3)「住宅の構造的改革」

　　最近の住宅の高性能・高機能化は，住宅購入者の選択肢（オプション；後付方式）としておいて，平均的な住宅構造の標準価格を引き下げる改革に業界を挙げて取り組むべきである。日本の住宅の耐用年数も主要な軸組を堅固な構造に変える方法で，これまで以上に長い年数の使用が可能になる。住宅の相続による継承が減少し，所有（居住）者の交代が繰り替えされるような社会環境（ライフスタイル）に変移しつつあるから，建物の構造的強度は重要になる。住宅設備については，その都度の居住者が，必要な性能・機能を変更・付加させていけば合理的である。

各地で取り組み始めている過疎化対策（高齢者のまちなか居住）や，子育て世帯と高齢者世帯に向けた「住み替え」支援政策は，これまでの「住まい」に対する観念を大きく転換させるものである。居住スタイルを，これまでの「定着（定住）」から，「移動（住み替え）」に転じさせるティッピング・ポイント（Tipping Point）は，一つは少子高齢化であり，次に住宅ストックの充足にある。言い換えれば，当分の間，住宅は，「建て替え」よりも，むしろ「再利用」であり，そこに居住者の「交代」が介在し，「移住」が起きている点がこれまでと違う。

5－2　「高齢者住み替え支援制度」とリバースモーゲージ

　内閣府が，2005年11月にまとめた調査報告書『都市と農山漁村の共生・対流に関する世論調査報告書』によると，都市部に住んでいて「農村，山村，漁村などに住みたい」願望を持つ人が20.6％であり，50代の男性では38.2％に上った。また移住を決めるための必要条件として，「医療機関の整備（43.8％）」，「安価な家屋・土地（43.3％）」，「居住地決定に必要な情報（41.3％）」などが挙げられていた。「平日は都市部，週末を農漁山村」といったライフスタイル（生活）を希望する人は37.6％，50代男性では45.5％であり，その実現の必要条件としては，「時間的余裕」が66.8％，次いで「医療機関の整備」や「安価な家屋・土地」などが，それぞれ30％台であった。受け入れ側の農漁山村の在住者の方も，都市住民の移住に対して，歓迎意向が65.7％であった。

　こうした調査結果を見ると，いくつかの基本的条件が整備されれば「人的対流」の実現は不可能なことではない。「医療機関の整備」は，進んだ情報技術を駆使しながら日常生活の健康管理を続け，緊急態勢として高度な機動力を備えた医療車の用意がまず考えられる。「時間的余裕」については，雇用環境の対応を労使間で調整すれば解決できる。「地域情報」の収集は，国土交通省が2006年度から試行する「中古住宅価格ネット公開プログラム」などのローカル版を開設する方法で，ある程度は補える。

　「安価な家屋・土地」探しも，地域内に既存する高齢者の持家（空家）の活用を優先的に考え，高齢者世帯との「住み替え策」も有効な措置となる。

この場合であれば，高齢者世帯が，子供の近くへの移住，あるいは「まちなか」に移住して，その持家を，都市部からの移住者に賃貸するといったシステムの「住み替え型リバースモーゲージ」の実現が視野に入る。こうした試みには，すべて「人」の「移動」が基本的な条件となっている。

　2006年度から，政府の住宅政策が，従来の「数量」を重視したスタンスから，新たに「品質」に重きを置いた方向に転換した。すでに住宅ストックが充足状態にあるとして，今後は，既存ストックの活用・延命化を政策方針に決めている。同じ路線上の政策として，国土交通省は65歳以上の高齢者だけの世帯の持家を対象にして，「住み替え支援制度」を推進している。郊外の戸建住宅に住んで不便している高齢者世帯と，広い戸建住宅を希望している子育て世帯との間で，数年間の住まいの交換（定期借家契約）を支援して，それぞれの世帯の最適環境に生活できる「期限付き移住」を勧めている。この制度は，高齢者が郊外の戸建住宅を売却することなく，生活利便性の高い都市部のマンションに移り住む，「住み替え」支援の取り組みである。郊外の戸建住宅は高齢者にとって維持管理も負担であり，病院などとのアクセスも不便なケースが少なくない。一方，広い戸建住宅を希望している子育て世代の，郊外の戸建住宅への賃貸需要も旺盛であることから，両世代間で，居住の交換を，売買契約ではなく，賃貸契約（3年程度の定期借家で借り上げる）で進めようとする施策である。不動産，建設，有料老人ホーム，住宅リフォームなどの業界に呼びかけて，非営利型の中間法人を設立し，賃貸契約の仲介をする。高齢者世帯には，借り手が付かない場合であっても，予定家賃の約8割相当の一定額を保証して，差額は中間法人の事務運営費や家賃の補填に回す仕組みである。

　この支援制度の問題点は，肝心の高齢者の持家のサステイナビリティであり，第三者に賃貸できる状態が維持されているかどうかである。また，リノベーションを施して，なおかつ住み替えするインセンティブが働くかどうかという懸念もある。こうした危惧に対する措置としては，持家の品質（性能・機能・デザイン）を維持・継続させていくだけの経済的インセンティブが必要になる。その場合，最も合理的なインセンティブとして，住み替え支援制度と，リバースモーゲージ制度の組み込みが考えられる。一定期間を市

街地に住み替えて，やがて持家に戻るとき（65歳以上）は，リバースモーゲージを利用する方法である。もちろん，このケースのリバースモーゲージでは，最初の賃貸物件化の際のリノベーション資金も，リバースモーゲージの借入として組み込まれなければ，高齢者の福祉制度としては成り立たない。こうした居住環境の世代間の交換プログラムは，不動産市場ばかりではなくて，その関係市場にも広範に及ぶビジネス・チャンスを創生させる経済効果は大きい。

　しかし，こうした試みも，本来的には「住まい」の「移動」や「変化」をきらう高齢者に「住み替え」を促すものであり，数年間，移住して，また持家に戻ることになる。このシステムでは，子育て世帯には学齢期の都合もあるが，高齢者には，ややもすれば一時的で，不慣れな「まちなか暮らし」の体験程度に陥る危惧は拭えない。

　欧米社会に定着して久しいシニア・コミュニティ・ビレッジのような，最後のその時まで豊かに過ごせる居住環境を備えたコミュニティ造りに，そろそろ政府主導で取り組むべきであり，社会の風向きを変えるベビーブーマー世代の動向から目を離せない。

5－3　「買戻特約付住宅」とリバースモーゲージ

　住宅を購入する際に，将来の一定時期に販売者が買い戻す特約を付けておく。そのときの評価額で買い戻しに応じるか否かは，売主となる所有者の選択とする仕組みを，リバースモーゲージ・システムと組み合わせて，「買い戻し特約型リバースモーゲージ」とする。そのバリエーションとしては，「残価設定型住宅購入契約」が考えられる。将来の一定時期の買い戻しを織り込んだ購入契約とすれば，当初の購入資金が少なくなり，引渡し時期以降は，賃貸借契約に切り替える方法や，そのまま所有権を保持するべく残価金額を支払う，といった選択肢もあり，「残価設定型リバースモーゲージ」とも分類できる。

　2004年4月から，東京急行電鉄（東京都渋谷区）が，東急沿線エリアを対象にした住み替え促進事業「ア・ラ・イエ」の本格的展開を始めている。事業内容は，リフォーム住宅の販売であり，住み替えを希望している持家所

有者との共同事業ともいえる。建物を東急電鉄で買い取り，デザイン性に優れた高機能住宅にリフォームした住宅と，土地所有者との共同販売方式であり，土地についても最終的には買い取り（100％）を保証する。対象地は，開発から50年以上経過した地域に限定しており，街全体が成熟期に入っていることから，リフォーム住宅への需要も安定している。

　こうしたプログラム（手法）に手馴れてくると，新築住宅を販売する場合も，将来の「買い戻し」を予約する方法で，最初の購入代金を引き下げられるし，退職期のライフプランとして「住み替え」が予定できるメリットもある。リバースモーゲージとの組み合わせプランとしては，将来の一定時期に「買い戻し契約」に則り，持家を，一括，現金化するか，あるいは「セール・リースバック」方式で，売却後，改めて購入者側と建物賃貸借契約を結び賃借人になり変るのか，選択できるシステムも時宜に適ったプログラムといえる。

5-4　不動産市場の課題

(1) 社会の構造的変化や家族・個人のライフスタイルの変化に追随できていない不動産業界には，すでに「陳腐化」が始まっている。従来の取引規模（件数・金額）の増強よりも，むしろ取引深度（内容：企画・運用管理・リスクテイキング）の拡大が社会からも要請されている。

(2) 多様化社会と成熟化社会にあって，不動産市場においても，「商品開発」や「取引形態」に，あらゆるニーズに対応できる「可変性」と，「交換」や「セール・リースバック」，あるいは「バイ・レット・リース(buy let lease)」などにみられる「多様性」が必要とされている。「不動産は固定資産」であるとした既成観念を，「不動産は流動資産」にも転換できる，あるいは不動産に「稼動性」や「可動性」を付加させるビジネス・プログラムを開発する取り組みは，縮小・減退化が蔓延している社会経済に，改めて流動性や循環性をもたらすものである。リバースモーゲージのメカニズムが，不動産市場に新たなビジネス・モデルを萌芽させる起爆剤にもなる得ることに説明を要しない。

(3) 環境保護，高齢化問題，社会資本の整備などに貢献するリバースモ

ーゲージの普及に加勢する不動産事業の場合は,「社会責任投資（SRI；Socially Responsible Investment)」の勧誘なども射程に入り，新たな取り組みとなる。

　リバースモーゲージ市場と不動産市場が協調・発展できる施策を模索しようとする動機は，双方の市場に相乗効果が期待できるからである。そのための具体的な方向づけとして，不動産市場においてはリバースモーゲージに対応した新しいタイプのビジネス環境整備を推し進め，またリバースモーゲージでは高齢者福祉サービス市場との接近・摺り合わせを検討し，これら三つの市場環境を整合させる必要がある。こうした取り組みにも，金融証券市場との協調関係の構築は不可欠であり，もちろん各ステイクホルダーにおいても既成観念を超えた柔軟性や革新性が要求されることになる。
　リバースモーゲージ市場から放出される中古住宅ストックについては，次のような視点からの考察が必要になる。
　(1) 中古住宅のリサイクリングやコンバージョンなど，新しいリモデリング・プログラムを模索する。店舗・事務所兼用住宅・企業社宅等，収益性を付与させる再生化の道を探る。
　(2) 中古住宅ストック購入への融資・税制上の支援策が必要になる。
　(3) 中古住宅の既得権に付与する法的利益の確立が，融資や税制上の特典の付与，耐震等改造補助金の交付などの施策には必要になる。
　(4) 中古住宅ストックの投資信託市場での商品化。点在する個別物件のバンドリング等。

6　リバースモーゲージの課題と展望

6-1　厚生労働省のリバースモーゲージの課題

　少子高齢化が進行する社会は，高齢期がこれまで以上に延伸して，高齢者の自己負担が加重され，その家計にも自助的な経済的自立を迫る社会ともいい換えられる。日本人の平均寿命は，この数年間，継続して更新されているが，最近の社会保障制度の変革は高齢期の生活コストを着実に上昇させる方

向を示している。

　一般的な傾向として，人は高齢期に入ると，なおさらに生活環境の変化に順応できる可塑性・柔軟性が乏しくなり，住み慣れた自分の家で最後の時まで暮らしたいと望んでいる。リバースモーゲージは，そうした事情の持家高齢者の生活設計に適合した「持家資産福祉年金転換制度」とも解すべき仕組みのプログラムである。

　厚生労働省が，2003年度から全国共通の制度としてスタートさせた「生活福祉資金（長期生活支援資金）貸付制度」は，持家高齢者を対象として，その持家を担保に老齢生活資金を長期融資する仕組みであり，資金の流れる方向が一般ローンとは逆方向であることからリバースモーゲージとして取り上げている。

　厚生労働省の「生活福祉資金（長期生活支援資金）貸付制度」の特徴は，次の各点にある。

(1) 持家（戸建住宅）に継続的居住の高齢者（65歳以上）が対象。
(2) 第三者権利のない居住用不動産（土地）の70％評価額が融資枠。
(3) 融資期間は貸付枠内。
(4) 原則，持家の売却処分による一括返済。
(5) 配偶者・親を除く第三者の同居は拒否。
(6) 推定相続人の連帯保証。
(7) 市町村税の非課税（又は均等割）世帯（低所得者世帯）。
(8) 都道府県の社会福祉協議会が担当機関。
(9) リバースモーゲージの財源は，国が3分の2，地方自治体が3分の1の負担である。

非遡及型融資と福祉性

　日本のリバースモーゲージ制度をアメリカやカナダの制度と比較した場合，後者の制度には，まず利用者の死亡時までの継続融資（生存配偶者の場合も同じ条件で）が保証されている。またノンリコース・ローン（非遡及型融資）だから借り越し分の返済が免除されている。こうした相違は，福祉性システムとしての成否を決める重大なポイントとなる。日本の大半のリバース

モーゲージに共通する欠陥は，ターミナル（終身）なシステムではない点にある。制度に「終身性」がないから，融資極度額（貸付限度）を超えた後は終身型年金保険商品で繋いだりする。しかし，この仕組みは複雑であり，利用者の不安感は払拭できないから，むしろ融資貸し越しの自家保険とでもすべきである。また日本のリバースモーゲージが，生存権的資産である「住まい」を返済原資としながら，融資枠を設定して，途中でも融資を打切る仕組みは利用者の不安感を煽る点である。やはり日本のリバースモーゲージも，アメリカやカナダと同様に「非遡及型融資」とすべきであろう。

　その論拠としては，国民の負う納税義務に対応した，国からの反対給付として，国民の誰しもが憲法上で保障されている社会保障サービスの対価の捻出を，持家高齢者の場合は，リバースモーゲージを利用して，自己資産（持家）を現金化して負担する自助的な努力をしているからである。また在宅で，ターミナル・ケアや長期医療を受けようとする持家高齢者と，持家のない，あるいは持たない高齢者との間で，社会保障サービスの配分上の公平性が損なわれるからである。

マンション（集合住宅）の排除

　日本のリバースモーゲージは，融資の対象を戸建住宅だけに限定していて，なおかつ，その土地（敷地）だけの担保評価に基づいて融資枠を設定しているが，次の点で不合理な規定といえる。

　最近は郊外住宅地に住んでいた高齢者世帯が，生活利便性に優れた「まちなか（中心市街地）」に住み替えする動きが見られ，移住先は共同管理の集合住宅（マンション）が一般的である。マンションを制度対象にしていないリバースモーゲージでは，こうした社会環境の変化にも適合できないことになり，リバースモーゲージを社会保障制度の補完的なプログラムとするポジションから判断すれば，早急に改正すべき課題である。

（1）住宅ローンを利用する場合は，マンションであっても戸建住宅と同様に，売買価格（契約額・実勢価格）を基準にした担保評価（掛目）から貸出限度額を決定し融資する。しかし，いざリバースモーゲージで融資する際には，戸建住宅であれば建物は担保評価しないし，マンションの

場合ならば区分建物そのものを融資対象から除外している。その理由は，それぞれの脆弱な担保力に基因している。こうした融資態度の豹変は，ひとえに金融機関（貸し手）側の功利的判断に基づいたものであり，住宅ローン商品は営業的にも安定した優良商品であるが，リバースモーゲージの方はリスキーで，なおかつ面倒な部分が多いと踏んでいるからに他ならない。傍証かもしれないが，東京都の武蔵野市や中野区，また文京区などのリバースモーゲージでは，最初からマンションをその担保対象に定めている。

(2) 一般的に，不動産を鑑定評価する場合は，「費用性」，「収益性」，「市場性」の三つの側面から総合的に鑑定評価し，「原価法」，「収益還元法」，「取引事例法」の手法を使っている。リバースモーゲージの担保評価においても，同様にこれら三つの要素から総合的に評価すべきである。その論拠として，租税制度においては，マンション（区分建物）であってもその資産性を認定し，固定資産税を課税しながら，いざリバースモーゲージの段になると，その資産性を否定するといった矛盾点が明らかだからである。

(3) 戸建住宅と，マンションとは，どちらも「居住用資産」として等しく，公的資金の融資や不動産税の課税においても格差はない。リバースモーゲージを社会保障制度の補完的制度として捕捉しているならば，その老齢生活費の自己調達目的を鑑みて，建物の構造上の相違を理由にした差別的取り扱いは改正されるべきである。この論理の正当性については，憲法上（第22条，第25条）にも明文化されている。

(4)「高齢者住み替え支援制度」との不整合性も問題視される。「高齢者住み替え支援制度」とは，郊外の持家高齢者が，「まちなか居住」に「住み替え」して，その持家を子育て世帯に賃貸し，家賃収入を獲得するシステムであり，「持家」の収益性を実現した制度ともいえる。片やリバースモーゲージにおいては，「持家」の収益性に対しては，資産評価しないシステムであり，これらの制度間には整合性が見えない。また過疎地問題を抱えている一部の地方行政では，高齢者を対象に，「まちなか」への「住み替え」を推進させている。その「まちなか居住」の住居形態

は，多くが共同管理の集合型住居（マンション）である。こうした点からも，マンションをリバースモーゲージの対象に組み込むべき正当性や福祉性を論証できる。

制度担保の不整合性

　国土交通省の推進している，65歳以上の高齢者だけで暮らす世帯を対象に設定した「住み替え支援制度[8]」では，高齢者の持家を子育て世帯に賃貸して，高齢者本人には「まちなか居住」を勧めている。しかし腑に落ちない点は，リバースモーゲージでは担保評価の対象にもならないほど老朽化していると，政府が断定（推定）した高齢者の持家に，果たして子育て世帯が住めるだろうか。リノベーションを施す費用も多大なはずである。こうした視点からすれば，リバースモーゲージ制度と高齢者住み替え支援制度との間には，少なくとも整合性は認めにくい。

　確かに，これら二つの制度は，高齢者の経済的自立の支援を主としながら，子育て世帯の居住環境への配慮もあって，相互に補完性が認められるシステムではある。しかし政府は，高齢者の生存権的資産である持家に抵当権を設定しながら融資する福祉資金貸付制度の目的を鑑みるならば，土地だけではなくて，居住用資産としての，土地・建物の一体性を明確にした不動産評価を実現すべきである。住み替え支援制度は，持家の居住性能（性能・機能・デザイン）の収益性も具現化できるシステムであり，結果として個人の持家の居住性能のサステイナビリティに向けた有効なインセンティブ効果も期待できるからである。

　当時，自民党税制調査会（柳沢伯夫会長）は，法人税の減価償却制度の全面的見直しについて，2007年度の実施に向けて準備に入っていた[9]。こうした償却期間の全面的見直しの政策的含意には，企業の持つ設備などの法定耐用年数を短縮化させる方法で，企業の税負担を欧米諸国並みに軽減して国際競争力を高めようとする狙いがある。ちなみに鉄筋コンクリート造の事務所は現行規定では50年の耐用年数とされているが，エレベーターや自動車などとともに，さらなる耐用年数の短縮化が検討されている。

　しかし，こうした動きは明らかに社会資本の短命化に繋がるものであり，

国際的大勢である省エネルギー政策や環境保全に向けた企業間努力とは明らかに相反するものである。本義に則るならば，技術の進歩・高度化や新技術の開発などによる経済効果は，まず既存設備の能力・機能をさらに改良・改善させるものであり，耐用年数などにしても，その都度に延伸させるはずである。リノベーションや再生を視野に入れないで，設備や施設に対して，買い替え，取り替え，入れ替えなど，「スクラップ＆バイ」しか選択肢がない法的規定に先導性や先進性は乏しく，企業の税負担軽減ばかりを注視した，狭量で拙速な取り組みと非難されるものである。

　こうした企業の設備関係の耐用年数見直しの動向は，本章で取り上げている既存住宅についても考え合わせることができる。住み替え支援制度の対象となる高齢者の持家においても，賃貸物件化する際には何がしかのリノベーションが必要なはずであり，またリノベーションを施した持家の付加価値は確実に高まっているはずである。将来，こうした高齢者の持家を担保対象にしてリバースモーゲージを利用しようとするとき，その建物の担保価値を否定されたとしたら，再びそこに法理論上の衝突が起こり，失策のそしりを免れない。

持家のサステイナビリティとリバースモーゲージ

　リバースモーゲージ特有のリスクとして，「長命リスク」と，「市場変動（地価変動・金利変動）リスク」がある。前者は，プール化による分散も可能であり，「期限付融資」によっても回避できる。市場変動リスクにしても，数年毎に繰り返される担保評価に基づいた条件見直し（調整）が歯止めとなる。最も重要視されるべき点は，リバースモーゲージの制度原資である「持家」の脆弱なサステイナビリティにある。その要因や対策については，すでに多くの検討が重ねられてきているが，本書では次のように要約している。

(1) 現行のリバースモーゲージの大半が，住宅の土地だけの担保力に依拠しているから，地価下落の影響は直接的である。建物についても，収益還元法や原価法などから算定される評価額（価値）も合算した「一体評価」とするならば，全国レベルの地価リセッションに基因した「担保割れ」リスクにも，ある程度の緩衝効果が期待できる。

(2) 持家のサステイナビリティを評価して融資するシステムには，持家の居住性（性能・機能・デザイン）を維持・継続させようとするインセンティブ効果があり，結果として中古住宅市場の循環性を補強させることに繋がる。一定年数を経過した建物を再利用しようとする行為を，社会資本の有効活用として積極的に評価する恩典的措置が必要である。

(3) 建物の付加価値（耐震補強やリノベーション等）が，担保力を増強させる評価基準（改造による加点補正率など）の整備が必要である。

リスクテイキングと保険

殖産銀行が，単独で行ってきたリバースモーゲージ商品のこれまでの営業活動から行き着いた「結論」は，「行政の手による金融機関への債権保証（リスク・ヘッジ）を実現させることで，現在，停滞しているリバースモーゲージを蘇生させることができる」という点である。その論証として，アメリカのリバースモーゲージの普及・定着に最も直接的に貢献している要素は，政府機関によるリスク・ヘッジ機能であることが挙げられる。

日本住宅総合センターの調査報告書には次のように書かれている[10]。

「アメリカのHUD-HECM（HECM；Home Equity Conversion Mortgage）は，HUDの内部組織である連邦住宅局（FHA；Federal Housing Administration）の保険によるリスク・ヘッジ機能があり，利用者側のリスク（融資機関の倒産，融資金の不払い等）や融資側のリスク（モータリティ・リスク，住宅価格の下落等）をもカバーする画期的・包括的なものであり，HUD-HECMの契約件数の増大に貢献している点に注目するべきである」。

いずれにしても，日本は少子高齢社会であり，将来のライフスタイルの多様化も確実視されていることから，社会保障制度の補完的プランとしての位置づけであるリバースモーゲージの定着に必要とされるリスクテイキング機能への政府関与は，憲法上に明文化されている国の責務の範囲内でもある。

現行の制度環境の下にあって，現実的なリスクテイキングの方法としては，「保険」が適当である。「保険」とは，偶然的事象の発生に起因した経済的必要を補填・充足するための経済的かつ予備的な仕組みであり，大数法則に立脚して成立している。最近の社会経済においては，保険需要は拡大する方向

にあり，将来的にも保険事業の社会的基盤は堅固である。

また革新的ともいえる医療分野の発展は，少なくとも人的保険商品から不確定要素を，ある程度，減少させるものであり，生命体の余命までもが，許容誤差の中で捕捉できるようになっている。こうした進歩は，リバースモーゲージ制度の普及には順風として働き，予測を超える「長命」から「担保割れ」などの債務超過の事例も少なくなるはずである。リバースモーゲージ・ローンの場合では，債務者（利用者），債権者（民間企業・金融機関），政府の三者による共同負担を原則とした終身年金保険契約によって，現行の「連帯保証人」規約も不要になり，ノンリコース・ローンも視野に入ってくる。

既存住宅に付与する第三の価値「現存性価値」

そこに「建物が，現在，存在する」ことに対して，法的な価値（法益）を改めて確認することで，既存住宅の市場価値を補強することは，理論上，成立することである。既存建物に対する現行の鑑定評価基準に基づく評価（原価法，取引事例比較法，収益還元法）の他に，非可視性価値を法制度上に確立すれば，現存することの価値[11]（以降「現存性価値」）は，市場でも経済的交換価値を持つことが実現できる。都市計画法，建築基準法，民法などにすでに法定されている既存権とは別に，新たに創設するものであり，その論拠を主に環境保全的価値に置くものとする。

日本政府は，企業が発展途上国の温暖化ガス削減事業に協力して獲得するガス排出権の買い取りを明らかにし，企業の排出権獲得を後押しする方針を示している。京都議定書に定めた国内ガス排出量の削減は，企業活動の活発化と相反して，実現されていない。経済産業省や環境省では，法的環境の整備を進めて温暖化ガス排出権の購入に向けて準備を始めている[12]。こうした経緯からも，国内の運輸部門や建設部門をはじめ，家庭での省エネルギー対策をさらに推進させなければならない。そうした現状を鑑みても，住宅寿命の延伸化は取り組むべき課題であり，「現存性価値」の法的な確立こそ，効果的なインセンティブとなるものである。

「現存性価値」は，主として法律上の各種緩和措置と金融制度上の優遇措置に代表される。その具体的な内容としては，

(1) 現存性を高めるリノベーションに関する優遇措置（融資条件の優遇），
(2) 使用年数に対応した不動産取得・譲渡・交換取引などの際の各種税法上の恩典的措置，
(3) 使用年数に対応した建築基準法，都市計画法，その他関係法上の緩和措置，
(4) 使用年数に対応した廃棄処分上の特典的措置，
(5) 使用年数に対応した固定資産税の軽減措置，
(6) リバースモーゲージの利用上にも恩典的措置，などが，まず考えられる。

社会資本としての住宅の長命化は，周辺の居住環境の整備や保存などにも奏功するものであり，日本の安易な「スクラップ＆ビルド」の風潮にも歯止めとなるはずである。

6-2 住宅政策の転換とリバースモーゲージ

厚生労働省は，2006年度から，これまでの住宅大量供給政策の方針を，大きく転換させている[13]。政府は，住宅難の解消を旗印に，約40年間にわたって住宅建設の目標戸数を設定してきた「住宅5カ年計画」を廃して，郊外団地の新規開発への補助金の給付を取りやめている。これまでの政策は，大規模団地の開発を促し，住宅の床面積を広げてきたが，少子高齢化が世帯数全体の伸びを鈍化させ始めている点などから見直しを決めた。

政府は，2006年度以降，既存の住宅に対して，その耐震性を高め，バリアフリー化や省エネルギー化などを目標に定めて，住宅のリノベーションに重きを置く方針である。要するに，これまでの住宅戸数の「量」に重きを置いた統計的政策を，2006年度をティッピング・ポイントにして，現存する住宅の「質」を改善・向上させる内実的政策に重点を置くことになる。しかし政策の方向を，これまでと逆向きに転換する選択は，いくつもの課題を背負い込むものである。

(1) 政府は，政策転換に際して，そのインセンティブを明確にする必要がある。持家にリノベーションを施すことが，その付加価値として資産性に結び付かなければ，特に持家高齢者に決断させることは難しい。リバ

ースモーゲージではその住宅の評価をゼロとしている現行制度と矛盾する点も折り合いを付けなければならない。
(2) リノベーション資金の融資については，高齢者の場合であれば，返済能力などの面からも不動産活用型融資（リバースモーゲージ）とするべきである。
(3) リノベーションを施す場合でも，施工業者とのトラブルを想定した対策が必要になる。また施工に対する瑕疵担保責任保険の義務づけや，被害者の実証責任の排除などの法的環境の整備も欠かせない。持家高齢者の場合は，契約に伴う各種のコンサルティングや契約の代理なども想定しておく必要がある。こうしたケースに対応できるNPO機構の準備なども，やはり必要になる。
(4) 耐震性能や省エネルギー機能などを付加させた既存住宅の購入に当たっては，各種のインセンティブ（購入資金融資や不動産流通税の優遇措置等）が必要になる。

6-3 リバースモーゲージの事業性と福祉性の拡大

　リバースモーゲージは，高齢者の住宅資産（持家）を担保対象に設定した不動産担保融資であり，その仕組みとしては，購入時に投入された資金が住宅資産（不動産）として「凍結」している状態から，ある時期（65歳）以降は，再び，「解凍」させて，現金（年金）に戻す（回収）システムである。あるいは，システムのメカニズムを，「凍結」，「解凍」と解することが不適切ならば，それを「投資（invest）」とし，「転換（reverse）」とも換言できるはずである。そうした「固定資産（持家）」から「流動資産（現金）」へと「転換する作用（reversible function）」を安定的に継続させる仕組みが「リバースモーゲージ・システム（reverse mortgage system）」である。著者は，こうしたリバースモーゲージ・システムのメカニズムを，「持家資産の転換システム（the Reversible System of the Home Equity）」と称している。この転換作用によって，持家資産（既存住宅）の所有権には第三者抵当権が設定され，不動産市場の他に金融市場にも関わるように変わる。この変化は，個人の居住用資産の負債化への転換であり，将来の代物弁済の予約

ともなる。リバースモーゲージは長期的な融資契約がゆえに，その事業主体の営業的継続性は絶対的条件となり，堅固な「事業性」が重要な要件となる。金融機関にとってリバースモーゲージ商品は営業的魅力に欠けるものかもしれないが，ハウスメーカーの場合は顧客との取引密度が高まり，また「住み替え」や「買い替え」など，取引範囲が拡大するメリットは大きい。

　リバースモーゲージ市場が拡充していくためには，(1) 安定的で健全なリバースモーゲージ市場，(2) 需要が安定的な中古住宅市場，(3) SRI（社会的責任投資）を実践する取扱金融機関，(4) リスクに対応する保険機構，(5) 持家高齢者を保護する法的環境，などの各条件が整備されていなければならない。これら各条件に通底する構成要素として抽出されるのは，高齢者の「住宅資産」を「年金」に安定的に転換させるための要件となる「事業性」の確保であり，なおかつ高齢者の多様なニーズにも柔軟に対応できる「福祉性」の保証である。「事業性」については，政府系の保証機構のバックアップは不可欠な前提条件となるにしても，地域に密着した金融機関（信用組合や農業協同組合等）や大手ハウスメーカーなどの参入によって，リバースモーゲージの事業性は格段に補強されるはずである。問題視されるのは「福祉性の保証」の方であり，ともすれば対立的な性格を持つ「事業性」との関係に，「均衡化」が保たれるか否かが重要なティッピング・ポイントになる。この場合のバランサーの創設については，政府が勘考すべき課題となろう。

　一方，高齢期の経済的自立策（リバースモーゲージ等）に，高齢者が自らの問題として取り組む姿勢を強く表明する必然性については論を俟たない。本書では，そうした活動の「核」を形成するのに，公的機関や民間企業の他に，「第三の組織」として全国的規模を擁する非営利団体としての高齢者組織（本書では，仮に「高齢者協会」と呼ぶ）を立ち上げることの社会的意義を強く進言しておきたい。高齢者協会が先述している地域密着型の金融機関等と手を携えれば，リバースモーゲージの推進においても，「福祉性」は言うに及ばず，「事業性」までも確保できる公算は大きい。その範を海外に求めるならば，アメリカのリバースモーゲージの普及に貢献している非営利組織「全国ホーム・エクイティ・コンバージョン・センター（NCHEC；

National Center for Home Equity Conversion)」や「アメリカ退職者協会 (AARP; American Association of Retired Persons)」などの活動が着目に値する。またイギリスの全英的な高齢者関連団体の統合組織である「エイジ・コンサーン (Age Concern)」の活発な社会的活動にも学ぶべき点は多い。

　本書では，新たな「リバースモーゲージ・プラン」を模索する上で重要なポイントを，次の4点に整理している。
 (1) ビアジェ (viager)[14] の日本版（割賦契約の導入等）の検討（取引形態の多様化）。
 (2) リバースモーゲージ利用者に対する福祉サービス上の恩典的措置（利用の促進）。
 (3) 相続人の代位返済に対する優遇措置（利用の促進）。
 (4) リバースモーゲージの対象不動産の購入に対する各種特典的措置（担保物件の流動性確保）。
 (5) 農業協同組合や保険会社，そして介護法人など，異業種間に通底する高齢者のニーズを分析し体系化して，ジョイント・プロジェクトの推進化（リバースモーゲージ市場の拡大・充実化）。

6-4　農業協同組合とリバースモーゲージ[15]

　農業協同組合（以下「農協」）が，リバースモーゲージ市場に参入する場合には，(1) 融資機能，(2) 不動産流通機能，(3) 高齢者向け支援サービス機能（高齢者福祉事業）など，リバースモーゲージを事業化するのに必要な機能のすべてが備わっているから有利である。
 (1)「融資機能」については，不動産物件に関する調査・評価などから始まって，貸付後の不動産管理までと，「不動産融資」の一貫した機能が，すでに備わっている。
 (2)「不動産流通機能」については，農協が組合員の所有する不動産の有効活用を図るといった必要性から，すでに不動産市場にも参入している。
 (3)「高齢者向け支援サービス機能」については，農協が高齢者福祉事業

に携わることは農協法で認められていて、すでに全国的に事業化している。その事業体制は、1999年末時点で、助け合い組織設置の農協数は644カ所、ホームヘルパー養成数約8万人、地域福祉活動コーディネーター養成数は約3000人程度の陣容を形成している。

この他に、農協がリバースモーゲージを取り扱う上で好都合な条件がある。銀行などとは一味違った特色を持った協同組合は、非営利の会員組織であり、地域との密着度が強く、組合員や地域住民にとっても身近な存在であり、信頼も得られている点が有利な条件となる。さらにリバースモーゲージを扱う場合に有利なのは、必要な機能のすべてを、農協1カ所で、単独（ワンストップ性）で具備している点である。

いま一つ、農協の存在そのものが、地方行政とは緊密な関係を築いてきている経緯から、行政、特に市町村との連携のとりやすさも、農協の重要な利点となる。農協の本来的な事業においても、地方自治体との取引は増加傾向を保ってきているし、ホームヘルプなど高齢者福祉についての公的サービスを受託する農協も、やはり増加する傾向にある。高齢者福祉の分野においては、公的な側面も多いなどの性格上、農協がリバースモーゲージ市場で果たす役割は大きいものと期待できる。

以上の他にも、確実に先細りしている農業後継者の問題は深刻であり、農業事業者の法人化が進んでいる中で、農協の事業展開にも革新的な戦略が求められている。リバースモーゲージ市場への参入は、農協の組織的特長である統合性を利する試みであり、新たな展開が期待できる選択といえる。

6-5 沖縄県のリバースモーゲージ

日本では唯一、亜熱帯ゾーンに位置している沖縄県の推定人口は135万1706人（2004年3月現在）であり、前月比で531人増、前年同月比では9473人（0.7%）の増加である。また同じ県内においても、比較的、高頻度で人口移動が見られる。郡部の人口では、「自然増加」に対する「社会的転出」が3～4倍であり、結果として若年層人口は減少し、高齢者世帯が増加する傾向にある。また一般的なイメージに反して、沖縄の老人（65歳以上）の一人当たりの医療費は、2002年度では78万円（全国は74万円）で

あり，1983年の32万円からすれば2.4倍で，その増加率は全国平均の2倍である[16]。

こうした人口構造の変化や頻繁な社会的移動，また高齢者に顕著な医療費負担の増加などの条件は，沖縄県においても高齢者世帯の経済的自立の必要性を確信させるものである。しかし沖縄の場合は，他の都道府県とは異なった生活文化圏を形成しており，島民の居住形態や住宅市場にも特色が見られる。沖縄社会の特質として，人の生涯の，誕生，成長，婚姻，出産，病気，そして死に至るまでの様々な機会の折に，集落単位で祭祀を盛大に執り行う。とりわけ門中（父系親族集団）が中心となる「墓制」に重きを置きながら，伝統的地縁帰属関係を構築し，継続させてきている。こうした因習的な集落地縁の関係については，金銭上の相互扶助機構である「模合（もあい）[17]」が現在も続いていて彼らの金融機関の利用度を極端に少ないものにしている，などの点からも確認できる。

根元的な視点から捉える「家」とは，単なる「居住」だけの「シェルター」といった目的にとどまらず，家族が「健康で文化的な生活」を維持・継続させるために必要（生存権的必要性）な精神的な拠とする「場所」でもある。沖縄の人にとっての「家」とは，「居住」の他に，伝統的家族制度の承継・存続の場所であり，祖先の祭祀を司る，神聖で，唯一無二の象徴的な場所でもある。実際に，長い間，無人状態が続いている家であっても，少ない場合でも年に2回（正月と清明祭）は，一族の縁者全員（門中）が集い，古式に則った先祖供養を欠かすことなく，連綿と繰り返してきている。沖縄独特の墓地の形状や配置から推測しても，人の「死」を，忌むべき現象と捉えておらず，むしろ畏敬の念をもってお祭りする慣習が根強く伝承されている。こうした地域特有の風俗・慣習は，先祖からの伝承財産の「家」を担保に生活資金を借り受け，死亡時に，「家」を売却（原則として）して清算するリバースモーゲージとは，妥協の余地はなく，対立的である。したがって沖縄県民が古くから居住している地域では，少なくとも，現行のリバースモーゲージの利用・普及は極めて困難と考えられる。

リバースモーゲージは，持家資産を制度原資にしている仕組みゆえに，持家に対する価値観や地域性などが強く反映する性格がある。沖縄県の場合は，

その際立って因習的で保守的な地域性が強いことから，リバースモーゲージの仕組みそのものが馴染まない。「家」を，一族の中心に据えた伝統的な帰属観，あるいは宗教観が醸成する住宅（持家）の資産性は，その市場的価値（循環性）を鑑みない，むしろ旧弊な家族制度の基盤的な位置づけであり，その男子承継をかたくななまでに守っていく地域慣習（しきたり）は，リバースモーゲージの制度概念と真っ向から衝突するものである。こうした点からしても，厚生労働省の全国共通の「生活福祉資金貸付制度」は，沖縄県ではまったく不具合なプログラムであるといえる。

さらに社会政策の視点から問題提起するならば，等しく納税義務を課せられている沖縄県民が，国の福祉サービスを，他の都道府県と同様に享受することができない不公平性を糾弾しても過ちではない。現行のリバースモーゲージは，国と県がそれぞれ財源を負担して，長い期間，融資する仕組みだけに地方財政を窮屈にする面もある。

沖縄県社会福祉協議会では，「現行のリバースモーゲージは，地方財政の負担も長期的であり，また沖縄の地域性にも齟齬をきたしている点もあって積極的には取り組めないシステム」と断じている[18]。

沖縄県の中でも，「家」が古くから連綿として世代承継されてきている伝統的な集落においては，リバースモーゲージを利用することには強い嫌悪感を抱いている。その事情については，沖縄県の社会福祉協議会や地元民の聴き取り調査[19]からも確認できる。しかし，こうした地域性は新興住宅地域では見られない性格のものであり，新興住宅地の住民たちは，リバースモーゲージの利用に対しても本土と同様の反応であった。

住民の平均的年齢が若い新興地域においては，当分，リバースモーゲージの利用対象者は出てこないものと予想される。逆に，古くからの地域（集落）では，圧倒的に高齢者だけの世帯が多く，まさに"ハウス・リッチ，キャッシュ・プア"状態であるのだが，因習的な生活慣習がネックとなって，リバースモーゲージの利用は極めて少ないものと予測される。

しかし一方では，沖縄における新興住宅地の増加率は福岡県に次いで全国で2番目に高率であり，伝統的な生活文化を継承していない住民の数も次第に増えてきている。こうした新しい住民たちは，少子高齢社会に順応したラ

イフスタイルの世代であり，持家の相続意向も低いことから，沖縄でリバースモーゲージが利用される可能性を高める存在となる。

沖縄モデルの提言

　本書では，「人的保証」と，「物的保証」の2種類のタイプを選択できる，リバースモーゲージの「沖縄モデル」を提言しておきたい。

(1) 人的保証タイプ

　　持家の処分を嫌う地域に適したプランとして，複数の血縁親類縁者による連帯保証モデルであり，原則的には持家の所有権を移転しない「人的保証」を柱に据えている。融資枠については，近隣に取引事例が少ない点も考量して，担保評価額（固定資産課税台帳上の評価額）の100%を融資枠とする。借り手は，債権担保となる終身生命保険契約（契約額は融資枠以上）に貸し手の質権を設定して融資を受け，その返済は死亡時に保険金で一括返済する仕組みである。この終身生命保険契約については，本人と連帯保証人が連帯して契約し，保険金の受取人は被保険者（借り手）とする。リバースモーゲージの利用で，「生活サービス（給食・ケアサービス）」の受給プランなども需要が多いかもしれない。こうした，不動産処分によらないシステムでは，民間保険会社や農業協同組合などの参入によって地域性に配慮した柔軟な商品開発が期待できる。

(2) 物的保証タイプ

　　沖縄県のなかでも，比較的新しい住宅地の場合は，リバースモーゲージでも，土地の他に，建物評価も合算させた担保評価額をベースにした，「物的保証」の仕組みが適当である。沖縄でも，最近，普及しているハウスメーカーの戸建住宅商品は，沖縄の3大被害源である台風や塩害，シロアリにも強い耐久力を備えた沖縄仕様で設計・施工されていて，長期間保証制度によって60年以上の耐久性能がメーカー保証されている点から，そのサステイナビリティは格段に向上している。

　　また終戦後に建てられた沖縄の個人住宅の大半は堅固なRC構造（写真1-1）であり，所得税法上（別表第1・機械及び装置以外の有形減価償却資産の耐用年数表）に定められた耐用年数も，木造住宅の22年

写真1−1　沖縄本島の住宅地（2004年3月撮影）

に対して，2倍強の47年と規定されている。したがって中古住宅ストックに対する二次購入のニーズも堅固であり，担保物件の二次市場における資産性や事業性は持続されていて，ノンリコース・ローンの対象となり得る構造的耐久性能を備えている。リタイアメント・ライフを沖縄に定めている住民層の場合は，子との同居や相続機会は乏しいことから，連帯保証が必要ないノンリコース・ローンが適当である。また，この「物的保証」では，担保割れなどによる超過債務のリスクテイキングについては，利用者側も終身年金保険の加入義務を負うものとする。

日本の伝統的な住宅ローンの多くが，「人的保証」に基づいた遡及型融資（リコース・ローン）であり，連帯保証人の他に，団体保証や生命保険契約も不可欠条件であった。その代わり，肝心の融資対象物件に関する鑑定・評価は軽視されてきた。こうした融資体制が，実は住宅資産の継続性を重要視しない風潮を助長し，固定化させる導因ともなってきた。また住宅減税や償却資産課税などに顕著な税法上の偏向も無関係ではない。こうした融資制度とは対極的なスタンスは，アメリカの不動産融資制度に明確な「物的保証」の概念であり，ノンリコース・ローンの実現が実証している。

「物的保証」で重要な点は，融資対象の実物価値（市場売買価格に反映する）である。また融資期間中の維持・管理も，その住宅の資産性持続のため

には必要であり，住宅の改造などは付加価値を高め，資産形成にも資するところから，アメリカ人たちは持家の修繕を自分たちの手で頻繁に施している。日本の住宅市場が，「スクラップ＆ビルド」ならば，アメリカ市場は「リノベーション＆セル」であり，持家の付加価値を高めながら，次の住宅に買い替えていくスタイルが一般的である。したがって1軒の家に数度の所有者の変更（転売）は当り前であり，中古住宅市場の需要も活発である。

現行のリバースモーゲージにおいて，さらに問題視されるべき点は，上物（家屋）を担保評価しないで，土地の担保評価だけをもって融資枠を決めている点である。堅固な構造の建物であっても，その資産価値は貸付額に反映されない。むしろ堅固な建物は，木造住宅以上に固定資産税などの持家コストが嵩むから不利な条件にもなりかねない。こうしたシステムの「長期生活支援資金貸付制度」は，社会資本である住宅資産のサステイナビリティを評価しようとする気運を削ぐだけでなく，持家コストを割高なものにし，持家資産を非採算性資産に貶めるものにもなる。

注
(1) 厚生労働省地域福祉課資料。
(2) 小沢理市郎・他（2000）『リバースモーゲージの活用ニーズの把握及び制度促進に関する調査研究』高齢者住宅財団，7頁参照。
(3) 中央三井信託銀行，藤井道民氏（財産コンサルタント），2006年2月23日。
(4) 「GEコンシューマーが日本市場攻略」FujiSankei Business. 2006/7/25。
(5) 『日本経済新聞』2006年2月28日付。
(6) 神戸市都市計画総局住宅部住宅政策課（民間住宅係）中原由佳氏，2006年2月21日。
(7)
(8) 国土交通省は，2006年度から，ニュータウンの土地利用規制を緩和するなど，既存ストックの再活用を促す規制緩和を打ち出す方針。
(9) 国土交通省が，2006年度中にも関連業界に呼びかけて65歳以上の高齢者だけで住む世帯の住み替えを支援する取り組みであり，入居者のない場合は国の基金を使って家賃保証もする予定であり，2006年度予算案に約5億円を盛り込んでいる。この制度では，確実に家賃収入が得られる持家高齢者は，契約終了後はまた戻れることもあって，自宅を提供するインセンティブになるものと見込んでいる。家賃収入への期待よりも，むしろ利便性に優れた「まちなか居住」に主たる住み替え動機を持つ持家高齢者が増え

てくれば，子育て世帯の負担する家賃も低くなる可能性がある。
(8)　『日本経済新聞』2006年2月28日付。
(10)　村林正次・山田ちづ子（1996）『高齢社会における資産活用の方向』126頁参照。
(11)　既存建物の「現存性の評価」：新たに建設するのではなくて，「既に存在している；既存している」ことの環境的価値を評価し，施されるコンバージョン・リノベーションなどへの各種恩典的措置を規定する方策によって，既存（中古）建物に対する需要が補強される。また「環境福祉（environment welfare）」の有力なシステムとして，リバースモーゲージ制度が評価される。排出権の国際的売買が定着しつつある最近の環境市場から推測しても，既存住宅の延命に奏功する措置に対する，「リノベーション」の行政法上のインセンティブが「付加価値」として加算される評価基準の設定。
(12)　『日本経済新聞』2006年2月17日付。
(13)　『朝日新聞』2005年11月14日付。
(14)　フランスの伝統的なリバースモーゲージ。持家の個人間取引と射幸性が特徴。
(15)　沖縄県福祉保険部長寿社会対策室（2003）『平成15年度長寿社会対策ハンドブック』63頁参照。
(16)　「リバースモーゲージと農協」『農林金融』2000年9月号，2～15頁参照。
(17)　沖縄に古くから普及している庶民金融の一種。「血縁」や「職場」などで行われる「親睦目的」のものと，中小の商工業者や商店主，また高利貸等による「金融的目的」を持ったものがある。
(18)　沖縄県福祉協議会，伊集守晃氏，2004年11月。
(19)　与那城町字伊計在住，生田夫妻，2004年11月。

第2章　アメリカのリバースモーゲージ

1　医療制度とリバースモーゲージ

　アメリカ政府は，1960年代以降，リバースモーゲージの普及には一貫して積極的に取り組んできている。その動機としては，高齢者の在宅ケアを推進させるための政策的試行であり，また，その決断を迫られるに十分な社会保障制度上に見られる必然性がある。さらに，こうした政策の重要な導因として，アメリカの医療制度が抱えている問題が挙げられ，医療費が高額な国だけに歴史的にも社会の深刻な病巣を形成してきている。

　アメリカの医療制度のシステムにおいては，その公的負担の比率が他の先進各国に比べても低い。その点が，アメリカは自己責任性の強い国だから，あるいは市場原理に基づいた社会構造だからといった釈明だけでは片づかないほど医療制度のシステムをコントロール不能な状態にまで陥れてしまっている。公的医療制度[1]の外に負担を補ってきているのが，企業保険であり，また個人の家計である。企業の負担する保険料は，その負担比率が平均7割以上にも上ることから，企業の存続を脅かす火種ともなりつつある。新聞紙上を賑わしたゼネラル・モーターズ（GM）の経営危機は，労働組合員の自己負担がゼロであるばかりか，退職者とその家族に至るまで保証している企業保険の過大な負担が要因として挙げられている。こうした医療費の重い負担が，アメリカ企業の経営上の足枷ともなっている[2]。

　さらにアメリカ社会の重大な問題として，4500万人を超える無保険者の存在がある。彼らによる医療費の未払分が医療システム全体に再転嫁されてしまっていることから，制度の健全な運営が困難になり，また不合理な問題も潜在化させるばかりか，連邦・州政府や企業の財政負担を過重にする圧力にもなっている。いま一つの問題として，2000年2月の国内経済調査局

(NBER；National Bureau of Economic Research) の報告で明らかにされている点だが，年々，増加している高齢者層（85歳以上）に費やす医療負担がある[3]。

こうした複数の導因が，1990年代以降に顕著に見られる医療費の高騰を招き，アメリカの医療システムをコントロール不能にしている。さらに確実視されている課題として，将来の逓増化が確実なベビーブーマー世代の医療費問題が挙げられる。その膨大な負担は連邦・州財政ばかりか，企業の経営体質を脆弱なものにし，個人の家計までも破綻に陥れる畏れがある。このように，混迷化と輻輳化がやまない医療費負担の問題を憂慮しているアメリカ政府は，持家高齢者に対する社会福祉政策の一つとして，「在宅で，最後の時まで，医療・介護サービスを受けながら，なおかつ，その個人の負担分（現金）を捻出する」ことを実現できる「リバースモーゲージ」こそ，アメリカ政府が本気で取り組むべき高齢者福祉プログラムであると確信している。こうした背景からアメリカ政府は，これからもなお一層，積極的に持家政策を推進させながら，高齢期の経済的自立の支援策である「リバースモーゲージ・プログラム」の普及に努めるに違いない。

近年，アメリカは，その社会経済ばかりか政治的にも内憂外患の感が強いのだが，そんな中でも消費活動の勢いが衰えないのは住宅市場の好調が要因である。アメリカ人の平均的家計の特徴は，日本以上に住宅が重要な資産であり，貯蓄率は低く，借入も多い，といった固定資産偏重の先行投資型家計の特徴を呈している。したがって退職後の持家高齢者世帯では，住宅資産をキャッシュ・フローに転換できるリバースモーゲージへの期待は日本社会以上に強く，その一点においては，社会保障の財源を杞憂している政府とも一致している。現在，アメリカは，リバースモーゲージ・プログラムを，「アメリカン・ドリーム」のターミナル版にしようと当て込んでいる。

2　リバースモーゲージの歩み

アメリカでも，リバースモーゲージの始まりは1960年代初頭からである。連邦住宅局（FHA；Federal Housing Administration）のリバースモ

ーゲージ・インシュアランス・コンセプト (reverse mortgage insurance concept) は，1980 年，ホーム・エクイティ・コンバージョン・プロジェクト (HECP ; Home Equity Conversion Project) の進言から始まった。1981 年，ホワイトハウスの高齢化問題会議 (White House Conference on Aging) では，早速，この進言を検討した結果，「FHA はリバースモーゲージ・ローンの保証プログラムを推進するべき」と決断した。

1982 年，高齢化問題特別委員会 (Senate Special Committee on Aging) は，「持家高齢者が持家を現金に変えるリバースモーゲージ制度を発展させるためには，制度への政府保証が必要な点である」といった内容の報告書をまとめた。同年，HECP は非利益団体となり，ナショナル・センター・ホーム・エクイティ・コンバージョン (NCHEC ; National Center for Home Equity Conversion) として独立するに至った。

1983 年，NCHEC は，政府機関に対して，制度の啓蒙・普及に必要な技術的支援を行い，リバースモーゲージ・プログラムの発展に大きく寄与した。

1986 年，アメリカ退職者協会 (AARP ; American Association of Retired Persons) は，NCHEC と協力して，ホーム・エクイティ情報センター (Home Equity Information Center) を立ち上げ，法律コンサルタントとして支援活動を始めた。

1987 年 12 月の議会で，住宅都市開発省 (HUD ; Department of Housing and Urban Development) の，ホーム・エクイティ・コンバージョン・モーゲージ・インシュアランス・デモンストレーション (Home Equity Conversion Mortgage Insurance Demonstration) 推進を取り上げた法案が承認されて，初めてリバースモーゲージが公的制度として日の目を見た。このホーム・エクイティ・コンバージョン・モーゲージ (HECM ; Home Equity Conversion Mortgage) が，連邦政府の保証が付いたリバースモーゲージ・プランとして市場に登場するまでの間は，アメリカ社会においてもリバースモーゲージそのものが市民権を得られてはいなかった。

1988 年 2 月 5 日，レーガン大統領の署名によって，この法案は正式に法制化 (FHA reverse mortgage insurance legislation) された。同年，全国譲渡抵当連合機関であるファニーメイ (Fannie Mae ; Federal National

Mortgage Association)⁽⁴⁾ は，リバースモーゲージ債権の購入を発表し，翌1989年から業務をスタートさせた。1988年に法制化したHECMのデモンストレーション・プログラムを端緒とする，政府の「制度保証」によって，アメリカのリバースモーゲージ市場は着実に発展する方向に歩み始めた。世界的視点からしても先駆的なアメリカのリバースモーゲージ市場の礎が，まさに，この「政府保証」の効能に起因したものであり，それはリバースモーゲージの借り手（利用者）を，清算時（死亡，売却，移動）までの期間中，債務の弁済義務から完全に解き放っている点に集約できる。リバースモーゲージ制度が，単なる持家担保の高齢者生活資金長期融資制度に止まるものなのか，あるいは終身型の持家資産転換融資制度として普及・定着できるものなのか，それを決定する主な要素は，「清算（借入返済）」の「時期・方法」のいかんに関わっている。

1988年以降，1991年8月30日までの間に，2500件のHECMに政府保証が付与された。1989年，HUDは，HECMの取扱業者50社を抽選で選出し，指名した。1995年，ファニーメイは，独自にリバースモーゲージ商品（ホームキーパー；Home Keeper）を開発し，その販売を始めた。1999年，テキサス州がリバースモーゲージ商品の販売を承認した。

今日では，HECMとHome Keeperの他に，ファイナンシャル・フリーダム（Financial Freedom）社のリバースモーゲージ商品であるキャッシュ・アカウント・プラン（Cash Account Plan）を加えた3種類のプランが，アメリカのリバースモーゲージ市場における主流商品となっている⁽⁵⁾。

概説

ここに記している，NCHECやAARPの手による各種の啓蒙活動や研修（カウンセリング）が，難解で，リスキーな，リバースモーゲージ・ローンを，一般に理解させるのに奏功し，その結果として，アメリカのリバースモーゲージ市場が発展してきている経緯について，われわれは括目しなければならない。

1989年当時のアメリカにおけるリバースモーゲージ市場を俯瞰するに，貸し手と借り手の双方が，リバースモーゲージの社会的な必要性と，背反的

ともいうべき制度特有のリスクについても，奇しくも共通した期待感と不安感を抱いていた[6]。持家高齢者の方は，長い年月，ローン返済を続けてきた結果として，獲得できた大切な住宅（持家資産）だけに，高齢期に入ってから，再び，住宅を担保にする融資（借入）の利用を敬遠した。それに，持家は伝統的に標榜されてきたアメリカン・ドリームの中核を構成する象徴的資産であり，同時に家族の歴史を刻む拠（よりどころ）であるだけに，老齢年金の原資として消費してしまう仕組みのリバースモーゲージには抵抗感を抱く高齢者が少なくなかった[7]。

融資する側にしてみても，借り手が返済の時期を迎えたときに返済不能であったり，返済を拒んだりするケースや，立ち退きにも協力しないケースなど，最悪の事態を想定してしまうことから，この種のローンには消極的になっていた。

1980年，リバースモーゲージ商品がカリフォルニアで発売されたとき，高齢者の間では衝撃的な「私的年金プラン」であった。当時のリバースモーゲージ・プランには，10年間の有期限付きローンもあり，理屈からいえば，持家の資産価値の範囲内であればローンは延長・継続されていくはずであった。しかし実際には，持家を売却処分する羽目に陥ってしまうケースが多発して，その件数はおよそ200件にも上った。HUDの見解では，彼らのデモンストレーション・プログラムは，こうしたリスクを回避させ，借り手側の「需要」と，貸し手側の「供給」を，同軸的に活発化させるものであり，ひいてはリバースモーゲージ市場までも拡大させるものであった[8]。当時のHUDの公式記録によると，1980年以降の10年間に，スタートしたリバースモーゲージはわずか3000件であり，しかも，その内の2000件は民間商品であった。対照的に，最後の時まで自宅に住むことを保証していた，アメリカン・ホームステッド・モーゲージ社（American Homestead Mortgage Corporation）のインディビィデュアル・リタイアメント・アカウント（IRMA；Individual Retirement Account）の方は，1984年のスタート以来，1200件の利用件数であった。

この当時のリバースモーゲージ・プランに対する大勢的な見方は，市場性のある融資商品というよりも，むしろ持家高齢者向けのサービス的商品とい

った印象で捕捉されていた。こうした金融市場の誤算は，リバースモーゲージ市場を荒廃させる方向に影響した。このころは，果たしてリバースモーゲージの市場は確立できるものだろうか，といった疑念が大勢を占めていて，逆に言えば，リバースモーゲージそのものが高貴薬的な商品として理解されていた節がある。一部の持家高齢者には便益性がある商品かも知れないが，一方では，あまりにもコスト効率の悪いローンであると疑問視されていた。

とはいいながらも，当時の高齢者の持家の資産価値の総額が，6000億ドルから8000億ドルと推測されていた点からしても，巨大な市場を構成する可能性を潜在させていたことは確かであった。また，典型的な持家高齢者の多くは，持家の資産性を減損するようなリバースモーゲージ・ローンを好まない性向があり，だからリバースモーゲージに対する需要が希薄であると，指摘するレポート（*Reverse Mortgages for the Elderly*）[9] もあった。

このレポートは，1969年から1979年までにわたって，1万1000以上の世帯を継続調査した退職者追跡調査（Retirement History Survey）の中から，さらに持家の3423世帯を抽出し調査した結果をまとめたものである。この調査に当たって判明したのだが，25％の家族が，この調査期間中に「移動（住み替え）」を経験している。そして，その「移動」の動機は，「退職」，「配偶者の死」，「健康上の理由」などと個人的な理由がほとんどであり，他の理由の倍以上の比率を占めていた。また興味ある点だが，持家の資産価値を高めようとする目的を持って「移動」する世帯も少なくないことである。現金収入はないのだが，高価格の住宅を所有している世帯は，「移動（住み替え）」によって3.5％程度，持家の資産価値を減じている。逆に，高額所得者でありながら，低価格の住宅に住んでいる世帯は，「移動（住み替え）」することで持家の資産価値を72％まで高めている。こうした調査結果を踏まえて，調査担当者（リサーチャー）は，「典型的な持家高齢者世帯，すなわち持家だが現金がない（"house rich, cash poor"）状態の世帯では，持家の資産価値を減ずるようなローンは好まない」と結論している。

1999年10月4日，全国リバースモーゲージ事業者協会（NRMLA；National Reverse Mortgage Lenders Association）[10] のキニー，カイ（Kinney, Kay；Director of Government Affairs）は，当時のアメリカのリ

バースモーゲージ市場の問題点を，著者に次のように話している。
(1) リバースモーゲージの普及が緩慢なのは，持家高齢者がリバースモーゲージの効用を理解していないことが主な理由である。
(2) 一般的に，高齢者は「借入」を好まない。
(3) リバースモーゲージを取り扱う融資会社の絶対数が少ない。
(4) リバースモーゲージの取り扱い業務は，政府の監視下にあり，その販売収入（手数料等）は多くない。
(5) リバースモーゲージのシステムそのものが，一般的な「借入」に比べて複雑である。

3　リバースモーゲージ・プラン

NRMLAの，2005年の報告[11]によると，アメリカのリバースモーゲージ市場では，特にこの5年間は連続的に利用件数が伸びている。そのうちでも，FHAの保証件数は，2003年度では3万7829件，2004年度になると4万3131件に上り，全体利用件数の約90％相当を占めている。アメリカ全体で考えれば，わずか14％の上昇率（2003年から2004年の間は109％）ではあるが，リバースモーゲージの利用対象となる持家高齢者数は相変わらず少なくない[12]。取扱件数の上位3行の金融機関である，ファイナンシャル・フリーダム・シニア・ファンディング社（Financial Freedom Senior Funding Corporation），シアトル・モーゲージ社（Seattle Mortgage Company），ウェルズ・ファーゴ・ホーム・モーゲージ（Wells Fargo Home Mortgage）の間では，ローン契約件数の上昇が平均で前年度比56％の増加を示している。HUDによると，2004年9月末の時点で，政府保証待ちの件数が3万6952件であり，前年度は2万1838件であったから，明らかに利用件数は伸びている。契約に先立って義務づけられているカウンセリングを受けるのにも，地域によっては通常の倍近い，4〜6週間ほど先まで待たされるほど混雑している。

また全国高齢化問題評議会[13]（NCOA；National Council on the Aging）の報告の中でも明らかにされている点だが，リバースモーゲージ・プロジェ

クトは，高齢者1320万人の在宅長期ケアの支払を支援し，またその在宅期間をさらに延長させるのにも貢献している。このうちの980万人は，住むことが困難な状態にまで老朽化した家の修繕費をリバースモーゲージ・ローンで賄い，その後もその家に住み続けている。

　リバースモーゲージの利用によって，その効果は個人や家族の医療費負担を軽減させる効果が明らかであり，州政府や連邦政府の財政的負担までもが軽減されている。その財政的効果について，NCOAの予測するところによると，メディケア（medicare）の年間コスト（annual medicaid cost saving）について，2010年までに，全米の持家高齢者の4%がリバースモーゲージを利用して保健サービス費用を支払えば32億4000万ドル，利用者が4分の1相当になれば48億6000万ドルのコスト削減が実現できるものと踏んでいる[14]。

リバースモーゲージのコンセプト

　ほとんどの持家保有者が，一般的な住宅ローン（forward mortgage）については，すでに持家を購入する際に利用していることから，その仕組みは理解できている。通常の住宅ローンは，毎月，元金と利息を融資先に返済していく仕組みであるから，徐々に持家に対する持分が逓増していき，逆に借入分は逓減していく。そして，ローンの返済が終わった後，持家資産を利用した資金調達の方法としては，貸家にして家賃収入を獲得するか，売却するか，担保にして借入するか，などが現実的である。

　いま一つの方法として，62歳以上の持家保有者ならば，自分の家に住み続けながら，所有権も移転させないで，そこに住んでいる限りは返済義務もないまま，融資（現金）を利用できるローンがある。それが本書で取り上げている「リバースモーゲージ・プラン（reverse mortgage plan）」である。ここでいう，「融資を利用できる」というのは，「自分の住まい（持家）の資産性を，現金に転換する」と，言い換えた方が正鵠を得ているかもしれない。

　またアメリカの『THE REVERSE MORTGAGE HANDBOOK』の中には，リバースモーゲージ・プランによって調達できる現金は非課税（Free-Tax Funds）であり，その根拠については次のように説明している。「リバース

モーゲージから受給される現金は非課税である。なぜならば，その現金はすでにあなたの蓄えだからである。こうした資金は長い年数の借入を返済してきた末の蓄えである。だから，リバースモーゲージの利用で稼ぎ出した所得ではない。」(Ballman, p. 15) こうした点は，カナダやイギリスのリバースモーゲージ制度の解説書にも必ず書かれている。

　要するに，個人が，営々として積み上げた「資産（持家）」を，老後（62歳以降）になったら「取り崩し（消費）」するシステムが，リバースモーゲージ・プランであると理解できる。実は，この解釈は重要な意味を持っている。個人が，「まず"住む場所（持家）"を作り，家族を育み，子供たちが巣立った後は，その場所を次の世代に譲り渡していくシステム」とも言い換えることができるからである。

　そこに生じる「権利」の「移転」は，スムーズな「循環」であり，自然環境的な「合理性」が包含している点も重要である。また租税制度上においても，その「循環作用」に対しては課税していない点でも優れている。オーストラリアなどでも，原則的には，リバースモーゲージの資金は非課税扱いとなっている。ただし，リバースモーゲージの資金で購入した年金商品からの収入は，メディケイドや公的保証制度との関係では通常の収入とみなされて，影響を受けることになる。

　先進各国においても，"house rich, cash poor" な状態の高齢者家計を救済する目的のリバースモーゲージ制度は，その国の社会保障制度の補完的制度として位置づけしていて，様々な公的支援策を講じている。その法的根拠としては，国民の負っている「納税義務」に対する，国からの反対給付としての「福祉サービス」に該当する「老齢年金」を，国民個々人が，その純粋な個人資産である「持家」を担保にして捻出している点の評価にある。

　老齢期の生活資金に充当する目的（社会福祉的資金用途）の下に，自己保有の生存権的居住用資産を換金している個人の作用を，国の社会保障サービスの代替行為とみなすことは間違いではない。こうした論理からすれば，リバースモーゲージは，個人の負担になる，あらゆる部分に対して，優遇的措置が講じられて然るべき性格の制度であると結論できる。

リバースモーゲージの構成要素

　リバースモーゲージの中でも，特徴的なプランとして，デファード・ペイメント・ローンズ（DPLs；Deferred Payment Loans），プロパティー・タックス・デフェラル（PTD；Property Tax Deferral），そしてプロプライアタリー・リバースモーゲージズ（PRMs：Proprietary Reverse Mortgaes）などがある。DPLs は，高齢者の住宅に必要な修繕や改装資金に特定した公的なリバースモーゲージとして，多くの州で，そこの販売代理店（agency）によって扱われている。PTD の場合は，AARP の 2000 年度の調査によると，アリゾナ，カリフォルニア，コロラド，テキサスなどの各州を始め，その他の州や地方においても販売されている公的プラン（public sector reverse mortgage）であり，持家の資産税納付用資金として融資されている。その返済方法については，他のリバースモーゲージと同様である。

　PRMs の場合は，他のプランと違って，HUD の貸付規制（HUD's 203-b）の制限枠を超えた高額な住宅を対象にした全国的なプランであり，借り手の所得制限などもなく，銀行や抵当会社，あるいは民間企業などが融資元であり，貸し手となって販売している。一方，政府保証の付いた HECM の場合は，FHA から販売ライセンスを与えられた業者ならば誰でも扱える。

　政府系のリバースモーゲージ・プランの構成要素について，簡明に整理してみよう。

　(1) リバースモーゲージの資金用途
　　① 介護費用の補填分。
　　② 退職後の生活資金。
　　③ 老齢期保険商品の購入資金。
　　④ 住宅の改装・改造資金。
　　⑤ 現在の借入の返済資金。
　　⑥ 新車の購入資金。
　　⑦ 旅行資金。
　　⑧ 子や孫などへの贈り物。
　　⑨ 学費資金，などが通常の資金用途である。
　(2) リバースモーゲージ制度の適用要件

① 人的条件（年齢）

　62歳以上が対象であり，持家が共有の住宅である場合は，共有者（通常は配偶者）も62歳以上でなければならない。片方が62歳以下の場合は，所有権者から外れることが条件となる。こうした措置に困難な事情がある場合は，解決方法を相談する必要がある。

② 住宅条件（担保物件条件）

　主として居住している住宅であり，1年の間に少なくとも6カ月以上の期間は，その場所に居住していることが必要である。しかし健康上の理由からやむなく，継続して——12カ月間以内ではあるが——家を空けた場合などは，例外として容認されている。対象となる建物は，戸建住宅，コンドミニアム，工場生産型住宅（Financial Freedom's Cash Accountでは，貸付対象から除外されている），モデュール・ホーム4区画までの貸家ユニットの内の1区画，などである。またコーポラティブ・ハウス，セカンド・ハウス，商業用建物，農業用建物などは対象外とされている。

③ 利用者研修の受講義務

　リバースモーゲージを契約する場合は，事前にリバースモーゲージのカウンセリング（説明会・無料）を受講することが義務づけられている。

④ 住宅の担保価値

　主に居住している住宅の完全な所有権を保有していること。その住宅に残債や抵当権の設定がある場合は，最初の資金を受け取る時までには，完済，もしくは抹消しておく必要がある。原則として，リバースモーゲージは，唯一の抵当権設定者であり，他の権利の設定はさせていない。最初の融資金を，それまでの残債の返済に充当することも可能ではあるが，担保評価とのバランスを欠くほどの残債がある場合は，リバースモーゲージの融資は受けられない。また途中の返済義務がないリバースモーゲージでは，利用者の返済能力や所得審査は不要とされているが，個人の信用調査情報（税金滞納，ローン返済金の遅滞，犯罪歴など）はチェックされている。

⑤ 破産

　原則として，破産の場合は，すべての契約は解除され，返済も免除される。しかし裁判所の書面や州の判断によっては，リバースモーゲージが継続されるケースもある。

⑥ 税金の滞納

　清算時に，完納されなければならない。

⑦ 学生ローン

　清算時に，義務不履行の学生ローンも完済されなければならない。

⑧ 他からの借入

　清算時には，完済しなければならない。

⑨ 裁判所命令

　住宅に対する抵当権実行の判決には応じなければならないが，住宅以外の資産の場合は，リバースモーゲージは影響を受けない。ただし連邦税の滞納には例外はない。

⑩ 住宅の現況

　リバースモーゲージのための事務的作業として，資産評価は行われる。鑑定評価人が派遣され，住宅の内外を調査する。その際に，欠陥箇所が報告されれば，資金の受領前までに修理を済ませるか，修理業者に宛てた発注書を提示しなければならない。頻繁な外部の塗装は，シロアリの被害から住宅を護るものである。

⑪ 保険加入義務

　HUDとファニーメイは，ともに損害保険（持家オーナー保険）の加入を要求し，その賠償金額は住宅資産の評価額を満たすものでなければならない。これに違背して，評価額以下の賠償金額の場合は，その差額相当分を，別途，補填保証しなければならない。地域によっては，融資期間中にわたって，洪水保険（flood insurance）の加入も義務づけられている。その契約額は，評価額から土地代金を差し引いた金額か，あるいは地域の最高額の契約額となる。この他に，貸し手を保護する権限保険（title insurance；不動産の権限に瑕疵がないことを保証する保険）の加入も義務づけて，融資総額を保証させている。

⑫ 借り手の病歴

健康診断や病歴の申告は不要である。
(3) 融資限度額の決定要素

① 利用者の年齢（100歳寿命を想定）。

② 住宅の評価額（25〜65％）。

③ 地理的条件。

④ 金利。

⑤ リバースモーゲージ・プランの種類。
(4) 支払い方法

① 一括支払い。

② 設定した月額を契約終了時まで，継続支払い（生存中）。

③ 一定月額を一定期限内に支払う。

④ 期限内支払い（極度額設定で，自由な引出し）。

⑤ 上記の混合型。
(5) 終期

その住宅に住み続けている限り，リバースモーゲージは継続され，利用者の，死，病気，転居などをもって契約は終了する。しかし生存配偶者がある場合は，その死亡まで継続される。次のような場合は，契約は終了する。

① 生存配偶者が転居。生存配偶者が，永久的転居（ケア施設への入所など）が必要になった場合は，それまでの住宅は主たる居住の場所ではなくなり，契約は終了する。

② 売却，あるいは所有権の移転。

③ 利用者の一人が，身体的，精神的罹病で1年以上居住していない。

④ 融資側から指摘された住宅の修理を怠っている。利用者が，その住宅に対する，通常の，あるいは常識的な程度を超えた損耗を放置していた場合は，問題解決を要求される。こうした場合，利用者が速やかに対処しないケースでは融資側に損害を与える懸念があり，したがって契約は終了する。

⑤ 税金や保険料の滞納や不払いなども，結局は，貸し手側に損害を及

ぼす懸念があり，ローンは終了する。

次のケースでは，貸し手側は，追加融資を拒否する場合がある。

① 融資限度額に届いた場合。
② 前述の各項目に該当したとき。
③ 利用者に破産宣告が出されたとき。

また，以下のケースにおいては，融資は終了する。

① 住宅の一部を貸した場合。
② 所有権を共有にした場合。
③ 住宅の地域の土地利用規制（ゾーニング；zoning）が変更されたとき。
④ 住宅に，新たに別件の借入が起きた場合。

(6) 返済

利用者は，主たる住居を移転する場合や，生存配偶者の死亡などは，30日以内に貸し手に通知しなくてはならない。返済方法についても，貸し手に通知しなければならない。利用者は，6カ月間で，住宅を売却するか，リファイナンスするかを決定する。6カ月後，貸し手側から通知がない場合は，さらに90日間の延長が認められる。しかし，最長1年間の延長期間である。

リバースモーゲージ・ローンは，ノンリコース（非遡及）型であるから，借入総額が住宅の資産価値で相殺される仕組みであり，住宅の価値以上の返済義務はない。住宅を子供に相続させる場合，その借入返済の方法は，一般ローンと同様の返済方法か，個人資金をもって返済するのか，あるいは住宅を売却する方法などがある。その選択のいかんにかかわらず，リバースモーゲージを清算（返済）する時は，原則，一括返済でなければならない。

モーゲージ・インシュアランス・プレミアム（MIP；Mortgage Insurance Premium）については，HECMローンすべてに適用され，その保険料は二つの部分から，最初に請求される。その保険料（MIP）は，持家の資産評価額か，あるいは貸付限度額「203-b limit」の，いずれか低い金額の2％相当と，いま一つは，貸付金利プラス0.5％の上乗せ部分である。

HECMは政府のプログラムであるから，MIPそのものにも収益性はない。

借り手から徴収された保険料によって，借り手は持家に無制限に居住できて，持家の担保評価が減少したとしても，貸し手にいかなる変化があったとしても，リバースモーゲージ・ローンは同一条件で継続が保証されている。

3-1 ホーム・エクイティ・コンバージョン・モーゲージ（HECM；Home Equity Conversion Mortgage）

アメリカの代表的なリバースモーゲージ・プランともいえる HECM について，簡潔に説明すると，「62 歳以上の持家の人が，住宅資産を担保にして，その家を売却することなく住み続けながら，永久的な移動があるまでは返済義務の生じないローン」である。この場合の住宅には，借入残債があっても融資対象となる。

融資方法としては，定額の月次年金方式（fixed monthly payments），一括受取方式（a lump sum），当座貸越方式（line of credit：2005 年からテキサス州も適用），あるいはこれらの組合せ方式（conbination）なども選択できる。融資枠の設定は，利用者の年齢，金利，住宅資産の評価額と地域，などの条件から総合的に決められている。

借入返済（清算）については，利用者の恒久的な退去（move out of home permanently）の時点から始まる。返済総額（清算金額）については，あくまでも対象住宅（担保物件）の売却代金の範囲内であり，それ以上の返済義務を負わないノンリコース（非遡及）型ローンである。また売却代金で返済した後に余剰金が生じた場合には，本人あるいは相続人に戻されている。

(1) 特徴

　　HECM は，連邦政府が債権・債務のリスクの保証を約束している唯一のリバースモーゲージ・ローンであり，HUD の中の FHA を通して扱われている。アメリカの場合は，リバースモーゲージ・ローン利用者全体の 95％相当が，この HECM を利用している。その理由としては，一つは FHA が保証する高い安全性であり，いま一つは資産価値に対する掛目（減額率）が比較的高目である点が挙げられる。利用者のラスト・ステージ（退職後）から，ファイナル・ステージ（終焉期）にかけての期間を，持家，すなわち生存権的居住用資産を担保にした生活資金

長期融資制度であるから，そのスキームの安定性や継続性は，最優先的な重要性を持つ。アメリカ市場を席巻している HECM は，FHA が，融資側である金融機関の債務不履行リスクを利用者に保証する一方で，融資側に対しては，融資資金回収（返済）の不足分（住宅資産の減損分）の補填を約束している点からしても，借り手と，貸し手の双方にとって安全なローンといえる。また連邦法は，すべてのリバースモーゲージ・ローンの契約に際して，利用者の「3 日間（土曜日は加算され，日曜日は除外）の解約権（three-day right-of-recession）」を，貸し手側に対して認めさせている。したがって，借り手は，契約書に署名してから以降の 3 日間は，ペナルティなしの解約が認められている。

2005 年の NCOA 報告書の中で，全米では 1300 万人の持家高齢者がリバースモーゲージの推定利用者であると報告されている。

リバースモーゲージは，最初，抵当融資商品の一つであったが，住宅の市場価格が上昇するに連れて次第に人気商品になった。政府系のリバースモーゲージは，FHA によって保証されていて，非課税であり，ノンリコース型融資などの点で好評である。ただ，リバースモーゲージの場合は，利用年数が短期間であると，その諸費用の負担が割高になる懸念がある。HECM の場合は，最も低額の諸費用で済むのだが，それにしても最初の立ち上げの費用（2%）と保険料（2%），そして鑑定評価料（5%）と，合計 9% 相当の負担になる。

2004 年に，アメリカ最大のリバースモーゲージのプロバイダー（provider）であるファイナンシャル・フリーダム・シニア・ファンディング社は，新商品シンプリー・ゼロ・キャッシュ・アカウント（Simply Zero Cash Account）[15] の販売を始めている。この商品の場合は，最初の諸費用の負担がない。しかし，その融資対象は 45 万ドル以上の住宅に限定して適用され，融資の方法も一括融資のみであり，一般的な商品とはいえない。

HECM の場合は，その融資極度額の上限が，17 万 2632 ドル（農村地域；non-metropolitan areas）から 31 万 2895 ドル（都市部；metropolitan areas）までと，地域によって規定されている[16]。皮肉な点だが，最近の好調なア

アメリカの住宅市場の活況からして，ほとんどの地域の住宅価格がHECMの規定上限枠を超えてしまっている[17]。リバースモーゲージの利用者のおよそ半分は，10万ドル〜20万ドル相当の住宅の（持家）保有者であり，それはまた62歳以上の持家高齢者の3分の1に相当する（表2−1）。しかしAARPは，その発行している「Home Made Money — A Consumer's Guide to Reverse Mortgages」の中で，規定貸付限度額（HECM's 203-b limited）を超えている住宅であったとしても，HECM以外のリバースモーゲージ・プランの費用対利益の比較や政府保証が付いていない点などを，総合的に比較・検討する必要性があると警告している（p. 30）。

表2−1 アメリカの持家高齢者の持家評価額（$）

持家高齢者 \ 住宅評価額	~100,000	100,001~199,999	200,000~
リバースモーゲージ利用者	24%	46%	30%
持家高齢者（62歳以上）	45%	34%	21%

（出所：*USA TODAY Mov22*, 2005）

また連邦法では，リバースモーゲージの契約前のカウンセラーとのミーティング（カウンセリング）を義務づけている。現状ではカウンセラーのスタッフ数が不足していて，利用者は4〜7週間ほど順番待ちの状態なので，HUDでは数カ月の間に250人のカウンセラーを新たに補充する計画を発表している。

リバースモーゲージの利用に際しては，所得（返済能力）審査はないし，リバースモーゲージによる収入は，原則，非課税であり，資金用途に関する制約もない。社会保障制度上の適用やメディカルケアへの影響もないのだが，メディケイドと所得保障給付金（SSI；Supplemental Security Income）には多少の影響がある。またリバースモーゲージの諸費用は，一般ローンに比較したら割高である。しかし，いざ持家を売却する場合と比較するならば，リバースモーゲージの諸費用負担の方がやはり軽い。

(2) 適用条件

連邦機関に関係した債務不履行の履歴がある人の場合は，債務者データ（CAIVRS；Credit Alert Interactive Voice Response System）の中に，不良債務者（delinquent debtors）として，その社会保険番号が登録されている。HECMや，その他の連邦関連の融資を利用したい場合は，こうしたデータ・チェックがあり，登録されている人は利用資格を喪失する。融資利用者資格を回復したい場合は，申請の36カ月前までに，こうしたデータから，社会保険番号の登録を抹消しておく必要がある。また，過去に，HUDプログラムから，除外，あるいは忌避されたりした履歴がある人の場合も，HECMの利用資格はない。

(3) 住宅資産の最低限度

HECMを利用する場合，対象となり得る住宅は，HUDの定める最低資産基準（HUD's Minimum Property Standards；MPS）に適合していなければならない。この基準については，ビルや住宅を，HUDプログラムに適用させるためのガイドブックが出版されている。

リバースモーゲージは，住宅の資産価値だけが担保であるから，FHAでは，融資を焦げ付かせないためにも，住宅の状態（現況）に対する態度は慎重である。FHAから委託された鑑定士（appraiser）が，住宅の，外部の塗装の状態から，内部のキッチンのキャビネットやカーペットに至るまで，綿密に調査して，評価する。鑑定人が，HUD基準に適合していない箇所を見つけたら，利用者は，リバースモーゲージの始まる前までに，修理しておく必要がある。全体の15％以下の修理箇所ならば清算時以降に，15％を超える修理箇所ならば，清算に先立って修理を済ませておくことが要求される。30％を超える範囲の修理が必要な住宅の場合は，リバースモーゲージの実行はHUAの判断に委ねられる。一定規模以上の修理が必要とされる住宅の場合は，清算後の修理費用として工事費用を預託しておくことになる。テキサス州の場合は，こうした預託金についての規制がある。

リバースモーゲージの場合は，その対象住宅の鑑定評価の段階で，およそ半分相当が，HUDやファニーメイの最低基準に達するために必要

な修理を，鑑定士から指摘されている。清算時までに，こうした箇所の修理を終わらせておかなければならないし，地域の建設業者から，修理の見積書を取っておくように要求される。借り手が，こうした義務を怠った場合は，契約を終了させる場合もある。貸し手側は，修理の必要予算額の150％相当額を，別途，ファンドに組み込む。

(4) 融資極度額
① 夫婦が利用者の場合では，若い方の年齢が算定基準となり，余命年齢数に基づく借入利息，手数料，保険料などが算定され，利用者が受け取る総額を左右する最大の要素といえる。HUDでは，100歳を最高寿命として計算している。
② 住宅の資産価値か，地域の最高賠償額のいずれか低い方の金額が，融資極度額になる。要するに，FHAが決める，地域（geographic area）の融資側に保証する最高賠償額（the maximum claim amount）か，あるいは鑑定士が下す住宅評価額の，いずれか低い方の金額が融資極度額となる。

　この場合，地域の最高賠償額に比べて，住宅の評価額がはるかに高額である場合は，別のリバースモーゲージ・プランを検討する必要がある。

　2004年の事例では，フロリダ州レイク郡に建っている，その住宅の評価額は18万ドルであったが，レイク郡の最高賠償額は16万1097ドルであったから，融資極度額は，低額の方の16万1097ドルに決まった。2004年1月1日現在の全米の融資極度額の幅は，16万1076ドルから29万319ドルまでであった。その住宅の場所が，地方か，都市部かによって，それぞれ生活費が異なるのと同様に資産評価額にも格差が生じ，したがって評価基準も異なっている。2005年8月4日以降は，全国的なFHAの融資極度額規約（Lending Limits）が見直されて，最低融資額が17万2632ドル，最高融資額が31万3895ドルまで引き上げられた。

(5) 金利
　HECMの金利は，財務省満期固定金利（The 1-Year U. S. Treasury

Constant Maturity Rate) をベースにした変動制である。この金利は，週毎に変動し，その動きは新聞紙上に掲載される。利用者は，月単位の変動制か，あるいは年単位の変動制の，いずれかを選択できるが，一旦決定したら変更できない。金利の変動幅についての上限は，10%と決められている。

3-2　ホームキーパー・モーゲージ（Home Keeper Mortgage）

　ファニーメイは，現在，世界で最大のファイナンシャル・サービス企業であり，またニューヨークの株式取引企業としても登録されているが，1968年当時は個人資金で運営されている個人企業であった。現在の同社の使命であり，目指しているゴールは，全米に，持家家族をさらに増やしていくことである。1968年以来，5800万の家族に，5兆7000万ドルの抵当融資を実行してきており，国内最大の住宅抵当融資の資金元となっている。

　ホームキーパー（Home Keeper）は，ファニーメイのオリジナル商品であり，1995年発売以降，全州で販売されてきている。62歳以上が対象となり，3人までの共有者（家族以外でも可だが全員が62歳以上）のケースでも対象としている。ホームキーパーとHECMとを比べた場合，共通点も少なくないが，仕組みなどの面では相違していて，高級住宅の場合では，ホームキーパーの方が受け取る月次年金額は多くなる。ちなみに2005年度のホームキーパーの融資極度額は35万9650ドルに規定されている[18]。連邦法では，ホームキーパーの場合であっても，利用者に対しては，HECM同様に「3日間の解約権」を約束させている。

(1) 適用条件

　　ホームキーパーの融資の対象住宅は，ファニーメイの基準に適合した戸建住宅，コンドミニアム，タウンハウスなどであり，工場生産型住宅，コーポラティブ住宅，2～4ユニット住宅などは対象外としている。

① 共有の場合は三人までの共有住宅。

② 最高融資額は37万5000ドルが上限。

③ 住宅の調整評価額（adjusted property value）は，FHAの最高賠償金額と同義であり，ファニーメイでは融資極度額としている。

(2) 関係出費

　ホームキーパーであっても，HECMと同様に，初期契約費用，清算時費用，月次サービス費用などの負担がある。金利の上げ幅の上限は12％である。貸し手側は，初期契約費用に関しては，2000ドル，あるいは融資極度額の2％相当額の，いずれか高い方の金額が，請求できる上限として規定されている。この費用についても，リバースモーゲージの融資の中にファイナンスできる。清算費用については，対象地域によって異なっている。費用の内訳としては，鑑定評価，所有権調査費・保険料，クレジット・レポート，シロアリ調査費用，洪水地域の確認料，契約書の作成費用，州・郡登録費用，弁護士報酬などがある。こうした費用は，大概，ファイナンスされるが，建物調査や鑑定評価など第三者費用の場合は，現金払いが一般的である。またホームキーパーの月次費用の上限は，月額35ドルと定められている。

(3) 返済（清算）

① 本人の死亡，あるいは生存配偶者の死亡。
② 住宅の売却。
③ 何年間も居住していなかった場合。
④ 住宅の修理をできなかった，あるいは怠った。
⑤ 契約上の義務不履行（納税，保険料支払い等）。
　以上が，清算が始まる理由と定められている。

3-3　ホームキーパー・フォー・ホーム・パーチェイス（Home Keeper for Home Purchase）

　ホームキーパー・フォー・ホーム・パーチェイス（Home Keeper for Home Purchase）は，高齢者が，リバースモーゲージ・ローンを利用して住宅を購入できる，ホームキーパーだけのユニークなオリジナル・プランである。

　高齢者世帯の場合は，(1) 住宅関連費を縮小させる目的の小規模住宅（downsizing home）への買い替え，(2) 家計費の経済的な場所への買い替え，(3) 子供の近くに買い替え，(4) 高齢者仕様の住宅（handicap accessible home) への買い替え，などを希望するケースは少なくない。しかし現金収入のない高齢者の場合は，借入返済能力を問われる一般の住宅ローンの利用は難しい。そうした高齢者の場合は，ホームキーパー・フォー・ホーム・パーチェイスを利用すると，大きな金額の頭金や，毎月の借入返済もないことから便利なプランである。このプランでは，リバースモーゲージ・ローンとしてのホームキーパーの実行と，次の新しい住宅の購入といった2種類のローン契約を同時に利用できる点が特徴である。要するに，新たな住宅を担保にして，購入資金の半額相当をリバースモーゲージからの資金で賄い，残りの資金は旧住宅の売却代金から捻出する。その際には，売却代金の一部を確保しておき，生活費などに備える仕組みである。最初の頭金を少なくし，購入資金の調達にリバースモーゲージ資金を流用できる。とはしながらも，通常の住宅ローンと同様に，頭金はできるだけ多額の自己資金が投入された方が好都合なのは，リバースモーゲージを利用すると第一位の順位抵当権設定が要求されるために住宅ローンとの併用が難しくなるケースがあるからである。言い換えれば，それまでの住宅の売却代金やリバースモーゲージ借入資金，そして自己資金など合計しても，新しい住宅の購入が難しいならば，このプランは利用できないことになる。購入する住宅の基準は，ホームキーパーの場合と同じであり，カウンセリングの受講義務もある。

　このプランは，ホームキーパーの一種としての位置づけであり，ほとんどの条件で共通している。ただし，このプランの場合は，通常の住宅購入契約であるから，「3日間の解約権」の行使は認められていない。

3－4　キャッシュ・アカウント・プラン（Cash Account Plan）

　ファイナンシャル・フリーダム・シニア・ファンディング・コーポレーション社（Financial Freedom Senior Funding Corporation）の子会社であるリーマン・ブラザーズ・バンク・エフエスビー（Lehman Brothers Bank FSB）は，最近では全米で最大のリバースモーゲージの融資・販売会社である。キャッシュ・アカウント・プラン（Cash Account Plan）は，ファイナンシャル・フリーダム社の最初のリバースモーゲージ・ローンで，50万ドル以上の住宅を対象にしたジャンボ・ローン（Jumbo Loan）であり，FSB

が資金投資している。このプランは，州によっては，その取り扱いに多少の相違があるが，住宅資産評価額の上限が設定されていないから，HUDやファニーメイのプランの上限を超えるような高級住宅には広く利用されている。また，このプランには，スタンダード・オプション（Standard Option）と，ゼロポイント・オプション（Zero Point Option）の2種類があり，両方とも期間付き融資（a line of credit）である。いずれのオプションにも，「3日間の解約権」の行使が認められている。

すべてのキャッシュ・アカウント・オプション（Cash Account Options）に適用される点だが，担保資産の選択権（Equity Choice Feature - rule）に基づいて，担保評価額の満額の融資か，あるいは評価額の一部を担保設定した根抵当権融資（line of credit）のいずれかを選択できる。この他にも，借り手の都合で，資産価値の10％から最高50％までの範囲内で資産の留保も可能であり，こうした利用上の柔軟性が相続人からも歓迎される要素になっている。

(1) 対象要件

　　住宅の適用基準については，他のプランとほぼ共通しているが，住宅資産評価額の下限が7万5000ドルに設定されている。戸建住宅，コンドミニアム，工場生産型住宅，4ユニットのアパート（その中に住んでいる）などが対象であり，モービルハウス，コーポラティブハウス（ニューヨークは除く），セカンドハウス，商業用建物，農業用建物などは対象外である。

(2) スタンダード・オプション

　① 最初の契約費用は，住宅評価額の2％。

　② 無期限当座貸越融資。

　③ 年間成長率（Annual growth rate on unused funds）。

　④ 1回の引出額は，500ドル以上。

(3) ゼロポイント・オプション

　① 契約費用の負担はない。

　② 初回の引出額は75％以上。

　③ 1回の引出額は500ドル以上。

④ 清算費用に上限がある。

⑤ スタートしてから最初5年間は返済できない。

　ゼロポイント・オプションだけは，75％以上の融資実行が条件とされている。しかし最初の契約費用の請求は免除され，清算費用にも上限規定がある。また途中の解約にはペナルティはないが，最初の5年間は返済が制限されている。カウンセリングの受講義務なども，他のプランと同様である。借入利息に関しては，融資期間中，初年度の利率を上回るのを6％までと制限している。サービス手数料（servicing fee）は，通常は自動的に月次年金に含んでいる（イリノイ州やメリーランド州は無料）。

4　リバースモーゲージの特徴

4-1　ホーム・エクイティ・コンバージョン・モーゲージの特徴

(1) HECMの場合に義務づけられている洪水保険契約では，住宅資産評価額から土地代金を減じた残価をもって賠償金額としている。建物の評価が住宅資産構成の中でも相当部分を占めていることの傍証とも理解できる点である。

(2) リバースモーゲージの申込み時に，物件調査と鑑定評価を受ける。その際，修理の必要な箇所が指摘され，契約前までに修理を済ませておく必要がある。融資の途中であっても，借り手側は，必要な修理を施す義務を負っている。必要な修理を怠った場合は，解約されるケースもある。ノンリコース・ローンだから，貸付資金の回収を担保住宅の売却代金で相殺する（清算後の売却で資金回収する）ために，持家の資産性（性能・機能・デザイン）の維持・継続は重要である。資産性の継続（サステイナビリティ）が確認できる点である。

(3) 同居人に対する制約がない。

(4) コンドミニアム（マンション）やアパート（自宅併用）なども適用対象である。

(5) 所得に対する制約がない。

(6) 解約権については，統一されていない。

(7) リバースモーゲージの利用目的としては，住宅の修理・改装（home reno-vations）費用が最もポピュラーである。
(8) リバースモーゲージそのものは複雑なシステムではあるが，生存中は，借入の返済がなく，その家の所有権も移転しないで，住み続けられる仕組みである。注意を要する点は，借入限度額が，持家の資産価値（担保評価）／借入期間（生存年数）で計算される点である。例えば，65歳で借入をスタートする場合は，75歳からに比べて10年間分，分母を大きくするから，借入限度額も，その分，大幅に低下することになり，利用者側には深刻な問題を生じさせる可能性がある。
(9) 突発的な緊急出費（医療費やその他）に対して，資金が不足した場合は，さらに別の借入を起すことにもなりかねない。
(10) リバースモーゲージの第一位順位の抵当権設定が足枷になるケースも考えられる。

一般的には，70歳過ぎてからのリバースモーゲージの利用が，諸費用とのバランス面からしても効率的とされている。60代からの利用だと融資される金額が低い点から，結局は資産リスクに陥る可能性があるからである。こうした検討に必要な情報は，カウンセラーが提供してくれる。また借入限度も，HECMやホームキーパーなどでは，住宅の評価額と，地域の融資限度額の，いずれか低い方の金額に設定されるため，住宅の資産評価額の100％相当の借入にはならない。したがって清算時に行われる住宅売却の際には，その譲渡額から相続人に余剰金が渡せるケースもある。

また返済のパターンとしては，子供が担保資産（住宅）を売却して，親の借入返済に当てるケースが多い。2003年度のリバースモーゲージの利用件数は，前年度から，さらに76％ほど増えている[19]。
(1) 消費者保護（Consumer Safeguards）については，次のように整理される。
　① 融資の保証（Payment Guarantee）。
　② ノンリコース・ローン（nonrecourse loan）。
　③ 3日間の解約規則（Three-Day Right of Rescission）。

④ 利息の上限規約（Capped Interest Rates）。
⑤ カウンセリング（Counseling）。
⑥ 年間費用の開示（Total Annual Loan Cost Disclosures）。
(2) 融資費用（Costs）の諸費用は，以下の通りである[20]。

　リバースモーゲージ・ローンを利用する場合，融資側から請求される費用として，次のような項目がリストアップできる。その費用のほとんどが，一般ローンとも共通している。利用者は，契約書に署名後の3日間は，ペナルティなしの解約権が認められていて，融資側から，これらの費用を請求されることはない。

① 契約費用（Origination Fee）
② 鑑定評価費用（Appraisal Fee）
③ 融資報告書費用（Credit Report Fee）
④ 保証保険料（Hazard Insurance）
⑤ 税務代行費用（Tax Service Fee）
⑥ 連邦抵当保証保険料（FHA Mortgage Insurance Premium, HECM only）
⑦ 権利調査費用（Title Examination）
⑧ 所有権保証費用（Title Insurance）
⑨ 登録料（Recording Fees）
⑩ 印紙税（Document Stamps）
⑪ 資産調査費用（Property Survey）
⑫ シロアリ調査費用（Termite Clearance Letter）
⑬ 維持管理費用（Repair Administration Fee）
⑭ 洪水保険料（Flood Insurance Certification）
⑮ 浄化槽・井戸・ガス設備調査費用（Septic/Well/Gas Line Inspection）
⑯ 融資事務費用（Servicing Fee）

HUDのレイト・ロック・イン

　2005年7月18日，HECMの貸付利率の固定化（Rate Lock-in）が承認された。HUDによる新しい方針である融資枠制限保護（Principal Limit

Protection）の実施によって，リバースモーゲージの借入総額についての不確定性が改められたことになる。

　リバースモーゲージによる借入資金の総額は，借り手の年齢，住宅の評価額とFHAの貸付限度（FHA-lending limit），そして予測利率（Expected Interest Rate）の各要素から決められている。これまでは，融資枠制限（Principal Limit）は予測利率が毎週変化したので最後の週まで決定できなかった。しかし，この新しい方法によって，借り手が清算を求めれば，その時点の金利か，あるいはスタート時の金利か，いずれか低い方の金利で計算されて借入総額が確定されることになる。

　例えば，73歳の借り手の評価額23万ドルの持家の場合，申込時点の予測利率が5.59％ならば，計算上は融資限度が16万1690ドルになる。融資を閉じる時点の金利が5.74％の場合ならば，融資限度額の方は15万8630ドルになる。このケースでは，申込時点の金利の方が3060ドルほど，多く利用できる計算になり，借り手に有利な方法といえる。要するに，借入限度額の予測が早い時期（申込時）に把握できるといった点では，借り手には便利な方法である。

HUDのリファイナンス

　HUDは，2005年3月，HECMとストリームライン・リファイナンス（Streamline Refinance）[21] の組み合わせについて，その細部にわたる検討を終えてスタートさせた。借り手が，それまでのHECMの借り替えを検討する場合，FHAの保険料（MIP）は既存の保険料との差額分のみの負担となる。また借り手が，リファイナンスによって不利益を被ることのないように，貸し手は，借り替えの際に必要な諸費用と清算時の費用などを差し引いた後の，融資可能な資金の最高額を提示しなければならない。借り手の方は，借り替えの総コストを考量しなければならない。HUDの方は，借り手側に対して，リバースモーゲージの借り替えを決断する前に，第三セクターのカウンセリング（無料）を受けながら慎重に検討すべきと注意を促している。こうしたリファイナンスは，最近の住宅市場の好況に起因して，住宅価格の上昇，低金利，金融機関の積極的な融資などの好条件から，当初のリバース

モーゲージ・ローンを借り替えて，住宅価格の値上がり分を上乗せした融資枠の設定に変更したいとする需要によるものである。

4－2　リバースモーゲージの市場調査

　アメリカのリバースモーゲージ市場では，この5年間，連続的に利用件数が伸びている（図－1「米国 HECM 利用状況（2000～2004）」参照）。そのうち，FHA の保証件数は，2003 年度では3万 7829 件，2004 年度になると4万 3131 件であり，全体利用件数の約 90％相当である。リバースモーゲージの利用率は，アメリカ全土ではわずか 14％の上昇（2003 年から 2004 年の間は 109％）ではあるが，リバースモーゲージの対象となる高齢者数は相変わらず少なくない。

　リバースモーゲージ取扱件数の上位3行の金融機関（Financial Freedom Senior Funding Corporation, Seattle Mortgage Company, Wells Fargo Home Mortgage）の間では，ローンの契約件数が，平均で前年度比 56％の増加を示している。HUD によると，2004 年9月末の時点で，政府保証待ちの件数が3万 6952 件であり，前年度は2万 1838 件であるから，明らかに利用件数は伸びている。また，1999 年までの3万 8000 件のリバースモーゲージのうち，388 件が HUD に保険請求していることが判明し，リバースモーゲージ1件当りの保証保険の請求額が平均 500 ドル以上になっているものと推定されている[22]。

　図2－1「米国 HECM 利用状況（2000～2004）」の中の（1）では，2000 年7月から 10 月初めまでの期間，FHA による保証保険が一時的に機能していなかった。図中の（2）では，HUD は 2003 年8月最後の2週間は追加分の HECM には保証保険が付けられなかった。

　リバースモーゲージの普及を阻む要因として，一つは，高齢者自身が，持家（housing wealth）を代替性資産（financial resource: fungible asset）として考えていない点である。その他の阻害要因としては，持家は，「相続資産」であり，また「非常事態に備えた保険（insurance for emergencies）」であるとする考えである。

　しかし，いざ高齢期に入って，本人（配偶者）が長期療養施設に入所する

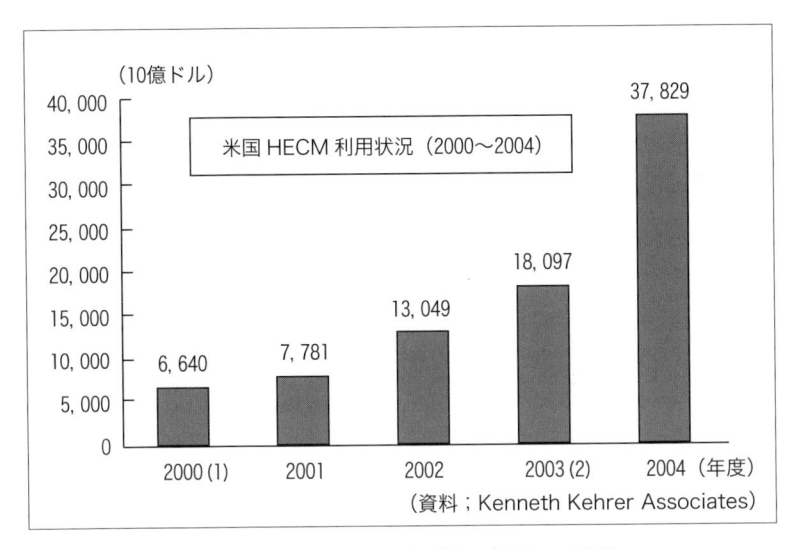

図2−1 「米国HECM利用状況（2000～2004）」

(10億ドル)
米国HECM利用状況（2000～2004）

- 2000(1): 6,640
- 2001: 7,781
- 2002: 13,049
- 2003(2): 18,097
- 2004(年度): 37,829

(資料；Kenneth Kehrer Associates)

などの事態に遭遇すると，持家の不本意な売却処分の確率は，さらに11～20％割増しされている。高齢者世帯が，その持家の売却を決断するきっかけは，長期ケア・ショック（long-term careshock）や寡婦（widowhood）になったときであり，リバースモーゲージを検討をする前の段階であることが調査で明らかにされている。多くの高齢者に共通して見られる傾向であるのだが，健康を害した途端に持家の狼狽売りが始まるケースが多い。

1995年から2000年の間で見られる顕著な傾向として，長期（100日以上）のナーシングホームへの入所費用の高額な負担から衝撃を受けて──その性別や家族構成などの要素によって個人差はあるのだが──そこから持家の売却が急増し始める。誰しもが健康に不安を抱くようになると，それまで慎重であった「移動」や「財産処分」などでも，早急に決断し，行動している様子が明らかである。

また前述のHUDの調査によると，ナーシングホームの長期入所は，結果として持家の資産価値の18％相当を減ずる負担を，単身，妻帯の区別なく，持家高齢者に課している。持家を売却する場合の資産価値の減少は，単身者家計が通常の売却によって6％，ナーシングホームに入所期間中の売却処分

第2章　アメリカのリバースモーゲージ　91

では23%である。夫婦世帯の場合ならば，通常の売却では3%，ナーシングホームの入所時ならば21%の資産価値の減少となっている。こうした傾向は，単身者の場合は夫婦世帯よりも不利な売却取引が多く，また入所中の売却はさらに買い手優位の取引になっている点を示している。

アメリカ政府は，こうした高齢者世帯に関する実態調査の結果を参考にしながら，高齢者に，その持家資産の流動的な運用（リバースモーゲージ・プラン）の安全性と有利性について関心を持たせ，周知させようとして，各地で様々な啓蒙活動を展開している。

全国高齢化問題評議会のステュキー，バーバラ（Stuki, Barbara R；2005）は，自宅で生活することが高齢者の自立に重要な効果を及ぼしている点を確信している。高齢者家計にとって，その持家資産は高額医療や長期ケアの支払の保証になるものである。リバースモーゲージでは，大きな夢を買うことは難しいが，少なくとも住み慣れた家で，親しいコミュニティの友人や子供たちからもサポートを受けながら最後の時まで自立して生活できる。その他にも，リバースモーゲージからの資金で持家を改造（modification）することができ，そして健康なライフスタイルが実現できる。ちなみに，45歳以上のアメリカ人の36%がこうした改造を施せないでいるのは，その費用の捻出が難しいからである。

持家高齢者の62%は，1970年以前に建てられた，少なくとも35年以上は経過した家に住んでいる。またリバースモーゲージの借り手の65%以上が，こうした老朽家屋に生活している。老朽家屋は，往々にして相当に大掛かりな修繕を必要としているのだが，実際にはコストと予算面から実行することは難しい。老朽化が著しい住宅は，その資産価値が低減するだけでなく，近隣の住宅価格まで引き下げてしまう影響も考えると，貸し手にとっても最もリスキーな担保物件といえる。

最近のアメリカ政府の方針として，高齢者が，「自宅で暮らす（aging in place）」ために必要な「生活資金」の調達方法として，持家を現金（年金）に転換するプログラム（リバースモーゲージ）の利用に期待している。リバースモーゲージを利用することで，持家の資産価値をフロー化（liquidate a portion of their housing wealth) し，長期ケアの費用が調達できて，なおかつ，高齢者は「移動」しなくて済み，また「担保不足（債務超過）の補填」も必要ない。とくに寡婦の場合は，配偶者の死後も同一条件で融資は継続され，しかも持家の価値以上の返済を要求されないから安心できる。

　ステュキー，バーバラ（2005）は，その報告書（『Use Your Home to Stay at Home (Expanding the Use of Reverse Mortgage for Long-term Care: A Blueprint for Action)』）の中で，アメリカ社会においても，高齢者の長期ケア（long-term care）の費用負担を官民共通の深刻な問題として取り上げていて，その対策としてリバースモーゲージ普及の必要性を，次のように指摘している。

　まずアメリカのリバースモーゲージ市場の規模としては，62歳以上の高齢者世帯が2800万世帯，その内の約半分の1310万世帯が持家であり，リバースモーゲージの適格対象者である。アメリカ政府の方針は，これまでの政府系の施設型長期ケアシステムから，コミュニティ型（在宅）ケアシステムへと移行させていく方向転換を図っている。また長期ケアの費用負担については，個人の柔軟な対応と個人責任の拡大についても，高齢者に理解を求めなければならない。高齢者の持家資産を，長期ケアの費用負担に対する保険資産（house for insurance）とするためには，政策上の検討の他に，リバースモーゲージ・プランの更なる改良も検討する必要がある。またリバースモーゲージから調達できる資金によって，メディケイド（Medicaid）の財政負担も軽減できる効果は大きい。リバースモーゲージに対する政府のインセンティブ政策は，高齢者の関心を高める目的には有効であるが，そのシステムは複雑であり，また高齢者を対象にしているだけに，借り手の資産や利益を保護する法的措置についても，改めて慎重な検討が望ましいと，結論している。

4－3　新しい動き

　2003年11月，全国住宅建設業者協会（National Home Builders Association），全国高齢者問題協議会（National Advisory Council on Aging），そして全国リバースモーゲージ事業者協会（National Reverse Mortgage

Lenders Association)の三つの組織は，エイアイピー (AIP；Aging in Place Council)を立ち上げた。その設立の趣旨として，一つは，AIPの主義・主張に，地域の行政全体の関心を向けさせようとする狙い，二つ目は，自宅で最後まで自立した生活を送りたいと考える高齢者を，地域 (community) の中で職業的に支援していこうと考える複数の企業団体の連携化にある。高齢者の生活に関連する企業の団体が，他の関連企業群と連携関係を保ちながら，高齢者の在宅生活を専門ビジネス (business professional) 的に支援していこうとする試みであり，新鮮な取り組みといえる。

生活する地域 (community) の住民同士の相互扶助と，地域単位の行政と専門的事業体との間で構築される協調的な連携関係は，一定レベルの支援サービスの継続が保証されるプログラムとして期待できるものである。

リバースモーゲージ一つを考えてみても，生活資金の融資は受けられるとはいえ，担保物件である住宅（持家）に対する一定レベルの維持管理の義務は借り手が負わされていて，日常生活する上で老朽箇所は修繕しなければならない。高齢者世帯に必要なファイナンス面や，ハード面に及ぶ適切なアドバイスは，公正な組織によってもたらされなければならない。こうした視点からすれば，AIPを構成する事業組織の組み合わせは，まさに合理的な鼎の関係を築くものといえる。

最初の「全国高齢者週間 (National Aging in Place Week)」は，2003年，コロラド州で開催された。この年は7つの市 (cities) が参加し，翌年の2004年には30以上の市が参加・協賛した。さらに2005年になると，その盛況ぶりは全国的規模に発展するほどの勢いを示すものであった。

このイベントでは，高齢者が，自分の家や地域の中で，安全で，健康的な，かつ快適な生活が保障されるように，自治体や地域住民などに，その連携を呼びかけている。具体的には，健康管理，交通手段，住宅の安全化 (home modification)，経済的な自立 (reverse mortgage) の他に，各種の在宅での自立生活を支援するサービス (senior service) などがハイライトとして掲げられている。

5　テキサス州のリバースモーゲージ

　テキサス州は，高齢者人口が全米でも4番目に多い州でありながら，ポピュラーなHECMやホームキーパーといったリバースモーゲージの2大ビッグヒット商品の発売が全米の中で最も遅れた州である。リバースモーゲージの強力な推進力ともいえるHUDやファニーメイの方が，テキサス州特有の閉鎖的な融資規制を嫌って，テキサス州内でのリバースモーゲージ商品の取り扱いや，リバースモーゲージ・ローンの保証，そして債権の買い取りまでも拒んでいたからである。しかし持家高齢者から，リバースモーゲージ利用の強い要望を受けたテキサス州の州議会は，ようやくHUDやファニーメイのリバースモーゲージ・ガイドラインに沿って，州法の改正に踏み切った。

　1997年に改正された州法では，ホーム・エクイティ・ローンと，リバースモーゲージの一種である「住宅資金融資制度」は認めていたが，貸し手が直接，リバースモーゲージ商品を販売することは禁止していた。結局，それらが実現したのは1998年初めであったが，修正条文の記載など事務手続上の不手際もあって，さらに遅延することになった。

　1999年5月31日，州議会は，州内にリバースモーゲージ商品の販売を承認する議案書を圧倒的多数で採択した。しかしテキサス州の持家高齢者の多くが，ホーム・エクイティ・ローンよりも，むしろリバースモーゲージの方をより強く希望していた。その背景として，株式市場の不調などの影響もあって，月々の現金収入が減少している高齢者家計ではホーム・エクイティ・ローンの返済が滞る世帯も少なくなく，リバースモーゲージ・ローンへと切り替え（借り替え）るならば，こうした事態から救済されるからである。その後も，多数の持家高齢者から，リバースモーゲージへのリファイナンスを希望する声が絶えなかった。

　1999年11月2日，テキサス州民の期待の中で，州法改正は採択され，2000年1月からリバースモーゲージ商品の本格的な販売がスタートした。

　テキサス州における，2001年のリバースモーゲージ利用件数は，全国でも上位3番目に位置しており，2001年に組まれたリバースモーゲージのう

ち，487件がHECMであった。しかし，この時も，ほとんどの高齢者が望んでいる「当座貸付方式（lines of credit）」のリバースモーゲージ商品は承認されなくて，「一括借入方式（a lump sum）」，「終身型月次年金方式（monthly payments for as long as the borrower lives in the house）」，「期限付月次年金方式（monthly payments for a set period）」の，三つの借入方法だけが承認された。

　その後，テキサス州で当座貸越方式が承認されたのは，2005年11月8日の州議会においてである。しかし，この法改正でも，禁じていた当座貸越方式を承認する一方で，借り手が借入金を引き出す際の方法として，クレジットカード（credit card）やデビットカード（debit card）などによる引出方法（similar device）を禁じている。その他にも，リバースモーゲージの契約手数料の徴収や予め契約していた期限を超えた貸付，あるいは貸し手側による一方的な融資枠の拡大などを禁止している[23]。

州政府の懸念

　2005年11月の改正に漕ぎ着けるまでの背景として，州政府は，1997年までは住宅を担保にして借入し，借金の返済に回すことを制限していた。その後の改正によって，持家担保のローン商品を承認し，その資金用途についても特段の制限をなくした。このローン商品の一つがリバースモーゲージ・ローンであった。しかしリバースモーゲージは，62歳以上とする利用制限があり，また日常的な資金の借入に対して，持家を担保に供しているだけに，州政府の態度は，リバースモーゲージ・ローンの実行に際しては慎重であり，その細部にまで及ぶ制約を加えていた。また貸し手には，借り手が必要に応じて口座から引き出した金額に対してのみ借入利息を負担させるように規定し，借り手に対しても，借入に対する慎重な態度を促すために，容易な引き出し方法には一定の制限を加えた。

　テキサス州は，全米で，唯一，リバースモーゲージの当座貸越方式を承認しない州であったことから，同州のリバースモーゲージ・ローンの利用件数は，全州のわずか12％程度で止まった。アメリカのリバースモーゲージ・ローンの88％がこの「当座貸越方式」を選択するのは，必要なときに，い

つでも，必要な金額だけを借りられる方式が，高齢者にとっては便利で好都合だからである。「月次年金方式」は，余命年数に基づいていて，年金と似ているから，長生きすれば，その分多くの年金を受け取ることができる。固定的な収入の高齢者にとっては便利な方法である。「一括融資方式」の場合は，借り手の負担する費用が「当座貸越方式」に比べて多くなる。

州法では，不徳な貸し手から借り手を保護する目的の規約が多く設けられている。これらの規約の主意は，不用意な，あるいは衝動的な借入や出費の未然防止にある。貸し手が，勝手にリバースモーゲージの融資枠を増やしたり，借入期間を変更することを防ぐ目的もある。

持家高齢者が，現金を必要とする時だけ，必要な分だけを借入する。また借り手が弁済できる時は，利息は払わずに，借入元金だけでも返済できる。あるいは借り手に資金需要が特にない場合は，例えば，定期的に定額の融資が契約されていたとしても，その資金分，口座に残っている金額の利息は支払わない，などといった借り手側に有利な対応を貸し手側に求めている。

このように，貸し手と借り手の双方に課した，いくつかの足枷規定は，持家高齢者に対しては安易な借金を警告し，最終的には持家資産を不本意に手放すことのないような配慮に基づいている。

確かに，当座貸越を容易な手順にすることは，衝動的な借入や，予算を超過する借入が増えてしまう畏れがある。借り手は，死亡時か，転出まで，借入金の返済が必要ないし，借入利息の支払も持家に対する借入総額の中に自動的に組み込まれているから，借入に対する警戒心が希薄になりやすい。こうした仕組みは，借り手の保有する住宅の持分を食い尽くすことになり，相続人への遺留分はおろか，肝心のとき，本人の資金需要にも応じられない事態を招きかねない。最初，借り手の多くは，一括受取る方法で，資金を借り出すのだが，兄弟や親戚，また子供などに，その資金を融通してしまい，結局は自分が利用できないでいるケースが問題になっている。こうした懸念を苦慮したリバースモーゲージ業界では，政府保証の商品に借り手保護の新たな方法を採用している。それは，申込の日から60日間は，「一括融資」を凍結する方法（principal limit lock）である。この期間中に利率変動があった

場合は，借り手は低い金利の方を選択することができる。

　テキサス州政府は，リバースモーゲージ特有のシステムが惹起する，こうした事態を懸念したから，その販売に慎重な態度を固持していたものと考えられる。

　テキサス州において，持家高齢者が，最も安全で，賢くリバースモーゲージ・ローンを利用する方法について，ノーマン，スコット (Norman, Scott ; Executive Director of the Texas Association of Reverse Mortgage Lenders in Austin) は，次のような「4つの経験則」にまとめている。
(1) 夫婦共62歳以上でなければならないが，少なくとも本人は64歳以上が望ましい。
(2) その住宅の持分は少なくとも55%が必要であり，その持分の35%から65%の範囲内の資産価値に対して借入することができる。
(3) 既存債務は，10万ドル以下が望ましい。
(4) 最も効率的（借り手に有利）な結果を得るには，持家の評価が40万ドル以下のケースである。

注
(1) 　メディケア (Medicare)：65歳以上の者・障害者に医療費（入院費）を給付する社会保障制度。労働者，使用者，自営業者，および連邦政府からの拠出資金によって運営される制度。
　　　メディケイド (Medicaid)：低所得者層・障害者への医療供給を目的に，連邦と州政府の拠出資金で運営されている医療扶助制度。原則として，医療行為そのものが給付され，費用支払は供給者に直接なされる仕組み。
(2) 　『日本経済新聞』2006年3月10日付。
(3) 　拙著『リバースモーゲージと住宅』27頁参照。
(4) 　連邦抵当金庫。HUD（住宅都市開発省）の下部組織。政府の出資はないが政府系機関 (Government Sponsored Enterprises) であり，政府保証のないエージェンシー債を発行して市場から資金調達している。
(5) 　Ballman: 2004, p. 9.
(6) 　*The Outlook for Reverse Mortgage*, CRS Report for Congress, CRS-8.
(7) 　*Use Your Home to Stay at Home*, p. 45.

(8) 注（1）参照。CRS-18.
(9) 注（1）参照。*Reverse Mortgages for the Elderly*（CRS Report for Congress: June 27, 1989）.
(10) 非営利事業団体（ワシントン D.C.）。メンバーはアメリカやカナダでリバースモーゲージ商品を販売。
(11) *Reverse Mortgage Volume Increases Fifth Consecutive Year Top Four Markets in the Country Located in California*, October 28, 2005.
(12) Feb 10, 2005. *Study Shows Reverse Mortgages Can Help Seniors Pay for Long Term Care at Home*. By NRMLA's Report.（Web Site）
(13) 1950年設立。NRMLAが支援。個人の健康維持や高齢者の自立・社会参加など幅広い全国ネットワーク活動団体。
(14) Feb 10, 2005. *Study Shows Reverse Mortgages Can Help Seniors Pay for Long Term Care at Home*. By NRMLA's Report.（Web Site）
(15) 2003年 Zero Point Cash Account, Simply Zero の開発・販売を始めた。適用されない州もある。
(16) NRMLAは，2007年度から都市部を36万2790ドル，農村部を20万160ドルに引き上げる旨，2005年12月に発表した。
(17) USA TODAY 11/21/2005. By Sandra Block. Reverse mortgages let you tap cash, but be informed.
(18) NRMLAは，2007年度から都市部を41万7000ドル，農村部を20万160ドルに引き上げる旨，2005年12月に発表した。
(19) Weisser, Cybele. *Unlock the value of your house*, June 2004, Money, p. 80.
(20) Ballman,Tara（2004）*The Reverse Mortgage Handbook*, Jawbone Publishing Corporation.
(21) FHAが1980年初期から始めていた保証付ローンの借り替えプラン。
(22) *Reverse Mortgages: Annual Origination Volume for Home Equity Conversion Mortgages*（HECMs）, *Fiscal Year* 2000-2004（1）.
(23) Analyses of Proposed Constitutional Amendments, November 8, 2005, Election.

第3章　ハワイ州の住宅市場とリバースモーゲージ

1　オアフ島の観光産業と住宅市場の課題

　ハワイ州オアフ島の住宅市場が過剰開発状態にあるとする批判的見解は，普遍的である。その根拠としては，農業地や周辺地域へのスプロールを恐れた政府の高度利用政策（the strategy to build "up" instead of "out"）であり，また開発用地への人為的制限（artificial shortage）など，過剰な開発を懸念した施策が挙げられている。しかし，その実態は，いくつかのジレンマが錯綜している。

　2003年の，6月と8月の2回にわたって，ハワイ州オアフ島の住宅市場調査に赴いた。その際，次のような点が気掛りであった。
(1) ハワイ全体の経済不況，とりわけ観光産業の不振。
(2) 観光産業そのものの陳腐化，あるいは定番化。
(3) ホノルル中心市街地の土地利用計画の不統合性。
(4) 郊外住宅地のスプロール化と西側地域に見られる隔離・隔絶化。
(5) ホノルル市中心部の交通渋滞。
(6) 住宅価格の急騰，などである。

　上記の(1)については——世界的にも共通した問題ではあるのだが——とりわけハワイの場合は，日本からの観光収益に依存している部分が大きいだけに，日本経済不振の余波が大きい。

　ハワイのデータブックによると，オアフを訪れる観光客の1日平均の消費金額は，1995年ではアメリカ人が132.73ドル，日本人が356.15ドル，2000年ではアメリカ人が154.92ドルに対して，日本人234.70ドルであり，アメリカ本土以上に日本に対する依存度が高い。

　1995年の日本人観光客数は196万9000人，2000年では181万8000人，

消費金額で見ると,1995年が43億7100万円,2000年では23億7000万円と,近年,日本人の観光客数や消費金額の減少が顕著であり,日本経済のデフレ化の影響も無視できない[1]。

しかしハワイの観光産業のマンネリ・ワンパターン化にも,その一因がある。(2)の観光産業の陳腐化(定番化)については,時代の勢いに追随できていない旧弊性が明確であり,従来の景観など地理的観光資源に安易に依存してきた固定的体質が要因である。

(3) ホノルル中心市街地の高層観光施設と隣接している中心部外周(edges)でスラム化している旧住宅地の実態は,都市計画面での統合性を欠くものであり,島嶼性に起因にした制限的土地資源の有効利用といった視点からすれば,再開発計画を立ち上げなければならない。ホノルルの中心市街地についての将来的構想としては,都市の消費エネルギーの節減,水平空間の移動の縮小などの必要性を鑑みて,垂直空間の高度利用(高層化)を推進するべきである。商業空間の中に,居住空間も組み込む複合目的の融合プランは,未来的観光都市として具備するべき環境整備にも奏功する。観光施設(宿泊施設や物販・飲食施設など)の集中するワイキキ・エリアの中に,居住用空間(リタイア・コミュニティなど)を混在化させる都市計画は,リゾート経済のサステイナビリティからも欠かせない自然環境空間の確保に貢献するものである。

(4) の郊外への住宅地のスプロール化が顕著だが(写真3-1),インフラ整備が追い着かない状態であり,場当り的開発の印象が強い。郊外からの移動は,ホノルル中心部に直結したフリーウェーがヒト・モノすべてのパイプラインであるから,通勤時間帯の交通渋滞も慢性化している。

いま一つ,潜在化されている問題だが,西側の一部にある居住地の意図的隔離は,その地域住民に対する排他的分別化であり,社会を民族的に階層化させる深刻な社会問題として捉えられる。オアフ島の西側地域は,ポリネシア系,いわゆるネイティブと呼ばれている先住民の居住地である。西側地域は,東側に比べて雨量も少なく,乾燥した不毛な地域といった印象の貧しい集落が数カ所点在している。東側地域との交流も極めて少なくて,社会的に孤立したエリアとなっている。ホノルルの知人たちは,私が西側の住宅地に

写真3-1　オアフの郊外住宅地

入って写真撮影をしたと聞いて一様に驚き，自分たちは一度も足を踏み入れたことがないと話している。この辺の事情については，複雑な歴史的経緯があり，後述しているハウナニ＝ケイ・トラスク（Haunani-Kay Trask）の著書『大地にしがみつけ』の抜粋から，読み取ることができる。

　(5) の，ホノルル市内の交通事情は，年々，悪化している。住宅地の郊外化の進行と相俟って，ホノルル市中心部へのビジネス機能の集積に起因したものである。その対策に苦慮しているホノルル郡・市行政はカー・シェアリングなどを促しているが隔靴搔痒の効果しかない。郊外に建つアフォーダブル住宅（affordable home；低価格住宅）から，中心部へ向かう通勤距離は延伸され，また通勤時間帯に移動が集中するから，いよいよ交通機能は麻痺するばかりである。

　(6) の住宅市場については，その市況は加熱状態であり，政策的な低金利も加担して過剰な需要が続いてきた。こうした市況は，持家の資産価値も持ち上げることから，より有利な「買い替え」に走るか，あるいは持ち続けて将来の「キャピタル・ゲイン（capital gain；譲渡益）」を期待するような，「需要」が先行して「供給」が追い着かないといった構図を描き，また住宅価格を急騰させている。

郊外化と政府の方針

　2003年度のホノルル郡・市政方針の中の優先的課題について，ハリス・ジェリミー（Harris, Jeremy：ホノルル郡・市長）は，当時，次のように説明している[2]。

　「まず，ハワイの土地そのものが景観を保つ中心的資源の一つであり，その景観を保護するためには，これ以上の無軌道な都市化（urban sprawl）を阻止し，健全なコミュニティの発展を併行させながら，成長を続ける都市を目指さなければならない。またオアフ島の中心部にある休閑地にも，再び農作地としての生産性を取り戻さなければならない。また衰退の道を辿った農業の復活によって重要な水資源の確保を期待するものであり，そうした方向に向けた政府支援の一環として，農業用地の長期的借地権付与などについても保証している。交通輸送面にしても，幹線道路やホノルル市内に見られる慢性的な渋滞問題を解消して，適正な水平移動性を取り戻すようにしなければならない。行政は，「ハート・オブ・ホノルル（The Heart of Honolulu）」計画を立ち上げ，2005年中頃までに，イウィレイ（Iwilei）からワイキキ（Waikiki）までの区間の輸送システムの建設計画に着手する。リーワード（Leeward），オアフ中心部，そしてダウンタウン間の地域輸送システム（regional transportation system）についても，同時に着手する必要がある。市民は，家族とともに過ごすべき時間を交通渋滞の中であまりにも多く浪費しているからである。バスの利用についても，「スマート・カード・システム（smart card technology system：a bus debit card）」を2003年度中に実行しようとしているし，バイク・システム（二輪車利用促進政策）についても，補助金などを用意して，その利用を呼びかけていく。」

　ホノルル市は西側開発区とハワイ大学近辺を結ぶ鉄道システムを検討するために，2006年10月には沖縄にも来訪し，「沖縄都市モノレール」を視察している。

1-1　軍事基地のプロジェクトと建設市場

　ハワイも，本土と同様に，所得格差は顕著である。しかし，観光地に共通する点として——ハワイ州の特徴でもあるのだが——複数の仕事に携わって

いる世帯が多く，また，比較的，高齢者の就業機会が多い点では，ハワイの家計には活力が感じられる。

オアフ島の雇用問題には，観光産業や建設産業の他にも，アメリカ軍基地の存在が大きく関わっている。ハワイ経済に及ぼす軍事基地の影響は，40億ドル規模の産業にも相当する効果があり，2万4650種の雇用を生成する第2の経済エンジンとも評されている[3]。

アメリカ政府は，2004年から基地関係者用の居住施設の民営化（privatization）を進めている。ハワイのヒッカム空軍基地（Hickam Air Force Base）[4]の家族用官舎（住宅）の半分相当を民営化させる方針であり，238エーカーの敷地と1356戸の既存住宅，そして関連施設を，一旦，民間企業にリースさせる。民間企業の方は，向こう50年間，軍事基地専用の賃貸住宅事業を企画・開発して，そのインフラなどの一切を整備しながら運営することになる。

このアクタス・プラン（Actus Plans）[5]の背景には，最近の，兵士たちの家族観やライフスタイルなどに変化が見られ，彼らが家族の安全や生活のクオリティ，良好なコミュニティの構築などの必要性を訴えているのに対して，政府側が対応した結果ともいえる。いま一つの理由として，軍の居住関連施設費用の低予算化がある。

こうした基地の大型プロジェクトは，ハワイ経済や市民生活にとって，必ずしも恩恵ばかりではなく，陰を落とす部分もある。このプロジェクトに参画する企業群にとっては，長期にわたる公共事業受注の機会であり，また関連分野にも広範な雇用機会の生成・安定をもたらし，住宅市場にしても，その需要を顕在化させる購買力の増強として反映される。

しかし，その反面，プロジェクトに起因する建設関連企業や建設労働者（職能工も含む）の長期的な繁忙・雇用拘束は，結果として一般住宅市場には負の効果をもたらすものとなる。またハワイ州特有の事情として，建設関連資材の大半が船舶搬入（ship course）に依存しているだけに，石油資源の国際的規模の市場調整や中国経済の繁栄などといった外部要因が輸送コストを引き上げている。したがって建設資材価格も上昇するから，住宅建設コストを底上げし，最終的にはアパートの家賃相場まで引き上げさせている。

アクタス・プランに起因した住宅着工件数の大幅な増加は，市場経済の中の自然派生的な循環性に基づいたものでない点から，その経済効果はむしろ単線的であり，建設単価だけが上昇した結末に収束される懸念もある。ホノルル市・郡当局としては，こうした連邦政府の政策的波紋を予測して，市民経済に向けて，時宜を得た平準化施策（市場調整）を講じなければならないことは必定である。

1－2　建設産業の抱えるジレンマ

　ハワイ州の登録建設業者数は，2003年3月現在，9054社である（その内1095社は現在，事業活動をしていない）。ハワイ州の建設工事の内，約20％相当が，非登録業者（unlicensed contractors）による違法（モグリ）な工事である。登録業者の方は，低価格で受注している非登録業者（消費税課税を免れている）の存在が，業界全体に建設価格の値崩れを惹き起こすものと懸念している。しかし電気水道設備以外の工事では，とくにライセンスが必要と規定されていないことから，自宅の修繕・改造や小規模な工事などでは無登録業者が暗躍しやすい。アメリカ社会では，オーナー・ビルダー（owner builder）が，相当数，存在している点からも，アウトサイダーを隠蔽しやすい環境ともいえる[6]。ハワイの住宅建設の50％はオーナー・ビルダーによるものであり，この種の工事の大半に非登録業者が関与している。また非登録業者は，とかくトラブルが多く，正規に納税していない点でも問題視されている。

　ナカムラ，カレン（Nakamura, Karen ; The Building Industry Association, Executive Director）は，建設業者登録制度のもたらす負の作用として建設事情の混迷化を挙げ，消費者保護の必要性を指摘している[7]。実態としては，非登録業者の場合はすぐに間に合うなど，安直に依頼しやすい点から，消費者側からすれば「必要悪」として容認する傾向もあって，電話帳などを媒体として，現在も増え続けている。

　ハワイの建設業界は，原則的にはオープンな市場であり，入札による競争が激しく，元請業者が下請業者を選択する場合などでも，ライセンスの有無は重要な問題にはならない。しかし多額な登録料（年間，数千ドル）を負担

している登録業者の保護も必要であり，ハワイの建設市場はますます混迷化を深めている。

　ハワイの住宅の平均的な改造工事（remodeling job）費は，1戸当り，およそ1万5000ドルといわれている。この金額は，家計にとっては相当な負担であることから，ライセンスの有無以上に，請負工事額の多寡の方がより重要である。しかし，その工事内容の瑕疵や業者の倒産などのケースでは，登録業者の場合ならば，工事契約補償制度[8]（The State's Contractors Recovery Fund）の適用があり，消費者は保護されている。

　ホノルルの非登録業者のトラブルについては，2003年8月，市内で建築設計事務所（T. Suzuki Archtects, Inc.：Manoa Marketplace, Honolulu）を経営しているスズキ，トシ（Suzuki, Toshi）を取材した。スズキは，「工事中に発生する事故の賠償については，非登録業者を雇った場合は法的にも施主側の責任負担とされている。登録業者の場合は，そうした施主の負担がない点を考慮すれば，工事費の多寡にかかわらず，正規の登録業者に依頼すべきである」と，話している。

　建設事業は，一定期間の工期が設定され，事業の有期限性が特徴である。それゆえに，参画する事業形態は集約的であり，業者も工事期間中の営業活動は拘束される。したがって大規模プロジェクトは，その期間中は一般住宅市場の住宅ストックの供給面では隘路となる要素でもある。その実際的な影響としては，建設単価，特に労働賃金と建設資材の値上がりであり，工期の長期・遅延化である。既存建物の修繕や増改築などのような小規模工事ほど，こうした建設事情の影響を被りやすいだけに，一般家計には深刻な事態である。またホノルルの建設費の値上りについても，スズキは，「最近の建設工事費の値上がりは急激である。老朽化した既存住宅の購入を検討する場合でも，その修繕・改修の工事費用を見積もってみると，建て替えた方が逆に安上がりであるケースも少なくない。こうした事情から，中古住宅の購入を断念する顧客も増えてきている」と，説明している。

　ハワイの建設事情としては，建設資材のあらかたを海外からの船舶輸送（ship course）に依存しているから，建設資材単価は割高であり，また多くの種類や品種の建築資材を調達することも困難である。したがって，比較

的簡便な家屋が多い点もハワイの住宅の特徴である。海上の輸送についても，最近の中国経済の好調から，中国の輸入量の急激な拡大が世界中の船舶不足を招来して，船舶輸送料が上昇傾向にある。またハワイは，建設関連の職能者も少なく，組合などによる非競争的な組織化も労働賃金の上昇圧力として働き，住宅価格の値上がりは当分続きそうな様相である。

2 オアフ島の住宅市場

2-1 日本人の不動産投資

　観光産業に依存した体質のオアフに，その観光産業の多様性や新規性を期待できない一番の理由は，高過ぎる不動産価格が大きな障害になっているからである。そうした高負担な不動産市場における有効な対策としては，「場所」に向ける「需要」を上回るほどの，十分な「供給」が必要なのだが，行政の消極的な土地利用政策や，開発事業を必要以上に長引かせている行政側の曖昧な姿勢などが隘路となっている。そして不動産市場に対する衰えない投資，タフな経済力，増え続ける人口などの各要素が，あらゆる面において，過剰な需要を生成するものであり，その半面，供給力は脆弱なことから，生活コストまでも押し上げているし，また住宅価格の上昇にも加勢している構図を描いている。生活日用品の価格が，本土に比べて30％程度も高いのは，船便の搬入コストが余計だからという説もあるが，それはわずか5％程度に過ぎなくて，やはりオアフの土地の価格が高いことが元凶をなしている[9]。

　1988年の調査[10]によると，ハワイ州民の59％が海外からの投資に対して反対の立場であり，33％が賛成している。翌年の調査では，60％が日本からの投資に反感を抱いている。

　日本人は，不動産市場の相場に，さらに21％のプレミアムを付けたりして不動産購入に奔走した。その投資の対象の大半が，土地か，観光施設に限定していた。そうした投資の仕方に対して，ハワイでは賛否両論があるが，中には日本人に売って利益を得た者もいた。

　ただ問題視されたのは，当時の不動産市場が，日本人投資家向けの「水増し価格」になって固定化してしまった点，また持家を売却してから借家人に

変わった住民が，その住宅を修繕しようとする意欲を失い，コミュニティに対する連帯意識までも喪失していった点などであった。その結果，それまで培われてきていたコミュニティの連帯感も崩壊したし，購入した日本人の方も，そうした作用を認識することもなかった。

　1987年から1990年までの3年間に，オアフの平均戸建住宅価格は18万5000ドルから35万2000ドルにまで値上がりした。ハワイの持家所有者たちは，急激に増え続ける資産税負担を受け入れるしか，なす術を持たなかった。ハワイのような制限的な市場に対して投下される，短期的かつ集中的な投機的投資は，秩序と安寧に覆われた市場に代わって，無軌道で調整の効かない市場を形成することになった。

　オアフの住宅価格は，1995年頃から，それまでの低調から反転して急激な値上り状況を呈している。しかし日本の不動産市場に見られたバブル市況とは，その事情を異にしており，移民などによる島内人口が着実に増加している点，ハワイの優れた自然環境に魅せられて長期リゾート滞在や移住を希望する者が逓増しているなどの点から，住宅需要は安定的である。

　オアフの住宅市場は──ハワイ特有の事情でもあるのだが──観光関連の雇用を期待する移民人口の増加と，海外からの長期のリゾート滞在を目的にした住宅需要も加担して，当分の間は好況が継続されそうである。この住宅市場の活況には，実は軍事基地の関係者による安定的な住宅需要も奏功している。この軍関係者が，オアフに与える影響は大きく，公共投資にしても他の州に比べて安定的であり，州経済への貢献度は高い。反面，狭隘なオアフ島内に，不均衡なまでに大きく，軍事基地関係（軍関係者専用ゴルフ場なども含めて）用地を確保している点や，また活発な軍事施設の建設工事の発注がオアフ島内の建設業者の繁忙に繋がり，住宅建設費の相場の上昇圧力にもなっている点など，負の効果も少なくない。

　またオアフは，安定した賃貸収益が期待できる優良な不動産投資先であり，住宅ストックも地元の需要以上に海外需要も強く，低価格住宅などでも投資家たちが入手するケースが少なくない。オアフでは，平坦地が限定的な島内の地理的条件からしても，将来的な住宅地の供給総量は，その旺盛な需要の前には悲観的でさえある。

2－2　住宅価格の上昇圧力

　2004年6月24日，米国商務省の発表によると，同年5月の新築戸建住宅の販売件数は136万9000戸，前月比では14.8％の増加と，市場の大方の予想を大幅に上回って過去最高をさらに更新させた。米国連邦準備理事会による利上げを控えて，新築住宅への駆け込み需要が膨らんだものと見られている。金利上昇の予測は，市場に，最初は中古住宅購入を選択する動きも見せたのだが，6月末の利上げが確実視されていることから，改めて新築住宅購入へとシフトしたものと見られている[11]。

　1992年以降，オアフの住宅市場も根強い住宅需要に支えられて，右肩上がりの好調が続いてきた。とりわけ1999年頃からオアフに始まった住宅価格の急騰ぶりは，本土の新聞紙上でも「スカイロケット」と評されているほどであった。オアフは，ハワイ州の政治・経済の中心的位置を占めている他に，米軍の環太平洋上の枢軸的な基地の存在と特徴的な建設事情，地形・地質的条件，恒常的な流入人口の増加，バケーション人口の逓増などの諸要素からしても，その住宅価格の上昇圧力は強固であり，またその継続性も固い。

　オアフも，その景観が重要な観光資源であり，視界を遮るおそれのある高度空間利用計画には自ずと制限的であり，その実現が難しいとされてきた。以前，交通渋滞の解決策として，モノレール建設プロジェクトが計画実現の寸前にまで漕ぎ着けた経緯もあったが，環境保護団体などによる強硬な反対運動の前にあえなく消滅している。また島内の複雑な地形や地質条件なども，島内の開発キャパシティを狭小なものにしている。

　島内のランド・プランニングについて，2004年6月に取材した東恩納良吉氏[12]は，「オアフ島内は，地下水位が高く，地下水脈も豊富である点が障害となって，地下空間の高度利用の計画には，地下施設の防水性能や浮揚力に対する高度な技術が要求されるなどの事情がある。オアフ島の地下空間の利用は，現状の商業用駐車場などの用途に限定して許可している，地下2階までの利用範囲が，技術面やその経済性からしてもリミットである」と答えている。また，交通施設の地下敷設計画の実現性については，「市内を巡回しているバス路線も，時間帯によっては客数が激減している現状から，高

表3-1 オアフの住宅取引件数推移

年度	戸建住宅	コンドミニアム
1997	827	937
1998	1,117	1,130
1999	1,323	1,130
2000	1,496	1,505
2001	1,646	2,059
2002	1,832	2,383
2003	1,997	3,117

(資料：Real Estate Market Trends, http://www.hawaiianrealestate.com/news.htm)

額な地下鉄工事は採算面で，実現性は乏しい」と答えている。要するに，地上空間の高度利用を検討するしかないと言っている。こうした自然環境条件などからも誘導されるところであるが，オアフの住宅市場は売り手市場に傾倒しがちな条件をいくつか併せ持っている。そして，こうした与件から，その当然の帰結として，居住形態には高度利用化と高層空間の利用が検討され，現実化されて，現在，コンドミニアム市場にも新築と再販が活発に繰り返され，フィーバーの様相を呈している（表3-1）。

　ハワイの場合，住宅価格を急騰させている圧力としては，次のような要素が挙げられる。① 観光産業を中心に据えた建設産業の振興，② 連邦政府資金による継続的な公共事業展開に基因した，急速な経済発展などから誘発される強い住宅需要，③ 広大な土地を保有している連邦・州・郡の存在，④ 少数地主の手による土地の供給調整や価格調整，⑤ 内陸部を分断している山脈を抱えたオアフ島特有の制約的な地形条件，⑥ バレー（valley）に点在する小規模集落の社会的・経済的な孤立化による住宅市場の流動性の低下，⑦ 環境問題を抱えた農業地域の保護を主眼としている政治的含意から，いきおい開発に対する抑止的な土地政策の姿勢，⑧ 不必要なまでに困難で，緩慢，かつ費用のかさむ宅地開発事業の許可申請手続が，新規開発業者の参入を阻み，地主を庇護し，地元開発業者の価格競争を罷免している点，⑨ 政府が開発業者に課している，必要性の乏しい道路や上下水道の建設負担，多大な開発負担金などによる抑圧的な過大負担，⑩ 海路運送費が含まれる

建設資材費の上昇，小規模開発ゆえに割高な住宅建設工事費，⑪ 建設労務者の高賃金，⑫ 1900年代の間に短期的・集中的に見られた，日本人による，ホノルル東部地域の高級住宅の買い漁りに起因する市場価格の上昇，などが挙げられる。

　2005年後期まで，ハワイ州の中でもとりわけオアフの住宅市場は，ホット (hot) ではなくて，むしろヒート (heat) とも評すべき過熱ぶりであり，中古住宅市場も新築住宅市場とまったく格差はなく，活発に取引されてきた[13]。ちなみに2003年の中古住宅の平均価格は35万ドルだが，2004年になると40万ドルまで上昇している。

　こうした市況について，コールドウエル・バンカー・パシフィック・プロパティーズ (Coldwell Banker Pacific Properties) 社のコンレイ, ハーブ (Conley, Herb) は，「われわれは，こうした中古住宅価格の値上がり傾向には一向に驚かないし，最近の不動産市場の価格上昇サイクルは，当分の間，続くだろう」と予測している[14]。また，アメリカの不動産事情に詳しく，ご自身もハワイに在住している西山和夫氏[15]は，「ハワイでは，"中古住宅"といった用語は使わないし，建物の築後年数などに基づいた評価は無意味であって，むしろ立地条件や建物の維持管理レベル，市場の需要傾向などを勘案した，現在の原状評価の方がより重要な意味を持っている」と話している。

　ホノルルの場合は，本土に比べて，白人以外の住民比率が高いことから人種的階層も比較的フラットな点，外からのリゾート・ホーム需要が強固である点，そして住宅ストックの絶対数が少ない点などの要因から，グラデーション (gradation)[16] が起きにくい市場を形成している。しかしオアフの中古住宅市場の取引も活発なのは，比較的，資金に余裕のある層 (repeater) によって頻繁に繰り返される「買い替え取引」[17] が，市場の循環性（流通性）を高位に維持させているからである。新築住宅は，その大半が郊外の新興住宅地に建つことから，買い替えの妙味が薄い。したがって成熟した住宅地の既存（中古）住宅が，買い替えの対象として人気が高く，こうした事情も中古住宅市場の好調を支えている。西山氏も「ハワイの人たちは，住宅の"買い替え"には，とても熱心です。私自身も，すでに6回以上は買い替え

しています」と語っている。

　最近のハワイの住宅市場の様相は，価格上昇カーブを描き続けていて，需要偏重の状態の売り手優位とした循環性（流通性）を伴わない市場であり，まさにバブル（泡沫）市場を形成する構図に酷似しているが，われわれが，すでに苦い体験として記憶している様相とも相違している。
　西山氏は，「ハワイの住宅価格の急速な上昇は，そう長く続くものではない」と予測しているし，オアフの不動産関係者の多くが，こうした過熱状況はバブリーであり，早晩，崩壊の時期を迎えるのではないかと語っている。
　こうした住宅市場の急騰は等閑視できない景況であり，ともあれ行政の手による時宜を得た市場調整が要請される時ではある。さりとて，かつての日本で行われた行政指導という名の下の売買（交換）取引の価格指導や不動産融資資金の総量規制などでは前轍を踏むことになる。ホノルル市の対応としては，開発規制の緩和，郊外開発の促進，強制的な低価格住宅建設の，低・中所得層向けの恩典的住宅融資プログラムなどを施策している。また関連して，ホノルル市は，旺盛な郊外への住宅地のスプロールに起因した深刻な交通渋滞の解決策として，新たな交通システム[18]を2003年10月に公表している。この新交通システムの財源としては，ガソリン税や自動車税の増税が予想される計画だけに家計負担を加重させるものではあるが，完成後の効果は計り知れない。地理的条件が相似している沖縄本島の場合でも，最近のモノレール敷設が地域経済の振興に奏功している事例からも，オアフの経済発展はもちろんのこと，省資源や環境保護に資するものといえる。

日本の住宅市場との比較

　1990年代初頭の日本の不動産市場では，転売回数に対応した価格変更（値上げ）が見られ，次の「転売」を予定した「購入」が多発する，実態の伴わない「空取引（vacant trade）」の様相が見られた。本来的な「使用（活用）する利益」を期待した不動産購入（需要）よりも，むしろ「中間搾取的利益（転売差益）」を取り込もうとする投機目的からの取得が，不動産市場取引の主流を形成していた。極端な話をするならば，購入資金などは，

頭金さえ準備できたら，次の転売先からの頭金の流用も可能であり，次の購入者もそうした事情を承知していた節さえあった。大半の金融機関が，こうした「空取引」にも眼をつむって便乗した。当時の不動産取引の相当件数が，資金のジェット・ストリーム（jet stream）に乗って繰り返されていたからこそ，ある日突然の不動産市場への融資規制は不動産市場の命脈を一瞬にして断つものであったし，その後遺症は重く，回復も長引いたのである。

オアフの不動産市場には，少なくとも日本に見られた類の「空取引」は存在していないし，あったとしてもわずかである。なぜならば，一旦，住宅を売却（転売）したら，次の取得は難しい市況であり，自分が居住しない住宅の場合でも，バケーション・ホームや賃貸事業（収益）用に転用しているからである。最近のオアフの住宅市場には，スムーズな「循環性」が過剰な需要と極端に少ない供給との不均衡によって失調しており，その結果として短期間に住宅価格が急騰している。さらに上昇圧力を複雑かつ強固なものにしている要素は，移民の増加と海外からのリゾート需要であり，また観光ホテルのタイムシェアにまたがる営業戦略の複線化が，リゾートの居住空間を共有しながら所有するといった多重性を実現したことが市場の需要を安定化させている。

カウワイ郡（Kauai County）のカウンセラーであるユキムラ，ジョアン（Yukimura, Joann）は，「コンドミニアムは，実際に，その住宅に住むことの便益以上に，観光客用賃貸やタイムシェア商品に転用する方が収益性に優れている。したがって，本来的な居住用資産の獲得を目的にして検討している購買層には，現在のオアフの住宅は，その価格面で不向きといえる。地元の人たちは，親と同居している者も多く，住宅を取得するのに多くの時間や労力を費やしている。こうした状況に失望して，ハワイを離れる家族も少なくない。年収の30％以上を住居費に充当しなければならない住宅事情を，政府は把握できていない」とコメントしている[19]。

オアフの持家率は，米国全体の65％に対して，過去10年間，平均55％で推移している。現在，オアフの賃貸住宅に住んでいる2万7000戸の世帯が，確実な住宅需要層であると行政側は捕捉している[20]。

2－3　低価格（アフォーダブル）住宅供給政策

　ハワイの根強い低価格住宅に対する需要は，相当なボリュームの低価格住宅の供給を実現させた。しかしその結果は案に相違して，資金力のある富裕層は複数戸の住宅を取得でき，金持ちにはさらに利益をもたらし，片や，古くからの地域住民たちには低価格住宅取得の可能性を減じる結果になったことから，かえって住宅問題を深刻化させる結末となった。またハワイ特有の事情でもあるのだが，少数の地権者の思惑で行われている，土地の供給や価格の調整が住宅価格の上昇圧力として作用している点についても注意を向けなければならない。現実問題として，政府を上回る規模の土地を所有している地主の存在はハワイの不動産市場を混迷化させる主因となっている。

　ハワイ政府は，1988年初期に，新たに「60％低価格住宅政策」[21]を掲げて，住宅価格の高騰化に一石を投じた。しかし現実には，その政策の効果は浸透したとは評価されなかった。その結果に対して，政府の見解は，次のようなものであった。

(1) 個人住宅市場が政策的思惑どおりに機能していないのは，開発業者が必要な低価格住宅の開発よりも高級住宅を建てているからだ。
(2) そうした状態を放任している政府は，地主や開発業者に"棚ぼた利益"の享受を認めていることになる。
(3) 農業用地を住宅地に転用して供給した，低価格住宅の公的利益と，農地転用の損失との差引勘定については，まだ答えが出ていない。
(4) 低価格住宅としての価格設定が決して低くないことから，開発業者には負担が軽いものであった。

　オアフの住宅市場は，確かに住宅価格の急騰が顕著であり，スカイロケットなどと報じられて異常視されているが，かつて日本の不動産市場に見られたバブル市場とは明確にその組成を異にしている。なぜならば，需要そのものが実際の利用目的に基因した性格だからである。また日本の市場と相違している特徴として，賃貸需要にしても観光客向けが多く，タイムシェア(time share)[22]物件への転用も少なくないなど，収益目的の事業用住宅としての需要も堅固な点である。オアフ島は，世界有数の観光地のハワイ諸島の中心的位置を占めており，その優れた景観と都会的機能との融合は，世界

中から安定的なリゾート需要を集積させている。

　オアフでは，労働力の不足から移民による人口増加が着実であり，アフォーダブル住宅に対する実需もまた旺盛である。政府は，1988年初期，「60％低価格住宅政策」を掲げて，アフォーダブル住宅の大幅な供給を目論んだのだが，結局のところ，市場の住宅価格を下方修正するまでには至らなかった。この政策そのものが，開発業者側の企業収益の確保が難しい点から，民間の開発意欲を削ぐものであった。実態は，開発業者の多くが，実需の多い低価格住宅よりも自らの高収益性を重視した高級住宅販売を優先させていて業界全体の協調を取り付けられなかった。開発業者による住宅ストック供給は，当り前であれば企業利益を優先させる性格のものであり，低所得者層の切実な住宅需要とは噛み合わないものであることを，行政側が理解していなかったからである。政府はまた——短絡的な措置とも言えるのだが——低所得者向けの低利な住宅ローン「フラ・メイ・プログラム（Hula Mae Program）」[23]も打ち出しているのだが，これまでのところ効果は見えていない。なぜならば，肝心の住宅ストックが枯渇している市場だからである。さらには，2010年にピークを迎えて，2020年頃までは継続すると予測されているベビーブーマーの活発なバケーション・ホーム需要の予告データ[24]などからも，旺盛な住宅需要は長期的に続きそうである。こうした安定的需要の確実視されている市場の展望からして，政府は，購入手段をサポートする優遇的住宅ローンなどの施策の他に，低所得者層の快適な居住用空間として，独立した戸建住宅だけに選択肢を固定しないで，協同組合方式による協住型コミュニティ形成などの構想[25]についても，俎上に載せるべきときである。

　現実には，アフォーダブル住宅供給政策が失敗した結果，住宅市場の中では需給関係が高価格レベルで均衡するようになり，賃貸用住宅から始まり，戸建住宅，タウンハウス，コンドミニアムなどを含む住宅市場全般に値上がり傾向が浸透している。また住宅市場には，キャピタル・ゲイン目的の既存中古住宅の投機的供給も見られるようになった[26]。アフォーダブル住宅の需要の顕在化の次に，市場に何が起こったかといえば，ホノルルの平均的住宅価格が1990年代の最後の3年間に90％値上がりした事実である。その急

表3-2　住宅価格の比較（$）

順位	都市	市場平均価格
1	サンフランシスコ，CA	746,500
2	ロスアンゼルス，CA	454,900
3	ホノルル，HI	407,300
4	ボストン，MA	357,400
5	シカゴ，IL	333,800
6	ワシントン，D.C.	332,200
7	シアトル，WA	324,900

(2,200 sq. ft, 8-room, 4-bedroom. middle income families)
(資料：*The State of Hawaii Data Book 2000*, p. 461)

騰ぶりは，人口，雇用，そして経済成長率において，ハワイよりも，はるかに高位な本土の都市の住宅価格水準を凌駕するほどのものである[27]（表3-2）。

　最近のオアフの住宅市場には，アフォーダブルな住宅ストックが枯渇していて，地元の生活者たちが，住宅取得に向けて多くの時間と労力を投じているのだが徒労に終わっているケースが多い。中古住宅の購入にもプレミアムを要求されたりするケースもある。

　ハワイ政府は，1997年に制定された州法（Hawaii State Legislature Act 299）に基づいて，一定の開発地域のアフォーダブル住宅の購入者に対して，3年～10年間，契約制限条項を規定している。この購入者が所有権を変更する場合は，その旨の届出義務を負うものであり，さらに，その住宅の使用，あるいは売却に対しては規制している。購入者は，制約期間中の居住継続の義務を負うものであり，制約期間中に売却する場合は，次の購入者についての資格上の制約があり，最初の購入価格で，あるいは行政による指導価格の，いずれかの価格で売却しなければならない。要するに，市場平均価格（相場）以下の低価格で購入できる代わりに，いくつかの制約規定の遵守義務を負うものである。

　ウェスト・ロッチ・フェアウェイ（West Loch Fairways）とエバ・ビレッジ（Ewa Villages）地域の住宅所有者には，ホノルル市と地域から生じる利益（net profit）の共有者として，値上り分の分け前（SAE；Shared

Appreciation Equity) が約束されている。制約期間が満了した住宅所有者は，一般市場で，住宅を自由に売却できるのだが，その際には，ホノルル市の持分の時価評価分の支払義務を負うことになる。

3　オアフ島のコンドミニアム市場

3−1　追随するコンドミニアム市場

　オアフのコンドミニアム市場は，これまでは借地権（leasehold situation）が主流であったが，最近では，ほとんどが不動産権（fee simple resale）に替わってきている。既存住宅ストックの市場価格は，ワイアラエ（Waialae），カハラ（Kahala），ハワイカイ（Hawaii Kai）などでも急速な値上がりが見られ，またラニカ（Lanika），カイルア‐ビーチ（Kailua-Beach）などの風上側の海岸地域に居住することは上流階級への仲間入りの切符を手にすることになる。

　新たな開発による住宅の供給が不足していることから，建設業界で対応できるまでは，戸建住宅やコンドミニアムなどの再販物件も急速に値上がりするようになる。1990年代に検討されたいくつもの計画は棚上げされたままであり，銀行の倒産などで廃案になったプロジェクトもある。1990年代の買い手市場は，新たなミレニアムの幕開けとともに売り手側の望むような状態に好転しつつあった。確かに，他の場所と同様に，値下がりしている不動産物件はオアフにもあるのだが，片方では，新築建物の工事費や建設資材の値上がりやリタイア層を含む転入希望の住民増加などが，不動産価格を押し上げている[28]。

　キャシデイ，リッキィ（Cassiday, Ricky：2003）は，ハワイの不動産市場の近況について，次のように論じている[29]。「2003年の1～2月は，ハワイ全体の不動産市場が活況であった。ハワイ島は81%，オアフ島は23%の値上がりを記録している（マウイ島は逆に5%の値下がりであった）。コンドは，不動産市場の中でも，もっとも活発な取引状況であり，全体としては，戸建住宅13%の上昇に対して，33%の価格上昇であった。オアフ島のコンドが32%，ハワイ島では219%である。戸建住宅ではマウイが最高値

38万3874ドルであり，オアフの戸建住宅価格よりも3万3000ドルほど高い価格である」。

再販指数（sales indicators）で見るオアフの戸建住宅・コンドの取引状況は，1972年度を100とした場合，2003年の前半期は754であり，その活況（あるいはフィーバー）の様子がうかがえる。マウイは176，ハワイ島は104，カウワイは53であることから，オアフは際立ってキャピタル・ゲインを取り込もうとしている投機的な市場であることが明白である。また他の島の場合，土地自体にも開発する余裕がある点，需要層の多寡などの点から，オアフに比べて再販取引件数は低位であると考えられる。

オアフの2003年10月の家族用中古住宅の中位価格は39万9300ドルであった。2002年10月の取引件数381件に対して，2003年は380件であるが，価格は上昇している。コンドミニアムの再販物件の場合は，その中位価格と取引件数ともに上昇していて，2003年の10月では669件の取引があり，価格は2万6500ドルから18万5000ドルまでの急騰である。価格が急騰していても比較的買いやすいのは低金利のせいであるといった見方もある。ハワイは，全米140の都市の中でも，その住宅価格の高い順からすればサンフランシスコについで5番目になる。またオアフの市場では2003年の最初から10月までに，291万ドルの再販住宅取引があり，前年の215万ドルに比べて35.3％増の勢いである。

アメリカにおける所得格差に起因した，持家層と借家層とにおける階層の二極化は進行すればこそ，その接近はますます困難になりつつある[30]。

スピッツ，ビル（Spitz, Bill：2004）は，次のように論じている[31]。「コンドのうち，一定量のユニットは，バケーション用レンタル物件か，タイムシェア物件に転用されている。その影響から，賃貸住宅市場もタイトに急変して，空室率も急速に低下し，賃料も2003年から急騰している。現在，建設中のコンドの販売計画が，一般の住宅よりも，むしろリゾート・ユニットに偏重していることから，必ずしも新築住宅着工件数が一般住宅の供給量に結び付いていない。カウワイ（Kauai）地域に建つホテルの好況も，こうした事業用ユニット（リゾート）の供給に加勢しているし，本土からの事業用ユニットに対する旺盛な需要もまた市場ストックを薄くするものである。購

入したばかりのコンドをすかさず転売する方法で，キャピタル・ゲインを獲得できる市況は，投機性が先行したバブリーな状況下にあり，住宅市場から低・中所得者層を排除するものである」。

3-2　コンドミニアムのコンバージョン・モデル

　アメリカの金融市場も，史上最低といわれるほどの低金利からわずかながらも反転して，徐々に金利は上がりつつある。しかしアメリカの不動産価格は，2006年1月現在でも，高値安定の市場が継続されており，バブル (bubble) 市場とまではいかないで，精々，フロス (froth) 市場とでも評することが妥当とする見解を連邦準備理事会も示している。

　しかし，この右肩上がりのラインがいつまで続くだろうか。この点については，誰もが懐疑的になっている。こうした背景から，デベロッパーたちは，次の戦略として，既存建物（賃貸物件）を改装（conversion）してから分譲用コンドミニアムとして再販するようになった。コンドミニアムの建設計画により新たに土地を探して購入し，それから建築許可を取得するよりも，既存の建物施設をコンバージョンする方法の方がはるかにスピーディーであり，投資資金も少なくて済むことから，その販売価格も売りやすい価格設定ができる。

　また既存のマンションをホテルに，あるいは既存のホテルの客室（区画）をコンドミニアムとして分譲販売するといった，厳密に言うならば，建物用途を変更するコンバージョン手法が，最近のアメリカでは盛んであり，ハワイ州でも次々に展開されている。

コンドミニアム・リゾート・ホテル

　アウトリガー・コンドミニアム・コレクション（Outrigger's Condominium Collection）社は，ハワイ，オーストラリア，ニュージーランドに，25カ所のコンドミニアム・リゾート・ホテルを擁している。「コンドミニアム・ホテル」というのは，比較的，新しいビジネスモデルである。その一つのパターンとして，老朽化したホテルを買い取り（あるいは業態変更をして），大規模な改造・改装を施す。それから，改めてコンドミニアム商品

として，個人や法人に向けて販売する。その中に，ホテル営業のための「マネージメント・システム」を導入して，個人（法人）の区分所有しているユニット（部屋）を，客室としてリゾート客を対象にレンタルして稼動させる。要するに，コンドミニアムと，ホテル事業との混合システムともいえる。

ワイキキの中心部に建つコンドミニアム・ルアナ・ワイキキ（Luana Waikiki）は，短期滞在型リゾート・ホテルとして営業しているが，元はといえば，客室のすべてが個人所有の分譲用コンドミニアム（lodging studio type）であった（写真3－2）。個人のオーナーが使用していない時期を，アウトリガー社がリゾート・ホテルの一室として営業収益を上げて，その実質利益を2分している。ルアナ・ワイキキの場合は，景観と生活利便性，何よりも治安の面で優れている立地条件が保証されていて，それに対して個人の安定的なリゾート需要と，それを確信した企業需要が存在して，なおかつ両者がマッチングした成果と見ることができる。

この種のコンバージョンは，個人（法人）を対象にした居住用資産として，一度，販売したユニット（居住空間単位）を，再度，宿泊施設としてホテル営業の中に組み込み，ユニットごとに，その収益を，営業（ホテル）側と，所有者（区分所有権者）側との間で折半するシステムである。もちろん所有者や家族，あるいは友人が利用することは可能であり，転売もまた可能なことである。

この種のコンバージョン手法には，複数の権利・義務が組み合わされている。まず，売買行為から所有権の移転が起こり，この場合も，一事業体（法人）の所有権や営業権であったホテルから，各ユニット（客室）に構造的な独立性を明確にさせ，区分所有権の対象となる要件を付加させて，第三者に販売する。こうした行為から，その建物は一棟の区分建物に変わり，共用部分も発生する。そうした後に，改めてホテル営業を目的にした第三者の営業権を導入する方法で，その建物の中で区分された個人（法人）所有の居住用資産に，レンタルの収益性が付加される仕組みである。

このように，既存の建物（施設）が，第三者に取引（所有権移転）されて，別の種類・用途に変更するケースとは別に，建物の所有者が，建物を売却してから後も新しい所有者とリース契約を結び，テナントとして使用する仕組

写真3－2　Luana Waikiki

みが，セール・リース・バック（sale lease back）である。

　ハワイのように，リゾート需要の旺盛な場所の居住空間のオーナー（所有者）は，所有する権利や専有する便益を，第三者との間の共有や委託などの権利形態を構成させることで，投資効率，稼働率，所有コスト，サステイナビリティなど，多面的な効用を享受できる。

タイムシェアリング

　コンドミニアムの一室（ユニット）を，週単位で使用できる使用権が販売され，購入者はユニット単位の区分所有権を共有するタイムシェアリング（timesharing）と呼ばれているシステムが普及している。やはり既存のホテルやコンドミニアムをコンバージョンしてから商品化して販売しているパターンも多く，その市場は世界的なスケールにまで成長している。ハワイ州でも，最近は，コンバージョンによる物件が枯渇状態であり，タイムシェア商品として，新たに建設され，販売されている。

　このタイムシェアリングのシステムは，「コンドミニアム」を対象にして，「不動産賃借権」や「立入権」などの法的技術を用いて，「時間」を他者と配

分しながら，特定の別荘やリゾート・マンションを，一定期間，排他的に利用する権利を取得する方法である。こうした手法が確認されたのは，1960年代初期のフランスを中心にしたヨーロッパであり，アメリカでは1970年代中頃からである。現在では，関連する法的環境も整備されていて，市場は安定・拡大傾向を維持している。特にオアフ島のようなリゾート・ホームに対する需要と供給が不均衡な市場では，タイムシェアといったコンセプトは受入られやすい。一方，施設の構造・設備に大規模なリノベーションを必要とする時期を迎えている既存のホテル（宿泊施設）が，その資金調達の手法の一つとして，宿泊部分の一部をタイムシェア商品へとコンバージョンするケースも少なくない。

　既存の建物にコンバージョンを施す手法によって，建物の使用（稼動）効率を圧倒的に向上させ，収益性も改善されれば，高度のメンテナンスを施すことも可能になり，結果として建物としてのサステイナビリティは高められる。しかし，こうした展開がスムーズに進められるためには，ハワイの場合ならば，リゾート客の集客性が安定的な立地条件が不可欠な要件となる。ワイキキの比較的古いホテルが分譲コンドミニアムやタイムシェア物件に変更するコンバージョン・プロジェクトを検討する理由は，一つに，ホテル業そのものが設備産業であるから，頻繁に内部の設備（客室の改装やアメニティの増設など）をリニューアルする必要があり，経年とともに設備投資効率が次第に悪化してくる点にある。

　コンバージョン手法は，既存ホテルが持っている，独占的で，非生産性で，非代替性の好立地条件をそのまま継承しながら，リフォームなどの設備投資の負担を個人（法人）オーナーに転嫁できるし，また空室時の経費負担の分散などの利点が多く，建物のサステイナビリティにも資するものといえる。

4　リバースモーゲージ

　1990年の調査[32]によると，ハワイ州における65歳〜74歳の高齢者の持家率は74.0％であることからも，ハワイ州におけるリバースモーゲージ利用件数の将来的な増加は確実視されている。ハワイ州にリバースモーゲージ

の販売がスタートしたのは，比較的，最近のことであり，1999年の第20回ハワイ州上院議会・通常委員会で，その関係法案について報告されている。ハワイ州のリバースモーゲージも，原則的にはアメリカ本土のプランと変わらない。ハワイ州で最初にリバースモーゲージを扱った金融機関はリバースモーゲージ・ハワイ（Reverse Mortgage Hawaii）であり，続いてアメリカン・セービング・バンク（American Saving Bank；すでに撤退），3番目のウェル・ファーゴ・ホーム・モーゲージは2002年1月，そして翌2003年1月からファイナンス・フリーダムが，それぞれ市場に参入している。

4-1 金融機関とリバースモーゲージ

　ハワイのウェル・ファーゴ・ホーム・モーゲージの住宅ローン売上実績は，2002年5月までで2億7000万ドル，前年比106％であった。当時のハワイの産業界全般の傾向としては，2002年度の企業実績は前年比を割り込むだろうとする悲観的予測が大勢を占めていた。

　しかし大方の予想に反して，同社が厳しい景況下にあっても，なお積極的な営業方針を貫いている根拠は，まず良質な住宅に対する市場の根強い需要を確信している点，不動産そのものは優良な投資対象であると確信している点，そして90年代の低迷期にあって封じ込められていた住宅需要の存在とその顕在化を確信している点，などが挙げられている。

　また同社は，持家高齢者たちにも積極的に融資している。人気のある住宅地に建つ老朽が激しい住宅に対しては，一般的な生活資金と建設費のローン・コンビネーションも勧めている。「隣人たちも素晴しいし，学校の校区も申し分ないのだが，住宅が老朽化している」といった人たちには，オールインワン取引（purchase and renovate all in one transaction）も勧めている。例えば，マノア（Manoa）のように安定的需要のある地域の物件は，資産性や多様性に富んでいるから市場性（人気）も高い。要するに，いかなる景況下にあっても，「好ましい近隣居住環境（neighborhoods）」の資産的評価は安定している。また同社は，建築業者と提携しながら，新築住宅の建設資金融資にも積極的に展開している[33]。

　同社ホノルル支店のリバースモーゲージ・ローンの取り扱い件数は，スタ

ートから翌2003年6月までの間で22〜30件程度の実績[34]であった。この当時のリバースモーゲージの普及度は，活況な住宅市場とは裏腹の状態であったといえる。その理由として，ハワイの住民の中でも大きなボリュームを占めている，日本人，中国人，フィリピン人などの東洋系住民は，白人と違って居住地の移動を好まない性向と，持家を相続資産と考えている家族が多い点も関係している。

　日系人は子供の住宅取得を手伝う傾向が強いといわれている。したがって持家を親が消費してしまうリバースモーゲージ・プランの利用件数は少ない。一方，アメリカ人は，子供が大学入学の頃から独立させ，別居させるケースが普遍的傾向なだけに，高齢期の経済的余裕を捻出する目的でリバースモーゲージの利用には積極的である。また彼らの子供の方にしても，仕事などの関係から遠隔地に住んでいる場合などは，自分の家をすでに取得しているケースが多いなどの理由から，老親の老後生活資金の調達に持家資産を充当するプランの利用については，ほとんどの子供が賛成している。しかし最近の住宅価格高騰化から，子供だけの資金力では住宅の単独取得が困難な場合には，やむなく同居する親子も少なくないことも事実である。住宅市場における需要の過多，あるいは住宅価格の上昇は，中古住宅市場の流動性を好転させる傾向ではあるが，その一方で，リバースモーゲージの普及を阻む隘路にもなるといったジレンマについても関心を寄せる必要がある。

　ハワイ州でも，核家族化の進行と，また最後まで自分の家に住み続けられるリバースモーゲージ・システムが東洋系住民には馴染みやすいはずと確信している金融機関は，彼らをターゲットにした営業活動を熱心に展開している。

　1999年にリバースモーゲージ商品を扱い始めた同社では，日系人社会にリバースモーゲージ商品を販売する目的で，日系人のセキ，ジーン（Seki, Jean：後に退職して独立する）を販売責任者に抜擢した。彼女は，後にブローカーとして独立し，同社のリバースモーゲージ・プランをハワイのシニア層を対象に販売活動を積極的に展開している。同社にしても，ハワイでのリバースモーゲージ商品の販売は2002年からのスタートであり，アメリカン・セービング・バンク（American Saving Bank）に次いで3番目の参入

である。現在、アメリカン・セービング・バンクは、同プランの販売から撤退している。リバースモーゲージの融資資金の回収期間が長期的なのに、その割には薄利である点などが撤退の理由として挙げられている。

同社の場合は、高齢化社会にあってシニア層の顧客取込みを主たる目的にしたリバースモーゲージ商品の販売であり、関連する各種のサービスの提供が業務拡大に貢献する効果も期待しているなど、顧客との長期的関係の構築と、薄利ながらも安定した継続的利益の獲得を期待している。

ハワイのリバースモーゲージ・プランは、本土と同じノンリコース・ローンであり、利用者に対する所得制限なども規定されていないから、その利用対象者は広範に及ぶ。また税制の面では、住宅関連の優遇的措置を講じて、高齢者の持家負担を軽減しているなど、リバースモーゲージの制度環境としては整備されている。ハワイでも、連邦法に準じて1978年の歳入法から、55歳以上の者がその主たる住居を売却した場合、一度だけ12万5000ドルの譲渡益免除を実施している[35]。

モーゲージ・ブローカーとリバースモーゲージ

オアフ島では、2002年から本格的にスタートしたリバースモーゲージ市場が好調である[36]。マンション（コンドミニアム）に対しても積極的に融資する姿勢を打ち出している[37]。その背景としては、ホノルル市内にある個人の持家にはマンションも多く、戸建住宅に限定して融資するリバースモーゲージでは画餅になりかねない事情がある。

モーゲージ・ブローカーとして独立したセキ、ジーン（Seki, Jean：社長・Hawaii Mortgage Resources）は、「ハワイの高齢者も、リバースモーゲージに対する関心は旺盛であり、リバースモーゲージのセミナーへの参加者は多い。日系人にも正確に理解してもらうために、英語の他に、日本語による説明もしている。ハワイでも、利用者は着実に増えている。

政府保証のリバースモーゲージ・ローン（HECM；Home Equity Conversion Mortgage）は、"house rich, cash poor"の高齢者家計にとって、低コストで終身型プランだから人気も高いし、安心して勧められる」と話している[38]。

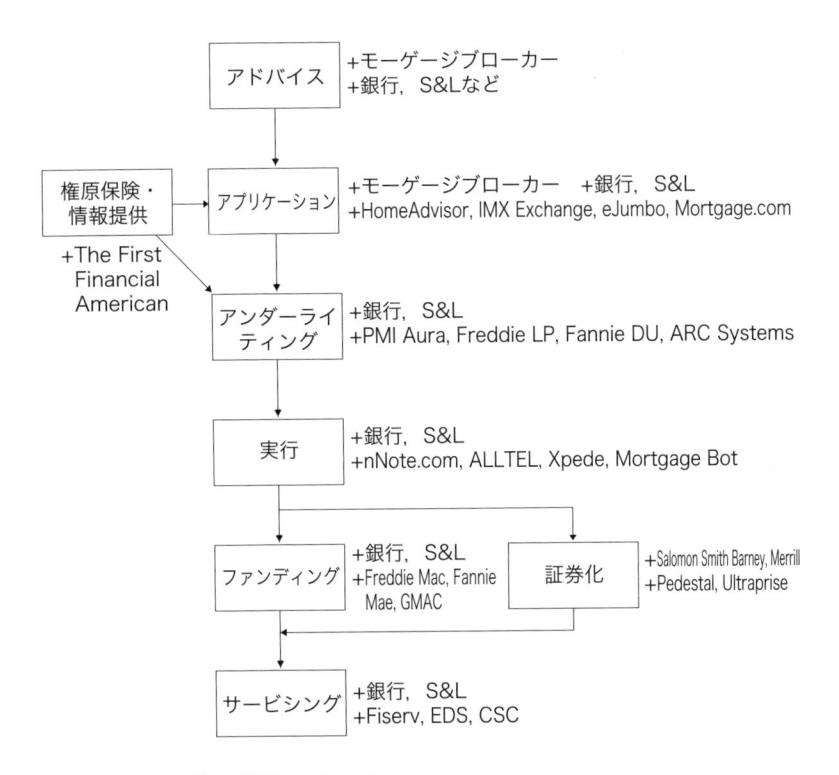

```
                    ┌─────────┐  +モーゲージブローカー
                    │アドバイス│  +銀行，S&Lなど
                    └────┬────┘
                         │
┌──────────┐        ┌────▼──────┐  +モーゲージブローカー  +銀行，S&L
│権原保険・ │───────▶│アプリケー │  +HomeAdvisor, IMX Exchange, eJumbo, Mortgage.com
│情報提供  │        │ション     │
└──────────┘        └────┬──────┘
 +The First              │
 Financial          ┌────▼──────┐  +銀行，S&L
 American           │アンダーライ│  +PMI Aura, Freddie LP, Fannie DU, ARC Systems
                    │ティング   │
                    └────┬──────┘
                         │
                    ┌────▼────┐  +銀行，S&L
                    │ 実行    │  +nNote.com, ALLTEL, Xpede, Mortgage Bot
                    └────┬────┘
                         │
                ┌────────▼──────┐  +銀行，S&L        ┌──────┐  +Salomon Smith Barney, Merrill
                │ファンディング │  +Freddie Mac, Fannie│証券化│  +Pedestal, Ultraprise
                │              │   Mae, GMAC        └──────┘
                └────────┬──────┘
                         │
                    ┌────▼──────┐  +銀行，S&L
                    │サービシング│  +Fiserv, EDS, CSC
                    └───────────┘
```

図3－1　モーゲージ業務のプロセス
(出所：野村総合研究所（2002）『変貌する米銀』野村総合研究所)

　アメリカのリバースモーゲージ市場では，セキ氏のようなモーゲージ・ブローカーが，リバースモーゲージ市場に果たす役割は大きい（図3－1）。アメリカでは，住宅資金の借入を検討する場合，その75％程度が，金融サービス会社（銀行，S&L，モーゲージバンク，ファイナンスカンパニー等）の店頭に，直接，本人が出向く。あるいは最近では，インターネット上のサイトを利用して申し込むパターンが一般的である。しかし残り25％のケースでは，モーゲージ・ブローカーに，ローンの種類・条件についての助言を求め，また必要書類の準備・作成を依頼する。この場合のモーゲージ・ブローカーが受託する業務は，借入金利のパターンや融資期間，あるいは手数料などについて，数百種類にも上るローン条件の中から，顧客に最も適当で

有利な組み合わせを助言し，また融資申し込みに必要な手続きの代行をする。モーゲージ・ブローカーの報酬については，従来は借り手が，貸し手に支払う融資契約の手数料の中に含まれていた。しかし，この報酬方式では，借り手に疑念を持たれる危惧があるため，予め標準報酬額を明示する方法で，貸し手とブローカーの距離・関係を明確にして，「借り手側の代理人」たる新しいスタイルが定着化し始めてきている[39]。

　リバースモーゲージの場合は，とりわけ融資のシステムが馴染のない仕組みだけに，貸し手の説明だけでは借り手が決断しかねるケースも予想され，金融サービス会社の方も，積極的にブローカーを介した販売に取り組んでいる。セキ氏の場合も，HECM の販売業務に携わるモーゲージ・ブローカーとしてのライセンス（写真3－3）を取得後，協会のメンバーとして登録して，法定のカウンセリング（写真3－4）を行い，仲介業務に当たっている。

　リバースモーゲージ市場に顕著な明暗については，それぞれの自然環境に基づいた市場経済の相違が大きな要因であることは確かであるが，いま一つはリバースモーゲージに対する政府の取り組みの格差にも基因している。

4－2　住宅市場とリバースモーゲージのジレンマ

　1990年代末頃に，その端を発するハワイの住宅価格の急騰は，若年層世代の持家取得を困難なものにしている。したがって相続を誘発する可能性が高く，リバースモーゲージの普及からすれば逆風となるはずなのだが，アメリカのリバースモーゲージでは，その資金用途として，子に対する金銭的支援は規制されていない。したがって子が自分の住宅を購入しようとする場合でも，親のリバースモーゲージ・ローンによる資金を当てにしているケースも少なくない[40]。

　しかし，こうした事態は，由々しき問題を潜在させている。リバースモーゲージ本来の目的は，"house rich, cash poor" 状態の高齢者（62歳以上）が，その老齢期を，子に依存しないで，自らの経済的自立のための手段として用意されている福祉プログラムであるはずである。持家高齢者の自助的な高齢期の経済的自立のためのリバースモーゲージが，本人のではない，別の用途に流用されるケースは，深刻な家族内のトラブルを誘発する畏れがある。

写真3－3　NLMLA 登録証

写真3－4　FHA 指定の HECM カウンセリングに使用している冊子（Seki, Jean 提供）

この種のトラブルは，被害者が老親であり，関係者が子供や親族であったりするだけに，隠蔽性が強く解決は難しい。テキサス州は，全州の中で，最後にリバースモーゲージ・ローンの自由販売を承認した州であるが，その躊躇した理由は，高齢者の財産（持家）が，容易に現金化されるリバースモーゲージ・システムに，逆に"危うさ"を懸念していたからに他ならない。

もちろん，持家という私有の財産処分（使途）に対して，法的にも何らの制約は設けられないが，しかし高齢期の福祉的目的を標榜している公的なリバースモーゲージの場合は，制度基盤である住宅市場の需給の不均衡性に起因した結果として，住宅市場の騰貴性（投機性）を鼓舞する方向に福祉目的の融資資金が流用されていると，理解できなくもない。

ハワイの住宅市場における過剰な需要に起因した住宅価格の上昇は，リバースモーゲージ市場の基盤を補強するだけでなくて——皮肉な結果として——本義的な高齢者福祉の目的から外れた方向に向いている懸念を払拭できないといったジレンマを惹起させている。

またハワイでも，リバースモーゲージ市場の大勢を占めている HECM は，低所得者層向けの公的プランであるから，融資極度額にも地域別限度が設定されている。したがって高級住宅の所有者にしたら，その利用に難があるのだが，低所得者層の持家であっても，その地域によっては市場評価額は急騰しているから，リバースモーゲージを利用しにくくなっているといったジレ

第3章　ハワイ州の住宅市場とリバースモーゲージ　　129

ンマもある。とはしながらも，子供のない高齢者夫婦や単身高齢者にすれば，住宅価格の高騰はリバースモーゲージに対するニーズ（期待）を高めるものには違いない。ハワイでも，退職年齢が引き下げられ，退職金も期待できない方向にあるだけに，持家の運用・処分は重要度を増してきている。

　ハワイの企業トップ242人を対象にした，現状の企業内退職制度についての意識調査の結果は，96％の回答者が，将来的には退職者コストの削減を検討していることが確認されている[41]。こうした企業の趨勢は，近い将来は退職年齢の引き下げや，退職手当などの縮小を示唆するものであることから，個人年金制度の自己加入やリバースモーゲージの活用など，高齢期の自衛的な経済的自立は個々人のライフプランにおける重要な要素となってくる。

　現在のオアフは，次のようなジレンマを抱えている。
(1) 少子高齢化社会とリバースモーゲージ。
　　社会の構造的な少子化現象は，持家に対して子の相続の可能性を高めるものであり，一方，親の高齢（長寿）化は"house rich, cash poor"な状態の老齢期の延伸と現金（収入）を必要とする高負担な老後といったジレンマを惹起させている。
(2) 住宅市場の活況とリバースモーゲージ。
　　最近のオアフの活発な住宅需要が住宅価格を急騰させていることから，持家の資産性（市場価格）は向上し，その結果として子の相続意欲も亢進している。その帰結として，市場への中古住宅ストックの供給が低下して，また中古住宅の価格を押し上げる圧力になる。リバースモーゲージからすれば，住宅の市場価格の上昇は順風であるだけに，そこにまた新たなジレンマが生じる。
(3) 高齢者の持家負担の軽減措置とリバースモーゲージ制度。
　　高齢者に対する不動産税の特例の適用は，高齢者の持家負担を軽減し，高齢者の「住み替え」の必要性を低下させることから，市場での中古住宅ストックは枯渇化して，また高い需要，低い供給といった売り手市場を形成するジレンマが生じる。
(4) 住宅政策と低所得者層。

1988年初頭に，開発業者に対して「60％低価格住宅」の供給を強制した政策は，業者側には不評であり，開発事業に対する事業意欲を削ぎ，消極的態度を醸成した。その結果として，低所得者層は低価格住宅の取得がますます困難になり，代わりに賃貸住宅市場の家賃上昇を招来させるといったジレンマが生じた。また賃貸住宅市場の活況は，海外投資家の関心を引くことになり，賃貸住宅の需要も喚起させ，ますます住宅市場を需要過多に追いやるジレンマを生じさせた。

(5) 郊外住宅地の開発促進政策。

　郊外住宅地開発の政策的促進は，交通輸送費の上昇や交通麻痺を惹起し，農業用地も減少させたことから始まる水資源の枯渇と，そのリサイクル化も必要になった。その結果として財政を圧迫し，増税見直しを招き，ひいては個人家計を圧迫し，低所得者層により偏重した住宅取得能力の低下といったジレンマを惹起させた。また郊外住宅地の拡大化は，結果として階層分離を進行させ，住宅地の住民階層の固定化に繋がることから，住宅ストックの流動性を狭量なものにし，資産格差まで生じるジレンマが顕在化した。また郊外住宅開発は，地権者である少数地主に富を偏在させるものであり，ゾーニングや開発許可に対する地主の調整圧力を増大させ，また貧富の格差も拡大化し，不動産市場の公平性までも阻害するといったジレンマを惹起させた。

(6) 軍事基地関連の公共投資の功罪。

　アメリカの国防関連の生産や雇用は，各地域に偏在しているが，ハワイ州の雇用に占める基地関連の雇用比率は，コロンビア特別区18.2％，アーカンソー州12.7％に次いで，12.3％と高位である[42]。今日，ハワイ州の土地の5％相当（23万9000エーカー）を軍関係が利用し，行政の使用する公用地は28％である。軍事施設用地の高い土地占有率は，開発用地を狭小化させている点においても，ジレンマとなっている。ファースト・ハワイアン・バンク（First Hawaiian Bank）の副社長であり，チーフ・エコノミストであるラニィ，レロイ（Laney, Leroy；1993）は，土地の狭いハワイでは，軍用地を市民に引き渡す方法も悪くないが，しかしそのやり方では，住宅産業にとって一時的なカンフル剤

程度の効果でしかなくて，軍事基地のように，ハワイ経済に，毎年，外部資金の注入を約束するものではないと警告している(43)。

　冷戦終結後のアメリカでは，その国防予算も全体としては縮小の方向にある中で，ハワイの基地に対する公共投資が削減されていないのは，脆弱なハワイ経済に対する経済効果を考量した結果に他ならない。資料によると，ハワイの軍事基地に関する政府支出は，1987年48億1100万ドル，1995年74億5000万ドル，2000年90億1500万ドルと，むしろ増えてきている(44)。しかし，こうした傾向は，基地関連工事の発注を増大させ，地元建設業者の繁忙に繋がり，強気な建設相場を形成し，結局は住宅価格上昇とする連鎖反応を惹起させ，結果としてジレンマが生じてくる。オアフは，建設業者間の競争原理の働かない狭隘な市場であり，なおかつ建設資材の全てが船舶輸送費を含むことから，割高な住宅価格の市場を構成することになる。

(7) 地理的条件に起因する経済的特徴と税制効果。

　オアフは，南北に並列した山脈を抱えた地形的特徴からして，狭隘な平坦地は住宅開発が制限的であり，また人口増加などの要因もあって，住宅価格は騰貴的である。

　開発者に課する公的負担の調整は，少数の地主勢力と行政の思惑に委ねられている向き(45)もあって，オアフの住宅市場は将来的にも売り手市場が続きそうである。本土の住宅市場と似たような流動性に優れた市場を目指すのならば，持家の買い替えには税制上の促進措置が用意されなければならない。しかし住宅ストックの供給能力に限界点が明らかなオアフの場合は，いたずらに市場を加熱させる畏れがある。さりとて，買い替えに対する加重課税も論外であることから，税制の単独的な市場調整には期待できないとするジレンマがある。後述するところであるが，不動産の資産税の軽減措置にしても，単純には，住宅市場の活発化に貢献しないで，むしろ硬直化に利する効果の方がより強いかもしれないといった点においてもジレンマと言える。

　2004年に，マノア（Manoa）に建っている，築後50年を経過した既存の

戸建住宅（2-bedroom, 1-bathroom）が売り物件として市場に出たが，その売買契約が成立した最終金額は62万5000ドルであった[46]。この建物は老朽化しているから，その評価額は低いはずであるが，人気の高い地域だけに中古住宅に対する需要も根強く，したがって販売価格も急騰している。

　アメリカの場合は，売り物件に複数の購入希望者があるときは，オークションになる。日本の場合ならば，申込の順位によるか，あるいは抽選などで買い手を決めるのが一般的であるのに対して，アメリカは，あくまでも自由競争社会であることが確認できる。

　リバースモーゲージに限らず，持家を担保にしたホーム・エクイティ・ローンを検討している高齢者は，今の時期を千載一遇の好機と捉えている。こうした市場について，セキ，ジーン（Seki, Jean）は，「オアフでは，住宅価格の値上がりが続いており，6カ月前に58万5000ドルだった住宅が，わずか半年で68万5000ドルにまで急騰している。現在，ハワイの戸建住宅の平均価格はおよそ43万9000ドルであり，この平均価格がわずか1カ月の間に1万5000ドルも上昇している過熱ぶり」だと説明している（2003年6月）。

家族型リバースモーゲージ商品の提言

　ハワイ州の中でもオアフは，住宅の市場ストックが少ない点から，親子間の住宅売買契約をリバースモーゲージ・システムにアレンジしたプログラムは，ハワイの住宅事情に相応しいものといえる。親から子に，その持家を割賦支払方式の売買契約に基づいて譲渡する。リバースモーゲージ制度に規定されている居住形態上の制約等はなくて，親子同居や別居，あるいは第三者の同居でさえも契約履行上の解約・停止条件としない。子が親の住宅の相続を選択しないで，親から住宅の所有権を取得するメリットについては，単純，かつ明確にしておかなければならない。親に支払う割賦金の年額が，子の毎年度の所得税課税上の控除対象となり，譲渡する親の方も譲渡益課税を免除される。また契約上，発生する流通税なども免除される。ただし，住宅の譲渡価格の決定は，鑑定人による評価額に基づくものとする。このプログラムに関する課税控除や免税の法理的根拠としては，契約趣意である福祉的目的

を鑑みているからと説明することが可能である。

このプログラムは，複数の子がある家族の場合でも，相続問題を複雑にしないメリットがある。また親子間における「扶養」や「介護」などの義務も，伝統・慣習的であるだけに曖昧な相互依存関係であり，このプログラムに包含する契約的観念をもって，改めて家族で，協議し検討する好機かもしれない。

このプログラムの課題の一つとして——日本ばかりではなくアメリカにおいても——居住用資産の親子間売買取引については，課税側のチェックが厳しい。その理由としては，親子間では（親族間でも），不当に低い（周辺の取引事例に比較して）価格で売買される事例が多く，所得税や贈与税などの不当な租税回避を阻止したい課税側の意向がある。しかし行政側も，このタイプの不動産取引に対しては，リバースモーゲージ制度の「ファミリーモデル」として，取引契約の標準（平準）化を進める方法で売買取引そのものを単純化し，一般取引とは別扱いにして支援し，税法上のインセンティブ措置などの用意も必要である。これまでの税法の法理にも，最近の社会経済に普遍的な観念的変容が影響しないはずがない。少子高齢化社会に基因するライフスタイルの変容によって，持家資産などの場合も，その貨幣的価値の他に——広義的捕捉に基づくものではあるが——福祉的効用の領域までも探索しようとする時代に，われわれは立脚している。

4－3 リバースモーゲージ関連法

1999年の第20回ハワイ州の上院州議会・通常委員会では，リバースモーゲージ制度関係法案について，次のように報告されている[47]。

リバースモーゲージ制度は，一般のホームローンと資金の流れが反対であり，持家所有者に資金を先行して融資し，その返済は，原則として，死亡時か，その家を第三者に売却するときまでは求めない仕組みである。同委員会は，リバースモーゲージが，高齢者が持家資産による固定収入を獲得する方法として次第に普及しつつあるのだが，リバースモーゲージは誰にでも適切な方法ではなく，そのプランの融資方法，利用者の年齢，また現在，および将来の資金の必要性などの条件によって生じる利益，不利益などについても，

利用者に，十分な理解を求める必要がある。

また同委員会では，リバースモーゲージの方法について，以下の点に注意を促している。

(1) 要求されているカウンセリングを実施しない貸し手が，ハワイ改正法 480－2 節に規定された取引・商行為に該当する行為であること。また，不公正，詐欺行為，不公平な競合などを強要する行為が違反である点などを盛り込んだ文言と従来の罰則的文言を置き換えること。
(2) すべてのリバースモーゲージが，HUD によって保証されているのではない点，また他州にも融資が可能であること，融資する場合には，事前のカウンセリングを要求している連邦法に適応すること。
(3) 必要以上に規約を専門的にすることや複雑化しないこと。

ハワイ州議会によって決定されたリバースモーゲージ規約には，さらに次のように規定されている。

(1) リバースモーゲージ申込書を受付ける前に，融資側はすべての利用者に対して，アメリカの HUD から承認されている団体が実施する「カウンセリング」の受講が必要なことを説明しなければならない。また融資側と利用者は，受講日，住所・氏名，電話番号などを記載した書面に署名するなどの方法で「受講」を確認する必要がある。こうした手続きを経てから，リバースモーゲージ・ローンが実行され，継続されていく。
(2) こうした手順を怠った融資側は，その融資そのものが詐欺行為とみなされ，懲罰的でアンフェアーな取り扱いを受けることになる。
(3) リバースモーゲージは，利用者所有の住宅資産上に担保設定された金額を極度として融資するものであり，その清算は，債権譲渡，最後の配偶者の死，主たる住居としての使用を将来的にも放棄した場合，あるいは利用者自身の破産などによって始まる。
(4) HUD によって保証されている。
(5) ファニーメイに売却される等である。
(6) その他としては，以下のようである。
　① 資産評価額の範囲内での最高額のノンリコース・ローンであり，

② 居住用家屋の資産評価額を極度額とした前払いであり，

③ 返済を希望するか，清算時期の到来まで元利ともに返済義務は負わなくて，

④ 連邦法や州法によって認定された特定の金融機関が扱うローンである。

ハワイのリバースモーゲージについて，グーツゥンタッグ，ジャック (Gueetntag, Jack) は次のように論じている[48]。

「連邦住宅省の連邦プログラムである HECM の発展に伴って，1988年から長期展望に変化を来たしている。プログラムに――連邦政府の指導の下で――高齢利用者保護条項を新たに盛り込み，また高齢者の受給金額も増加方向に変わってきている。現在，ハワイのリバースモーゲージの95%が HECM であり，残りのリバースモーゲージ商品はファニーメイやフィナンシャル・シニア・ファンディング・コーポレーションが主に扱っている。もちろん，他の種類のプログラムも各州や市にはいくつか用意されている。このところのリバースモーゲージの普及は，過去最高の勢いである。新しい HECM は，2001年度の7781件から，2002年には1万3048件にまで増加している。しかし活発な住宅市場からすれば，まだ不十分な低い成果でしかない。高齢者の増加とともに，リバースモーゲージも必要なものになっていくのだが，こうした情報がまだ多くの高齢者に届いていない。本格的な普及はこれから始まることになる」。

5　ホノルル市・郡の不動産資産税と鑑定評価方法

1981年7月1日，初めてハワイ州はすべての不動産資産に課税することを決定し，他の各郡においても統一された[49]。1948年初頭には個人の不動産資産にも課税されるようになっていたのだが，当時，実際に課税対象となる個人の不動産資産はなかった。

不動産資産の内容としては，土地，土地の従属物，建物，構造物，フェンス，それらの改造物すべてが該当するものであり，それらの施設に設えている機械設備や基礎なども包含されている。それらが，たとえ土地の上に固定

されていなくて，比較的，容易に移動することが可能な場合であっても課税の対象とされる。ただし農作物などは除外されている。

この不動産資産税は，日本では固定資産税（土地，建物，償却資産）に相当している。ドイツの法律においても，不動産を特別な資産としては扱わないし，ドイツ憲法や民法典上における所有権の規定でも，動産と不動産の区別がない。不動産の鑑定評価は，不動産鑑定委員会が行うのだが，日本と同様であり，主に取引事例の比較手法に基づいて鑑定している。また賃貸用収益建物の場合は，賃貸収益を基にした収益方式であり，原価方式は，土地価格と建物価格の合算による評価であり，主に自己使用目的の不動産に使われている[50]。

不動産資産の定義としては，『法学辞典（Black's Law Dictionary Sixth-Edition）』によると，「土地，そして一般的には土地の上に育つ，あるいは固定されている全て」と定義されている（p. 1218）。また『金融投資辞典（Dictionary of Finance and Investment Terms）』には，「土地，そしてその定着する全ての資産であり，家屋，樹木，フェンス，その他，全ての施設」と定義されている（p. 492）。

日本では，不動産は，土地と建物に限定していて，償却資産とは明確に区別しているのに対して，アメリカの場合は，償却資産も不動産として包括している点からも，その資産観における相違は明白である。そのことは，アメリカが「利用」に重きをおいているのに対して，日本の場合は，その「所有」，言い換えるならば，将来のキャピタル・ゲインを期待した広義の担保価値に重きをおいている点の相違に起因している。

こうした資産観の相違は，日米両国の不動産鑑定方法にも明確に表顕されている。アメリカにおける不動産の価値（価格）の測定は，不動産の収益性について客観的な評価水準から算出する方法が主流であり，したがって収益還元法がすでに30年ほど以前から普及している[51]。アメリカでも，かつては収益用不動産の価格も原価法や取引事例比較法で算出されていた経緯はあるが，やがて社会経済の発展に伴って，不動産市場においても賃貸収入などの具体的な損益計算に基づいた不動産の収益性が重視されるように変化してきている。また，収益還元法についても，時代とともに変遷と発展を繰り返

し，現在では DCF 法（Discounted Cash Flow Analyses）[52]が最も普及している手法である。日本の現行の不動産鑑定方法は，土地の場合には，主として周辺の土地売買価格の比較から算出する取引事例比較法を適用している。しかし，この取引事例比較法に基づく鑑定評価は，地価上昇気運の市場にあっては，さらにアクセラレイトし，逆の場合にも同様に働くメカニズムであることから，その不動産市場に与える影響は侮れない程である。取引価格が大きい不動産売買では，各事例のそれぞれに想定される，売り手や買い手の思惑や事情が反映されるはずの取引内容（契約金額など）をもって，重要な評価基準に据えている現行の鑑定方法は，不動産市場の健全性を取り戻す目的からしても，検討されなければならない時期に直面している。

　日本の場合は，不動産の概念としては，土地そのものであり，その他の定着物は除外されているが，建物については「不動産登記法に基づき登記簿に記載されうる建物」と規定している。民法（第86条）には，「土地及びその定着物は之を不動産とする」と規定され，土地，建物が不動産であると規定されている。しかし工場抵当法の中では，工場の敷地（土地）と工場（建物），そしてその工場内部に設備されている機械設備類などを総括して，一体の不動産とみなしている。また樹木の場合は，「立木に関する法律」に規定されていて，登記された場合には，独立した不動産とみなしている。カナダの不動産資産課税も，ほぼアメリカと同じである。

　オアフでも，不動産資産税は，一般的には，所有者に対して課せられる。しかし，借地・借家人，あるいは売買予約契約者に対して課税する場合もある。1965年の改正では，借地・借家人に対する課税は15年以上の長期のリース契約における戸建住宅用敷地に加えられた変更にのみとされている。その他の改正としては，資産評価などに大幅な変化が生じるおそれのある特定区域にある資産の場合は，所有者から借地・借家人への所有権の移転を制限する規約もある。公共資産のテナントの場合も，その契約が長期の場合は所有者とみなされて課税される。ただし居住用の目的に限定した契約や月単位のリース契約の場合は適用から除外される。課税免除の資産についての特定は，各郡独自の取り決めによる。

　非課税資産として次の項目が挙げられている。

(1) 居住用資産として所有，あるいは居住している家屋（コーポラティブ・アパートメント，コンドミニアム，長期リース契約物件）。
(2) 障害を持つ退役軍人の住宅。
(3) 特定の用途，あるいは郡資産管理担当者からその旨の認定を受けた都市部の土地。
(4) ハンセン病罹病者の所有する2万5000ドル以内の資産，あるいは資産価値の減免。
(5) 視覚・聴覚障害者が所有する2万5000ドル以内の資産，あるいは資産価値の減免。
(6) 学校関係の用途に供する資産。
(7) 公立病院，あるいは看護施設。
(8) 教会，あるいは宿泊サービス提供の施設。
(9) 一定条件に該当する公的用途に供する資産。
(10) 労働組合，公務員，連邦関係職員用の資産。
(11) NPO関係，記念館，社会サービス・教育的な博物館，図書館，芸術関係施設類。
(12) パルプ・紙業関係の用途に供されている資産（5年間の免除）。
(13) 合衆国，州，郡に帰属する資産。
(14) 私的製造物の製造に必要な機械・設備として分類されるすべての設備類。
(15) NPOや法律に定められた低所得者救済用宿泊施設。
(16) 農作物用倉庫（10年間の免除）。
(17) 大気汚染処理用設備。
(18) 代替エネルギー関係設備類。
(19) 歴史的遺産（居住用資産）。
(20) 信用組合の所有する，あるいは借用する資産。
(21) 屠殺場。
(22) 1999年1月1日以降に着工して2003年6月30日までに完成している上記該当施設。

ハワイの一般消費税（General Excise Tax）は4％であり，食品から医薬品まで一律課税であるが，持家の課税負担（residential property tax burdens）に対する軽減措置が設けられていて，しかも加齢とともに軽減されていく仕組みがある。

　その適用を受けるためには，① その住宅が資産台帳に「主たる住居」として登録されていること，② 住宅の所有権が登記されていること，③ 減免措置の適用を申請すること，などが要求されている。また，その軽減規定は郡によって相違するが，ホノルル郡の場合は，1990年7月1日から，4万ドルが基礎控除されている。55歳以上の所有者は6万ドル，60歳以上は8万ドル，65歳以上は10万ドル，70歳以上は12万ドルと，段階的に軽減されている[53]。

注
(1) *The State of Hawaii Data Book 2000*, p. 215, 216.
(2) 2003 STATE OF CITY ADDRESS.
(3) Lifestyle & Recreation, *Pacific Business News*, Feb 20, 2004.
(4) Hickam Housing Privatization, http://www2.hickam.af.mil/housing/privmh/
(5) Real Estate, *Pacific Business News*, Jan 30, 2004.
(6) Hawaii Business Magazine: Feature, *Black Market*, by Cruz, Cathy S.
(7) 上掲書参照。
(8) 登録業者の掛金による制度であり，原則的には1件当たり1万2500ドルだが，それ以上の補償額のケースもある。
(9) *"Cost of Living" The Price of Paradise*, p. 29.
(10) 上掲書参照。
(11) June 15, 2004. Real Estate Market Trends, http://www.hawaiianrealestate.com/news.htm
(12) ホノルル市・郡の交通局長や水道局長なども歴任してきた経歴を持つ工学博士として，現在も，日米両国の大型プロジェクトのランド・プランニングを幅広く手掛けている。ハワイ大学名誉教授・Civil Engineer. 2004年6月15日，ホノルル市内で取材。
(13) 注（11）参照。
(14) 米国小売大手各社の2〜4月期決算から，個人消費の好調と，家屋改修向け需要が引き続き堅調の様子から，中古住宅取引の好調ぶりを示唆している（日経MJ，2004年5月25日）。

(15) ハワイ大学経営学部名誉教授。ホノルル在住。日米不動産事情に精通。著書多数。
(16) 『少子高齢社会のライフスタイルと住宅』第5章参照。
(17) 持家を買い替える方法で，次第にアップ・グレイドしながら，資産価値を高めていく目的があり，その「必要性」以上に，むしろ資産形成を優先させている，アメリカ社会ではごく一般的な行為。
(18) 鉄道敷設計画：2018年完成予定。2005年秋に，ホノルル市長は訪日して鉄道事業への協力企業を求めた。
(19) Web Site；http://www.hcdch.state.hi.us/hulamae.htm
(20) Counseling Center Opens Doors to Home Buyers, *Hawaii Business Daily*, Oct. 27, 2003.
(21) 行政が，新たな住宅地開発に対して，全体区画の60％を低価格住宅とするよう義務づけした政策(Affordable housing requirement)。*The Price of Paradise; Lucky We Live Hawaii?*, p. 156.
(22) 1年間を52週に分けて，週単位で利用するリゾート用コンドミニアムの共有プログラム。権利関係は複数の種類がある。アメリカでは，タイムシェア市場が確立しつつある。『少子高齢社会のライフスタイルと住宅』208頁参照。
(23) 所得制限などいくつかの適用制限規定のある，低所得者向けの低利の住宅ローン。
(24) Real Estate Market Trends, http://www.hawaiianrealestate.com/news.htm
(25) 『リバースモーゲージと住宅』第5章参照。
(26) Real Estate Market Trends, http://www.hawaiianrealestate.com/news.htm
(27) Plasch, Bruce S. & Rose, Louis A., *The Price of Paradise: "Affordable Housing Requirement"*, Mutual Publishing, 1994. Smith, James R. & Smith, Diane, *Living and Retiring in Hawaii The 50th State in the 21st Century*, Universe, 2002, p. 40.
(28) James R. & Smith, Diane, *Living and Retiring in Hawaii The 50th State in the 21st Century*, Universe, 2002.
(29) Hawaii Business Magazine: *Real Estate "Hot, Hot Market"*.
(30) 『プライベートピア』293頁。
(31) Hawaii Business, April, 2004, p. 47.
(32) Executive Office on Aging State of Hawaii (1998), *The Hawaii's Data Book for Older Adults*, 7-6.
(33) Wells Fargo's Hawaii mortgage business up-2002-06-17.
(34) 同行のリバースモーゲージ・ローン担当者のキムラ，ロベルタ(Kimura, Roberta)。
(35) Sale of Residence by 55-Year-Olds (Hawaii Law: Sec. 235-2.3, 235-3)
(36) The Robert Wood Johnson Foundation & The Centers for Medicare and Medicaid Services *Your Home to Stay at Home Expanding the Use of Reverse Mortgage for Long-Term Care: A Blueprint for Action*, the National Council on the Aging (2005).

(37) コンドミニアム（マンション）がリバースモーゲージの対象になるための条件には，①全体のユニットのうちオーナー（所有者）が51％以上が居住している，②単独で10％を超える持分権者がいない，③90％以上が売却済み，④その他，などがある．(*FHA Spot Condo Affidavit*, A Subsidiary of IndyMac Bank.)
(38) 2005年6月，ホノルル市内の同氏のオフィスで取材．
(39) 野村総合研究所（2002）『変貌する米銀』野村総合研究所．
(40) ハワイ州のリバースモーゲージ制度に詳しい，セキ，ジーン（Seki, Jean）女史の著者のインタビューに対する回答（2004年5月9日）．
(41) Retirement plans: 96% of employers seek cuts. *Pacific Business News*, Jan. 30, 2004.
(42) 『アメリカの労働』44頁参照．
(43) "*Just how important is the military to Hawaii's economy*", The Price of Paradise, p. 278.
(44) *The State of Hawaii Data Book 2000*, p. 304.
(45) *The Price of Paradise; Lucky We Live Hawaii?*, p. 156 〜 157.
(46) Jean Seki（Reverse Mortgage Company in Hawaii）の談話から．
(47) A Bill for an Act Relating to Reverse Mortgages which was referred S. B. No. 1134 entitled http://www.capitaol.hawaii.gov/session1999/acts/Act50_hb1072.htm
(48) Gueetntag, Jack（professor of Finance Emeritus at the Wharton School of the University of Pennsylvania）: Hawaii Information Service: Consumer Real Estate News, April 14, 2003.
(49) *Taxes of Hawaii 2003*, Capter 11.
(50) 『西ドイツの都市計画制度——建築の秩序と自由』144頁参照．
(51) 『これからの不動産価格はこう決まる』15頁参照．
(52) 投資金額と期待できる将来の収益の均衡を計算する方法．
(53) *Taxes of Hawaii 2003*, p. 277.

第4章　環境とリバースモーゲージ
── 沖縄本島とオアフ島の比較

　本章の目的は，地理的条件が相似しているオアフ島（ハワイ州）と沖縄本島（沖縄県）の両島を対比させながら，それぞれの「自然環境性要素」と「市場経済性要素」を与件として，両島の「島嶼性」と「住宅市場」との関係，さらに「居住福祉制度（リバースモーゲージ）」との関係にまで及んで比較・分析する点にある。また両島を選択した理由としては，それぞれの自然環境と人間社会環境との接点が，比較的，近距離であり，明快であるから，相対的な環境要因を考察する上では好都合と考えたからに他ならない。

　生態学的視点からすれば，我々の周囲には，「無機的環境要素」としての，光，温度，水，空気，土壌などがあり，「有機的環境要素」としては，同種・異種の生物の存在がある。

　生物と環境との関係では，相互に作用・反作用[1]が繰り返され，複雑に絡み合いながら影響し合っている。その様は，しばしば過疎・稠密であり，また肥沃・荒廃であったりもする。我々が，人間の居住や福祉を探ろうとするとき，自然環境との相関性（作用・反作用）を無視することは無謀な試みとなる。

　自然環境性要素は，農林水産関係，リゾート関係，発電（水力・風力）関係などから，ウェザー・デリバティブ（weather derivatives）など金融・証券・保険市場にまでと，有機的環境要素的存在である人間の社会経済に，実に広汎に及んで影響を及ぼしている。二つの要因の相対関係における「優性・劣性」は，グローバル・マーケットの下にあっては一律的ではない。とはいいながらも，人間社会が自然環境の中で紡ぐ「市場経済」は，煎じ詰めれば，「自然環境」の中で許容された規模の人為的な営みに過ぎない。その市場経済性要素が惹起する反作用が，自然環境を破壊することを危惧し，自然環境の保全・育成に努めなければ，詰まるところ，市場経済の未来を描く

ことはできない。

1　自然環境と住宅市場

1－1　自然環境とコミュニティ

　気象や地形などの自然環境条件が，その地域の「暮らし」全般にわたって基盤的な影響を及ぼすものであることに異論はない。

　沖縄本島の全体的な形状は，南北に細長く伸びて帯状を成している。したがって各市町村間を結ぶ場合には，南北の単線的な往復となり，不便で，非効率的な移動を余儀なくされている。沖縄本島の北部の大半は平坦地も少なく，その東西の沿岸部が高低差のある急な傾斜地であり，港湾に不適な地形である。その地形的特徴が企業の進出などには阻害条件となり，結果として北部地域全体の経済活動を極めて低調なものにしている[2]。したがって古くから点在している村落（コミュニティ）の過疎化が進行し，孤立している。

　こうしたコミュニティに見られる規模の縮小は，移動能力の低い高齢者の生活には深刻な影響をもたらすものである。またコミュニティの構成員数の減少は，地域の経済活動までも低調にさせ，予算配分も削減されて，そのインフラも衰耗していくといった悪循環を招来する。そうした実態は，村落の中にあって，唯一，日用品供給（物品販売）機能を担っている「共同販売所」[3]に象徴されている（写真4－1）。

　コミュニティの世帯数が一定水準を割り込んだとき，その地域に生活サービスを供給していた商業施設は（医療施設も）撤退を決断した。また交通機能にしても，採算上の理由から，朝晩の通勤・通学時間帯に絞った制限的な運行に変わり，個人的な移動手段（自動車運転）を持たない高齢者の生活利便性は大きく損なわれている。

　ハワイ州オアフ島の場合は，沖縄本島とまったく異質な様相を呈している。オアフ島の村落の場合は，海外からの旺盛なリゾート需要の他に，政府が推進している事務所併用住宅政策（SOHO）[4]なども奏功して，島の北西部の一部を除けば，その世帯分布は適度に分散している。各村落（コミュニティ）が一定規模の世帯数を維持できているから，道路網から通信設備や教育

写真4−1　共同販売所

施設まで，インフラ整備の方も進んでいる。また日常生活に必要なほとんどのサービスを1カ所（ワン・ストップ）で供給できるショッピング・モールも，点在している村落のほぼ中間的位置に配していて，地域の生活利便性は確保されている。

　逆に懸念されている点は，人口流入が活発なオアフ島では，居住地の広域化と併行して通勤時の交通渋滞の悪化など，リゾート観光地と相反するジレンマは深刻化するばかりであり，インフラ整備の問題から環境汚染問題までと抱えている課題は少なくない。

1−2　自然環境性要素と市場経済環境性要素の比較

　オアフ島と沖縄本島のコミュニティの格差は，「自然環境性要素（geographic features）」と，「市場経済環境性要素（marketing features）」の，二つの要素に基因している。

　オアフ島の「自然環境性要素」としては，
　(1) 亜熱帯性気候であり，避暑地，避寒地のいずれにも適合する気候。
　(2) 島の形状が梯形。
　(3) 太平洋上の東西両大陸から中間的な位置，などが挙げられる。
「市場経済環境性要素」の方は，
　(1) 年間を通して安定的な観光ニーズ。
　(2) リゾート住宅への旺盛な需要。

第4章　環境とリバースモーゲージ

(3) 移民による人口増加。
　(4) 米軍基地の存在，などである。
　オアフ島は，優れた自然環境を地利（資源）として，観光市場を機軸に，リゾート住宅などへの外貨投資も活発であり，建設産業や不動産関連企業まで，好調が続いている。

沖縄本島の「自然環境性要素」としては，
　(1) 亜熱帯性気候であるが，台風の通過コースに位置していて，年間の半分近くが熱帯性低気圧（台風）などによる風水害の影響を受けやすい。
　(2) 島の形状が南北に帯状。
　(3) 中国大陸寄りの位置にある，などが挙げられる。
「市場経済環境性要素」の方は，
　(1) 台風シーズン中は空路・海路ともに運行に支障を来たす。
　(2) 観光はリーディング・インダストリーであり，観光客数は毎年増加している。
　(3) 県外からの人口流入はあるが，住宅市場は島嶼性から制限的。
　(4) 島内の要所数カ所を占拠している米軍基地の存在，などである。
　沖縄本島の場合は，自然環境性要素，市場経済環境性要素のいずれもが，地域の経済活動を小規模で短絡的なものにしている。とりわけ自然環境性要素の「細長い帯状を成す島嶼性」と，「途中，数カ所に位置する米軍基地の存在」が相俟って，島内のヒト，モノ，サービスの移動や連携を非効率的にしている。また島外（県外）からの人口流入なども影響して住宅地の取得は困難であり，島の南部沿岸の埋立事業は継続化されている。
　過疎化の進行している北部と，過密化傾向の南部とのアンバランスを解消させる施策の一つとしては，「リゾート・オフィス・促進プロジェクト」[5]などが俎上に載っている。沖縄県が，2005年度から掲げている沖縄振興計画[6]（「高度情報通信ネットワーク社会の実現」）は追い風ともなる施策である。離島なども含めた条件不利地域に高速・超高速インターネット・サービスなどの環境整備が実現すれば，人口密度の低い過疎地域が，一転して，快適な自然空間を確保・満喫できる，「自然環境性資産価値」の高い"SOHO

専用地域"に変貌することも現実的である[7]。過疎地の特徴である「住む人が極端に少ない地域環境」を,「自然の状態が維持されていて喧騒もない地域環境」と評価する「認識転換」ができれば,そのままリゾート好適地であり,リゾート・オフィスの好立地条件にもなる。

　名護市は,金融業務特別地区（金融特区；2002年7月制定）であり,情報通信産業特別地区（情報特区）でもある点から国際的な情報通信・金融特区構想を推進している。こうした特区制定は,税法上の特典や情報通信のインフラ整備などから企業誘致に奏功するものであり,沖縄の自立的発展を目指した沖縄振興特別措置法（2002年4月施行）によって規定されている。

　しかし米軍基地の存在は,沖縄本島にとっては異物であり,沖縄全体の政治や社会経済に不条理な「負の効果」をもたらし,その規模・位置などの変更は常に物議をかもす問題である。皮肉な点だが,オアフ島のリゾート住宅市場や観光産業にしてみれば,米軍基地の存在そのものが,最近,身近なテロ・リスクへの安全弁として評価され,世界中から富裕層のリゾート需要を集めている。さらにその社会連鎖として,外から労働力の流入が起こり,土地の供給力が制限的な島嶼性と相俟って競争的な住宅需要を形成している。移民の多いオアフ島は多民族混合社会であり,そうした社会構造に好感を抱くリゾート需要の勢いも衰えを見せない。

　オアフ島では許容されている自然環境と市場経済環境の共生共存が,沖縄本島においては困難なことであり,不本意な特徴となっている。

1-3　自然環境と住宅構造

　オアフ島と沖縄本島は,ともに亜熱帯性気候ゾーンに位置している。オアフ島は年間を通して降雨量も少なく,乾燥した心地良い日が多い。片や沖縄本島の方は,一年のほぼ半分近くの期間が,台風の到来や接近などによる暴風雨に見舞われる。こうした自然環境の相違が,両島の住宅,とくに戸建住宅の構造や建築費に及ぼす影響は大きい。

　オアフ島の平均的な戸建住宅は,比較的簡便な構造の木造であり,勾配のゆるい切妻型屋根や寄棟風の平屋建てが主流である（写真4-2）。オアフ島では,建設資材の大半を島外調達に依存しているから,日本のような「ス

写真4-2　オアフ島西海岸沿いの戸建住宅（2005年6月撮影）

クラップ＆ビルド」の風潮はない。相当に老朽化した木造住宅でも，修理・改造して住み続ける。しかし，こうした事情には，新築工事の許認可に相当期間を要する行政の対応も大いに影響しているし，また米軍基地からの安定的な建設工事の受注で繁忙を極めている建設業界の都合も無関係ではない。

　最近，砂糖キビ農場の跡地に建てられている住宅は，シロアリの被害を慮って軽量鉄材を使った構造が多く見受けられるが，その建築費は割高であり，一般住宅向けではない。こうした事情から中古住宅市場の需要は極めて旺盛であり，その取引件数も多いことから，持家のサステイナビリティは堅固である。

　また住宅関連のビジネス・モデルも多様化していて，バイ・レット・リース（BLL；Buy Let Lease）[8]やコンバージョン（conversion）[9]などの手法で，既存施設・建物の収益性を高めながら，結果として住宅のサステイナビリティも増強させるといった好循環を実現させている。

　既存住宅の「解体しない継続的使用」は，その環境に重要な価値をもたらすものである。まず一つは，解体しないから「建設廃棄物」[10]が発生しなくて，環境汚染も防止する。また「継続的使用」は，建設資材の長期間使用であり，住宅コストを引き下げるばかりか，再建築に伴う資源を節約し，建築に要するエネルギーまでも節約する。近隣環境に対しても，解体や再建築の工事から発生する騒音・粉塵などの被害，また工事車両の走行による近隣被害・損害（騒音・道路破損）などを発生させないから，環境保全効果の方

も大きい。ちなみに沖縄県でも，2005年7月に「沖縄県産業廃棄物税条例」を公布し，2006年度から政策税制の施行を予定している。

住宅の「現存することの価値＝現存価値」[11]を，「解体・廃棄」する場合の「損失」に対する対立的な価値として捕捉させる手法で，会計上，「現存性評価資産」として計上させ，社会的関心を喚起させられるならば，「環境会計」が果たす役割は重要である。

行政側の態度としては，既存住宅の「現存性」に対して，社会資本のサステイナビリティといった概念的視角から，その建物資産の維持・継続（サステイナビリティ）の環境性効用を，不動産鑑定評価基準を始め，会計処理上はもちろん，関係法規上に明文化（法的普遍性）させ，またそれに対する褒賞的措置も準備しなければならない。また，こうした視角をリバースモーゲージに当てはめたとき，その持家の建物評価を除外している仕組みは明らかに逆進的であり，検討する必要がある。

金融市場においても，中古住宅購入資金と，そのリノベーション（改装・改造）資金を一括融資し，住宅ストックのサステイナビリティの延伸に貢献することは可能であり，すでに欧米社会では「環境金融（environmental finance）」とする独自の概念をもって盛んに実践されている。現実の金融の機能として，融資の際，借り手に対する審査・評価・回収などの各段階で，借り手の環境に対する配慮，事業の社会性，企業理念や倫理などまで確認・評価する方法で，自然環境の保全や地域居住環境（コミュニティ）への配慮を促進させる効果は現実的なものである。

その「環境金融」の実務上の機能としては，「金利の優遇による環境配慮向け投融資の促進，金融の審査・評価機能の中に環境リスクを加味し，投資ファンドで企業を環境・社会的リターンの視点で選別する，あるいは金融市場での環境価値の価格付けの試み，さらに保険の補償機能で環境リスクをヘッジすること」などが挙げられている[12]。

2006年は，「廃棄物ファイナンス」や「バイオファイナンス」などの環境金融セミナーが，欧米各地で頻繁に開催される。こうした動きは，金融機関が「環境配慮」の評価を得ることで国際競争力の増強に繋げようとするグロ

ーバルトレンドの表れともいえる[13]。日本でも，三菱UFJ信託銀行は社会的責任投資（SRI）ファンドを本格的に展開している。みずほ銀行や三井住友銀行なども続いている。地球環境との共存共栄に資する金融機関の責務に目が向き始めたと評価していいのだろう。

沖縄本島では，主に熱帯性低気圧（台風）への防災上の理由から，戸建住宅の大半が堅固な構造の鉄筋コンクリート造（陸屋根）であり，土地も狭小ゆえに2階建の方が多い[14]。沖縄本島も，やはり建設資材の現地調達が難しく，多くは島外から搬入している。鉄筋コンクリート構造の方が，木造に比べたら構造材（骨材）の現地調達率は高い。また埋立造成地には，工場生産の半完成品を船便で搬入して，現地で組み立てる工場生産（プレハブ）型住宅（木質系・軽量鉄骨系・沖縄仕様）が軒を並べているが，沖縄の自然環境性要素（地域特性）から計ってもリーズナブルな工法であり，今後はさらにその販売実績を伸ばすものと予想される[15]。

1－4　自然環境と不動産市場

オアフ島のように，快適なリゾート空間と都会型の商業空間のいずれもが約束されている環境には人口流入も活発である。したがって住宅市場でも，リゾート需要ばかりではなく，地元住民の住宅需要も旺盛である（図4－1）。個人所得も順調に伸びており（図4－2），住宅価格は常に値上り傾向にある。

オアフ島の平均的戸建住宅は簡便な構造が主流であり，その価格は安いはずなのだが，現実の市場価格はアメリカ本土の大都市以上に高額である[16]。皮肉なことに，生存権的資産であるはずの住宅が，ますます手の届かない高額資産に変わってきている。その主な要因は，旺盛なリゾート住宅需要（市場経済環境性要素）にあり，またオアフ島の優れた自然環境のリゾート性（自然環境性要素）の副作用ともいうべき奏功がある。しかし住宅の所有が，極めて効率的で確実な投資行為となっている点も無視できない。その背景を探ると，安直な住宅ローン商品（interest only loan など）の氾濫があり，また不本意な結果として，投機的な不動産投資を助長する住宅税制がある。しかし，こうした投機性に偏重した住宅市場がエンドレスに好転を続け

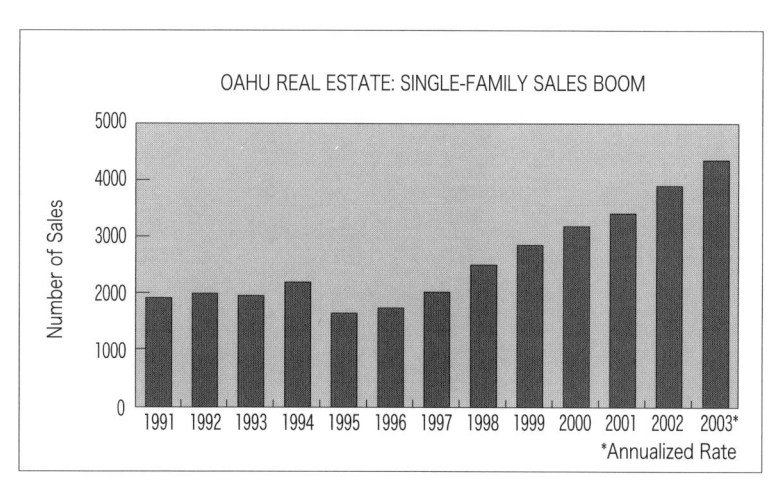

図4－1　オアフの不動産市場（戸建住宅ブーム）

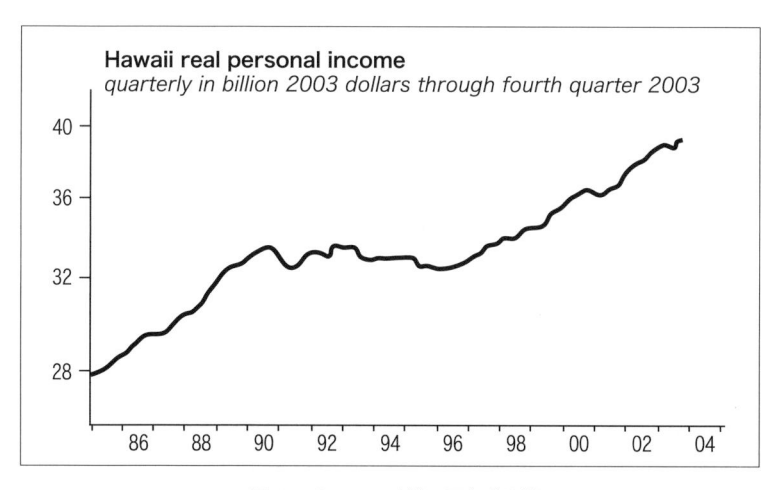

図4－2　ハワイ州の可処分所得

出所：Bank of Hawaii Economics Research Center, April 30, 2004.

第4章　環境とリバースモーゲージ

られるとは誰しもが考えていない。ただ，次に迎えるリバウンドがいかなるものなのか，想像できないでいる。住宅価格の安定的な上昇が，アメリカの多くの家計に余裕を約束してきているだけに，政府関係筋は慎重な対応を模索している[17]。

　片や，沖縄本島の場合は，オアフ島とは対照的であり，厳しい自然条件と向き合う機会が多いだけに，あらゆる経済活動はペースダウンせざるを得ない時期がある[18]。このような両島の比較・分析から学ぶ点は，住宅市場における「自然環境性要素」の優性，劣性が，「市場経済環境性要素」に対しては，成長因子であったり，ときには衰退因子となって働いたりするメカニズムである。

　沖縄本島の場合は，たとえ低所得者層[19]の持家であっても，その構造は堅固な鉄筋コンクリート造の2階建が多い。沖縄本島の住民が，生活の安全を確保するための生存権的必然性に基づいて堅固な建物を選択するのは，毎年，確実に，何回も到来している台風が原因（自然環境性要素）となっている。言い換えれば，沖縄本島では，たとえ低所得者層であっても，取得する住宅は堅固な建物であり，その価格は安くない（木造住宅に比べて）ことから，高齢者家計と同様に，「持家だが現金収入がない，ハウス・リッチ，キャッシュ・プア（house rich, cash poor）」状態に陥ることになる。要するに，家計の住宅関連費率[20]は相対的に高くなり，可処分所得の方が減じられるから，いきおい消費活動は低調になり，活力に欠けた市場を形成するパターンといえる。

　沖縄県の持家率の推移は，1978（昭和53）年の63.3％から，2003（平成15）年の52.3％までと下降していて，借家率の方は，2003年の52.3％と，大都市並みの上昇である[21]。

　沖縄の住宅建設の特徴として，貸家需要[22]が多いのは，住宅価格の「年収倍率」が高いことが要因の一つになっている。「負担の多い持家よりもアパート」といった賃貸住宅需要に繋がり，結果として沖縄本島の賃貸住宅建設件数を高めている（図4-3）。住宅を取得する場合の，個人（家計）負担の軽重は，住宅価格の「年収倍率」から捕捉できる。生存権的資産ともいうべき住宅の取得負担は，富裕層には軽く，低所得者層により偏重的に負担

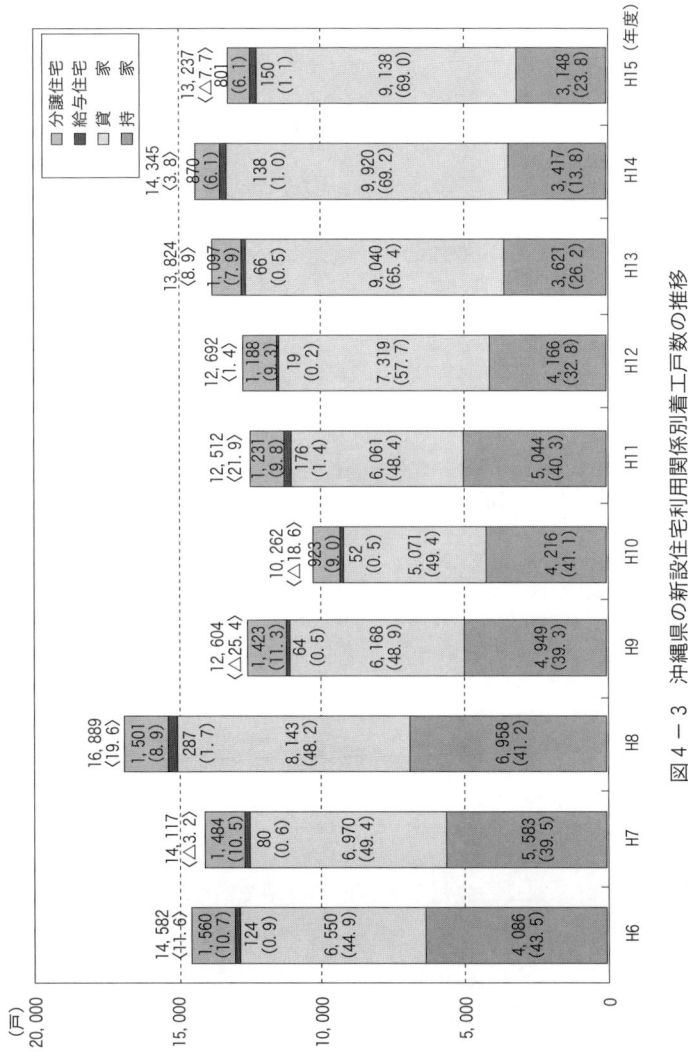

図 4 − 3 沖縄県の新設住宅利用関係別着工戸数の推移

（注）「建築統計年報」（国土交通省） 〈 〉内は、前年度比（％） （ ）内は、利用関係別構成比（％）
出所：沖縄県土木建築部住宅課資料

第4章 環境とリバースモーゲージ　153

を課す，といった不公平性がある。

　(図4－3)「沖縄県の新設住宅利用関係別着工戸数の推移」を一瞥すると，「持家戸数」が減ってきて，「貸家戸数」の方は増え，その「対持家率」も安定的である。「分譲住宅（マンション）」も増えてはいない。無理して「家」を持つよりも，借りて住むスタイルを選好する層が，ある程度のボリュームを占めてきているのかもしれない。また2世代が同居する世帯も増えているのかもしれない。子供夫婦と同居している祖父母が，孫の成長に合わせて，近所のアパートに移り住むケースは，沖縄ではごく一般的な生活パターンであると聞いている。

　住宅の「価格」と「資産性」との間には，次のような「連鎖」が認められる。
(1) 住宅価格の年収倍率が高ければ，家計の住宅購買力（需要）は脆弱になり，結果として，住宅市場の循環性（取引）は損なわれる。
(2) 住宅市場の循環性が低調ならば，中古住宅ストックの取引成約価格も引き下げられて，当初の取得価格とのギャップ（再販価格の下落）に苦しむことになる。転売を急ぐケースでは，ローン債務が残ってしまい，「資産性」が「負債」に反転する「負債化現象」が起きる。このような悪循環は，家計の「収入（返済能力）」と，住宅価格の「年収倍率」との間の不均衡な組み合わせに起因するものであり，沖縄本島の住宅市場にも当てはまる現象である。

2　居住環境（地域特性）とリバースモーゲージ

　沖縄県の場合は，「家は，先祖からの継承財産であり，自家消費財ではない」とする生活意識が根強く残っている。こうした地域特性に対して，全国一律的なリバースモーゲージの仕組みは対立的である。沖縄の地域性として，① コミュニティとの結び付きが強い，② 借家への抵抗感が少ない，③「家」を返済原資としたリバースモーゲージに強い抵抗感がある，などの特質がある。したがって沖縄独自の地域特性を考量した，別のシステムの導入も検討する必要がある。

とくに沖縄本島の場合は，住宅の大半は鉄筋コンクリート造（以下，RC 構造）であり，島内に，木造住宅が少ないのは，台風，腐食（錆），シロアリの3大災害要素によるものである。戸建住宅の価格は本土価格とほぼ同じであり，RC構造の戸建住宅の建築費も最低でも坪単価60万円以上である。建設資材の大半を船舶輸送に依存している点も，建設単価を割高なものにしている。堅固なRC構造の戸建住宅ならば，建物の耐用年数（寿命）は木質系建物の2倍以上であり，したがって資産性のサステイナビリティは高いだけに，土地と建物の担保評価に基づいた貸付額を算定するべきである。

 ちなみにハウスメーカーのリバースモーゲージは，土地・建物ともに担保評価するシステムであり，建物のサステイナビリティが重視されている。居住用資産は，とりわけ地域性が強く反映される資産であるだけに，持家を制度原資にするリバースモーゲージには，地域の特性を勘案できる柔軟性が付与されるべきであり，そうでないなら，本義的な福祉目的を果たせない画餅に帰することになる。

2－1 沖縄県の地域性への対応

 現行のリバースモーゲージにおいては，国と県がそれぞれ，財源を負担して，長期間，融資する仕組みだけに地方財政を窮屈にする面もあり，また制限的なシステムだけに利用できる者も少ない。またリバースモーゲージの全国的普及に対する重大な隘路として，「地域特性」に対する配慮が欠落している。現行制度の仕組みでは，地域固有の生活慣習などに阻まれて，リバースモーゲージの利用に消極的な姿勢を示す社会福祉協議会が少なくない。

 沖縄県の中でも，「家」が，古くから連綿として世代承継されてきている地域特性は，新興住宅地域では見られない性格のものである（写真4－3）。伝統的な集落においては，リバースモーゲージを利用することに強い嫌悪感を抱いている事情については，沖縄県の社会福祉協議会や地元民との取材からも確認できる[23]。一方，新興住宅地の住民は，リバースモーゲージの利用に対しても本土と同様の反応であった。

 住民の平均的年齢が低い新興地域においては，当分，リバースモーゲージの利用対象者は出てこないものと予想される。逆に，古くからの地域（集

写真4－3　沖縄本島の住宅地（2004年3月撮影）

落）では，圧倒的に高齢者だけの世帯が多く，まさに"ハウス・リッチ，キャッシュ・プア"状態であるのだが，因習的な生活慣習が隘路となって，リバースモーゲージの利用は極めて少ないものと予測される。

　オアフ島に顕著に見られる，自然環境やインフラのキャパシティをはるかに超えた住宅市場の膨張は，近い将来，何らかのリバウンドを懸念させるものである。一方，沖縄本島の場合は，複雑な政治的含意を背景にした偏重な公共投資が，予想外の結果として，優れた自然環境を利した地域経済の構築を難航させてきたばかりか，高齢者の生活にも深刻な陰を落としている。

　わが国の社会経済の命題の一つに，天然資源の「有効的活用」と，両面的作用としての自然環境の「保全・保護」の均衡化がある。持家の持つ，「居住効用」と「福祉的効用」を両輪としながら，社会資本である住宅の「サステイナビリティ」までも高められるリバースモーゲージは，広義で捕捉するならば，「居住福祉環境システム（well-being in residence and environment system）」[24]とも括るべき優れたシステムであり，将来，わが国の「自立型福祉社会」の基軸的な機能をつかさどることは間違いない。

　　注
(1)　生態学では，環境が生物に与える影響を「作用」，逆に生物が環境に及ぼす影響を

「反作用」として括っている。
(2) 平成12年2月に，政府，沖縄県，北部地域自治体が策定した「北部振興並びに移設先及び周辺地域振興に関する基本方針」の中には，自然と共生する安心空間の創出，世界に繋がる未来型産業の展開，起業のインキュベーター地域としての位置づけ，地域を豊かにする文化交流型産業の創出，地域産業を支える環境の保全・醸成・活用，産業を支える人材の育成・確保などを基本方針として定めている。
(3) 沖縄の村落では，地域住民たちが共同で，自助的活動の一環として最低限度の生活必需品（米・味噌・醤油などの食品や日用品）を販売する「共同販売所」を細々と経営している。
(4) Small Office Home Office；自宅で仕事をしていて，その専用スペースを確保すること。その方法 家事関連費（光熱費・保険料など）の一部が所得税控除対象となる。ブッシュ政権も個人によるスモールビジネスの推進策を打ち出している。
(5) 過疎地の人口低密度を逆手に取って，リゾート性に優れた好立地条件と発想させた，個人・コミュニティ単位のオフィス・居住併用住宅（SOHO）集積計画。高度情報通信環境である点は重要条件である。
(6) 『沖縄振興施策のあらまし』第2章の4「環境共生型社会と高度情報通信社会の形成」参照。
(7) 2003年12月5日，北部地域ITまちづくり協働機構（HICO）が名護市民会館でSOHOデモンストレーション・フェスタ開催。
(8) 購入したコンドミニアムをリゾート住宅としてレンタルに供するなどの不動産利用方法の一つ。
(9) 既存ホテルの客室などをタイムシェア（time share）物件に変更して分譲する方法。
(10) 建設廃棄物は，その総量問題の他に，不法投棄に占める割合も高く（6割），社会問題化している。大阪市ホームページ「建設廃棄物の現状」参照。
(11) 「新たに建築する」のではなくて，建物が「既に存在している（現存性）」ことの環境保全的意義を評価する概念。
(12) 藤井良広（2005）『金融で解く地球環境』13頁参照。
(13) 『日本経済新聞』2006年1月12日付。
(14) 沖縄県の「非木造住宅率」は全国1位（82.8％）であり，鉄筋コンクリート構造の住宅が多い。伊波貢（2003）『おきなわデータ散歩』192頁参照。
(15) 最近，販売した自社住宅商品を担保にして将来の生活サポート資金の融資プラン（高齢者持家福祉制度）をスタートさせているハウスメーカー（旭化成ホームズやトヨタホームなど）も参入してきている。埋立地では鉄筋コンクリート構造の建物は杭打基礎が必要であり，工事費が割高になる点が嫌われて，木質系・軽量鉄骨系建物が普及している。
(16) 2000年度米国平均住宅価格：サンフランシスコ74万6500ドル，ロサンゼルス45万4900ドル，ホノルル40万7300ドル，ボストン35万7400ドル。*The State of Hawaii Data Book 2000*, p. 461.

(17) 米国連邦準備理事会では，金融機関の安易な住宅関連ローンの営業姿勢を諌めながら，住宅市場の好調性が頓挫した場合に，家計に及ぼす経済的影響を危惧している。
(18) 2002年の「一人当たりの労働生産性」では，全国平均1万2916円に対して，沖縄県は約半分の6629円。小沢理市郎・他（2000）『リバースモーゲージの活用ニーズの把握及び制度促進に関する調査研究』88頁参照。
(19) 沖縄県土木建築部住宅課資料参照。
(20) 沖縄県統計資料（平成16年5月）－勤労者世帯の住居費（実収入）比較：全国平均1万9956円（44万5993円）に対して沖縄平均2万4244円（33万3624円）。
(21) 沖縄県の「持家率」は，東京都（41.5%），大阪府（49.6%），神奈川県（53.9%）に次いで，下位から4番目。藤井良広（2005）『金融で解く地球環境』136頁参照。
(22) 日本政策投資銀行（2005）『2005年度版地域ハンドブック』参照。琉球銀行経済調査室『沖縄県経済の2004年の回顧と2005年の展望』参照。
(23) 2004年11月，沖縄県社会福祉協議会（伊集守晃氏）取材。
(24) 環境保全に基づく省資源・エネルギーを配慮した福祉システム全般を総称している（著者）。

第5章　オーストラリアのリバースモーゲージ

1　不動産市場

1－1　都市集中型社会のオーストラリア

　オーストラリアは，正式には「オーストラリア連邦（Commonwealth of Australia）」であり，国土は日本のおよそ21倍弱（768万2300 km²），人口2066万人（2004年4月）の議会制民主主義国家である。その歴史的背景は複雑であり，政治体制でも特徴的なオーストラリアは，際立った多民族・多文化的社会を形成している。豊富な地下資源を埋蔵している国土だが，人間社会の環境としては厳しい乾燥大陸であり，その26％弱がステップ（草原）気候，31％強が砂漠気候である。そこでは植物は生育できず，高温化と風化が急激に進行している。温暖湿潤気候（日本の南東部と同様）の地帯はわずか11％強に過ぎなくて，海岸都市部付近を除けば，稠密居住には不向きな国土である。人口分布は，南部から東部にかけての肥沃なデルタ地帯や南西部に集中していて，沿岸地域には首都から移り住んできたシニア層が多く居住している。

　こうした特徴を持つ自然環境条件は，オーストラリアの社会経済のあらゆる局面において，「集中」と，「競争」を促している。またオーストラリアでは，都市中心部への「人口集中」と「産業集積」が顕著に見られる。国全体の人口の70％が都市に集中していて，主要都市間の介在距離[1]が長いことから，あらゆる流通輸送のコストは割高であり，国産品といえども輸入品との価格競争にも不利な条件となっているほどである。ちなみに西オーストラリア州はほぼ西ヨーロッパと同じ広さであるが，州の人口は200万人であり，その70％以上が州都パースに居住している。

　しかし全体的に俯瞰するオーストラリアは，他国からすれば羨ましいほど

質の高い生活水準が維持されており，余裕のあるライフスタイル[2]が実現できる国として，世界中からの移住者がいまだに引きも切らないことも，また事実である。

所得面を『世界開発報告 2005 年版』の「主要世界開発指標」で捕捉すると，オーストラリアの 1 人当たりの国民総所得は 2 万 1650 ドル，日本は 3 万 4510 ドル（カナダ 2 万 3930 ドル，アメリカ 3 万 7610 ドル，イギリス 2 万 8350 ドル，中国 1100 ドル）である。

2000 年度公表の資料[3]の中の，「生活の質の比較（Quality of Life Rating）」の指数をみると，アメリカを 100 とするならば，オーストラリアは 111.0，イギリス 84.1，日本は 58.5 である。また同じ資料の「生活費（Cost of Living Comparisons-1997）」の指数では，アメリカが 100 ならば，オーストラリアは 91，中国は 99，イギリスは 116，日本が 152 となる。「教育費（私立中高校学費）」の比較においても，アメリカが 100 ならば，オーストラリアは 47，日本は 129 であり，イギリスは 106 となる。これらの資料の雑駁な比較から推測しても，オーストラリアが均衡型社会の形成に成功している国であることが理解できる。対照的に，日本の場合は，生活費はオーストラリアの 5 割増しなのに，その質はほぼ半分であり，教育費も 3 倍弱の高負担である。こうした格差は，日豪両国の住宅市場やリバースモーゲージ制度のうえに，いかなる陰影を投げ掛けているのだろうか。この点が本章のテーマとなっている。

産業資本主義社会であるオーストラリアの 18 世紀後半から 19 世紀前半までの期間は，植民地的な匂いのする都市化の時代であり，19 世紀後半では，経済成長に伴った金融的機能や行政サービスの提供機能を併せ持った商業的な都市化の時代であった。20 世紀に入ると，さらに都市の内部に産業化が進行してくる。1970 年代の地下鉱物や天然資源ブームから，産業構造の再構成が起り，造船，製鉄，自動車製造などの基幹重工業の台頭を見ることになるが，一方では脱工業化の傾向が始まり，次第に失業率も高まった。

資本主義社会の特質でもあるのだが，オーストラリアと海外諸国との経済的関係の均衡上の変化，あるいは国内産業の構造的変化などが要因となって，

国内市場にある種の「周期性」が認められた。この「周期性」が比較的，明確に表れている市場の一つが，不動産市場であった。オーストラリアの場合は，「土地」は最も市場性の高い商品であり，好況時には，個人や公共団体が投資して「資本化」しようとする，競争的な色合いの強い「商取引」が頻繁に起ってきた。経済が膨張する好況時には，オーストラリアへの「移民」が誘引され，この急激な人口増加は，都市内部の「土地」や「住宅」をさらに不足状態に陥れ，熾烈な「市場競争」を惹起させて，土地価格を高騰化させる結果を招いた。

オーストラリアには，第二次世界大戦の終わり頃から，600万人以上の新移民が移り住んでいる。2001年で見ると，海外で生まれた人が人口の4分の1（23%）を占め，その4分の3以上（81%）が首都に住み，さらに，その半分がシドニーかメルボルンに住んでいるといった明確な都市型人口分布を形成している。

経済の発展に伴った労働者獲得の必要性は，ますますその優先度を強めていった。一方，新来者の住宅需要は，生存的，緊迫的であるから，住宅地の開発事業が急速に推進された。こうした経済情勢は金融機関を住宅投資に走らせることから，郊外の土地開発事業が拡大化し，住宅ストックの供給を促進させるものであった（Kilmartin, Leslie：1985, p. 115）。

1-2　オーストラリアの住宅市場

オーストラリアの住宅市場には，その気象・地理地形，人口構造，経済，歴史などの要素から形成されている明確な特徴がある。まず広大な国土に対して，住宅地有効比率が極めて低い点である。地下資源の豊富なオーストラリアでは，その広大な国土面積は潤沢な輸出量の安定性を示すものでありながら，一方では住宅地の供給能力の制限性も示唆するものでもある。

ひとたび経済膨張期に入ると，人的資源（労働力）の不足を移民に依存する伝統的パターンが繰り返される。海外から移民を誘引することは，都市内部や周辺地域の土地や住宅への需要を強め，価格上昇の圧力となるのだが，同時に，持家世帯の資産力（購買力）も向上させる牽引力にもなるものである。その結果，各世帯の消費活動を活発にしながらも，不動産への投資意欲

（資産形成意欲）を掻き立てる動機にも繋がっていく連鎖を構成する。

　オーストラリアに見られる顕著な人口増加は，住宅ストックの旺盛な需要を増幅・強振させるものであり，金融機関までもが郊外住宅地の開発・販売に手を染めていくきっかけになった。

　キルマーチン（Kilmartin, Leslie, p. 127）は，シドニー，メルボルン，アデレードなどの都市形成には，土地の所有権者や支配権者が，恣意的な影響力を働かしていた点を強調している。土地の有力者は，その富の力を使って，国家および都市にあっては自分の地位を優位に保ち，都市計画や都市発展のあらゆる段階・機会においても，その優位性を影響力として駆使できた。

　資本主義社会においては，利益をめぐる連環性は，そのタームやサイズのいかんにかかわらず，あらゆる局面で繰り返され，確認することができた。住宅市場の「需要」は——その固有の周期性を持ちながらではあるが——必ずや，何らかの形態の「供給」によって充足され，「均衡化」が起きている。やがて都市が限界的な稠密度を超えた時点から，次の連鎖（住宅需要）が起きる場所は都市の外側（郊外）に遠心状に拡散（sprawl）していく。しかし，そのパターンでは，移動機能を担う「交通輸送手段」が特に重要なインフラとなる。その「移動機能」は，それまで「疎（poor）」であった地域を，「密（rich）」な場所に変化させ，結果として，未開発あるいは低開発地域に土地を所有していた地主（多くは富裕層）の富をさらに形成するものとなり，次の郊外開発の起爆剤ともなっていった。

　一般論的視点から俯瞰するならば，こうした住宅市場に普遍的な連鎖は，資産格差をさらに拡大・助長するものであり，社会の階層分化を惹起させる。そして資産格差や階層分化が一定限度を超えて固定化した社会においては，やがて住宅の実需は疲弊して，住宅を取得できない低所得層を対象にした賃貸収益物件が増えてくる。その結果は，市場の住宅ストックに循環性が失われてきて，市場は硬直化し低調化の方向に傾斜していく。賃貸用物件が増え始めた地域からは，富裕層は逃げ出し，住民層の入れ替えが始まる。このような既存住宅地のグラデーションは，その居住環境を一変させるものであり，住宅価格の下降圧力ともなるものである。

　しかし現実のオーストラリアの住宅市場は，こうした硬直的な環境に陥る

写真 5 − 1　2005 年 4 月
乾燥した土地に人工的な水辺を造り，高級リゾート住宅地として付加価値を高めている。

ことなく，活況を呈している。その理由として考えられる点は，移民による慢性的な人口増加，若年層の安定的な住宅購入志向，旺盛な海外からのリゾート需要，高齢化に伴う国内の住み替え需要などの要因が挙げられる。またそれらの要因を，維持あるいは加速させているエンジンが，競争的な金融市場であり，明確な政策上の支援である。

郊外開発と都市集中

　開発を手掛ける能力（富・事業力）を持てる者は，確実な需要を足掛りにして，一定の開発区域の中で，利潤効率に優れた住宅地の開発を計画する。典型的なパターンとして，海岸沿いや川沿い（水辺）の地帯には，面積の広い区画の高級住宅地を造る（写真 5 − 1）。次に，眺望に優れた，小高い，樹木の多生するゾーンには，川辺に配した区画よりもさらに広い区画のゾーンを計画する。それらの中間的なゾーンには，中位所得層を対象にした，比較的，狭い区画の住宅地域を計画し，空間的には効率的なプランニングを心掛けている（写真 5 − 2，5 − 3）。

1 − 3 「暮らし向き」と「自然環境条件」

　その土地の「暮らし向き」と，「自然環境条件」との因果関係については論を俟たない。オーストラリアでは，日常生活に必要な生活サービスの調達などに不安を感じるような孤立した場所に，新興住宅地が，突然，出現した

写真5-2　2005年4月
川辺あり，緑地あり，高台ありのノース・フレマントル（North Fremantle）の高級住宅地。下段の写真はこの住宅地の対岸に建っているテラス。

写真5-3　ハウスの販売用パンフレット
（スワン川沿いの高級住宅地ノース・フレマントル（North Fremantle）の対岸のタウンハウス販売用パンフレット）

写真 5 − 4　2005 年 4 月
建売住宅が展示販売されている。近隣のコンビニエンス店までは車で 30 分程走る。
(ノース・ダンダルプ (North Dandalup) 北側：ルート 20 沿い)

写真 5 − 5　2005 年 4 月
分譲住宅地であり，一部は土地だけを販売している。周辺には住宅が点在するだけで，生活サービス関連の施設は何もない。
(ピンジャラ (Pinjarra) 南側：ルート 20 沿い)

りする（写真5－4）。

　主要都市を要にして放射線状にスプロールしていく新興の住宅地には，住宅地同士を繋ぐ輸送交通施設の構築が，投下資金とリターンのバランスから難しく，それぞれが孤立・閉鎖的なコミュニティを形成している。郊外へのスプロールのスピードに，インフラが追いつかない状態が続いているからである。道路，通信，上下水道，公的サービス（警察・消防・保険・医療など），ショッピングや金融サービスなど，様々な機能が未整備なままで，住宅だけが建築され，販売されている。通勤・通学コストにしても割高であり，家計にとっては不経済な住宅地となっている。

　こうした環境は他の国でもないことはない。2003年の資料（田村勝省訳：2005）で，「人口密度（1㎢）」と「人口増加率（年）」をみると，オーストラリアは3人・1.2％，カナダも3人・1.0％，アメリカが32人・1.2％，イギリス[4]が246人・0.2％，中国が138人・1.0％，日本は349人・0.2％である。オーストラリアを，カナダと比較した場合，人口密度はほぼ同じであり，いずれの国も地下資源は豊富だが厳しい自然環境であり，カナダが酷寒ならば，オーストラリアは酷暑と乾燥の大陸である。両国に共通の点は，都市部集中度が高い点である。居住環境として捉えた場合に，厳しい自然環境条件が，人口や産業の都市集中を推し進めるベクトルとなっている。

　都市への極端な産業集積は，郊外生活者に，すべてのモビリティにおける不経済性を忍受させ，「雇用機会」の選択性さえも偏狭にして家計を疲弊させるばかりか，所得格差の拡大化にも連鎖していくものである。水平的な連環が絶望視された地域（写真5－5）では，その文化的，経済的な発展は悲観的であり，その結果として――地域住民の家計にとっては深刻な問題なのだが――住宅資産のサステイナビリティが脆弱化し，さらに悪循環的に都市集中を加速させていく。住宅市場からみる「都市集中」は，「居住コスト」の面でも，「競争」が進行し，次第に高負担化社会を形成していく。

　とはいいながらも中心都市に見られる文化・経済の稠密化現象は，オーストラリアの住宅市場にとっては，旺盛な中古住宅需要の原動力となっている。しかし文化・経済の集中化が，主として自然環境条件に基因している点も注視する必要がある。過度の都市集中化のリバウンドは「環境破壊」であり，

資源やエネルギー問題に波及し，居住形態にしても無関係では済まない。こうした視角からすれば，オーストラリア政府も，アフォーダブル・ホーム促進政策と併行して，地域のインフラ整備への官民共同体による取り組みが検討されなければならない時期を迎えている。

1－4　オーストラリアン・ドリーム

　オーストラリアの住宅市場で特筆すべき点は，住宅取得に向ける人々の関心の高さである。オーストラリア人の場合も，「オーストラリアン・ドリーム」の中心を成す持家資産は重要視されていて，比較的，若いうちから購入して，自ら居住する割合が高い。まず中古住宅を購入して「修理・改装」を加え，さらに居住していくことは，まさに「オーストラリアン・ドリーム」の実現であり，同時に，「省資源・省エネルギー型」と，多民族・多文化的で多彩な「ライフスタイル」の実現ともいえる。

　しかし1986年から2001年までの期間，マイホーム所有者（あるいは購入者）層のプロポーションを見ると，持家率が減少している。この現象は，市場の動向と因果性を持ち，社会の変貌や個人のライフスタイルの変容からも影響を受けている。また持家率の低下は，戸建住宅の値上がり（表5－2）や，それに伴う過重なローン負担とも無関係ではない。こうした背景が，4階建以上の高層居住空間に人々を追いやっている[5]。

　また，こうした売り手市場にあっては，持家取得どころか，アパートさえ見つからない低所得者層は確実に増加している。そこで自然発生的にシェアード・エクイティ・アレンジメント（Shared Equity Arrangements）[6]の必要性が表面化してきた結果，コミュニティ・ハウジング（Community housing）などの種類の共同居住施設が政府の支援を受けながら，その萌芽を見せることになる。

　表5－1では，戸建住宅の規模や詳細が一定ではないから，正確な比較は難しいが，オーストラリアの住宅区画が大きく，余裕のある居住環境である点は確認できる。しかしその価格は，決してアフォーダブルではない。オーストラリアの一般的傾向として，最初の住宅を購入する場合，中古住宅スト

表5-1 戸建住宅地の住宅価格の都市間比較

都市名	戸建住宅価格（円）	（指数）	床面積（㎡）	敷地面積（㎡）
東京	102,000,000	(100.0)	150	200
シドニー	74,189,500	(72.7)	110	550
バンクーバー	55,918,106	(54.8)	223	368
ニューヨーク	60,359,112	(59.2)	177	158
ロンドン	166,388,168	(163.1)	140	400

(2005年世界地価等調査結果：日本不動産鑑定協会資料から作成)

ックを選択する理由の一つが，その低価格にある点が理解できる。

　ホーム・エクイティ・ローン（Home Equity Loan）については，オーストラリアの金融市場の場合，比較的最近のことであり，1994年からスタートしている。このローンは，一般的には，住宅資産の評価額の80〜85％を融資極度額としながら，あらゆる資金用途に対応できる内容であり，月々の返済を義務づけていない。1999年度で見ると，持家の顧客の31％が，住宅購入以外の用途に利用している。

　住宅市場は最も活発な分野であるにもかかわらず，2004年度の最初の住宅購入者（First home buyers）のローン利用率は，全体の13.3％であり，過去，最低であった。その原因としては，7000オーストラリア・ドル（以降は「ドル」）の支援金だけでは賄い切れない，印紙税，手数料，その他購入時の金銭的負担の重圧が挙げられる。他にも，オーストラリアの場合，戸建住宅価格に若干の値下がりがあったとしても，相変わらず高値安定基調が足枷になっている[7]。

　表5-2「個人家計と住宅関連情報（2001〜2003）」は，2001年から2003年までの短い期間の資料だが，オーストラリアにおける住宅価格の急騰ぶりと，その影響を受けて平均的家計の住宅負担率も上昇している様子が確認できる。

　また，図5-1「中位住宅価格の推移（シドニー）」をみると，1983年から2001年までの9年間の住宅価格の上昇率は平均約8％で推移してきてい

表5－2　個人家計と住宅関連情報（2001～2003）

		Housing Affordability Index, Australia							
		Median First Home Price	Interest Rate	Monthly Payment	Average Annual Household Income		Qualifying Annual Income		Housing Affordability Index
	Quarter	$	%	$	Total $	Disposable $	Total $	Disposable $	
2001	Mar	182,900	7.30	1,062	68,900	63,000	42,500	38,900	162.0
	Jun	194,300	6.80	1,079	69,800	63,800	43,200	39,500	161.5
	Sep	197,100	6.55	1,070	70,900	65,500	42,800	39,500	165.8
	Dec	210,100	6.05	1,088	70,700	64,600	43,500	39,700	162.7
2002	Mar	222,700	6.05	1,153	70,700	65,100	46,100	42,400	153.5
	Jun	229,400	6.55	1,245	71,900	66,000	49,800	45,700	144.4
	Sep	244,800	6.55	1,328	72,100	66,200	53,100	48,800	135.7
	Dec	259,400	6.55	1,408	72,000	66,300	56,300	51,800	128.0
2003	Mar	259,600	6.55	1,409	72,400	66,500	56,400	51,800	128.4

（出所：Commonwealth Bank / HIA Housing Report-March 2003）

るが，しかし2002年になると約32％急騰し，2003年にはさらに43％値上りしている。シドニーの場合では，中位住宅価格の上昇率と，平均的家計の年間所得の上昇率との乖離は絶望的といえる。

　オーストラリア最大の住宅建設組織である住宅産業協会（HIA；Housing Industry Association）は，そのレポート（2003年3月期）の中で，旺盛な住宅需要に対して，価格上昇気味の住宅供給を懸念している。最近の不動産市場の傾向は，住宅価格が平均的所得層の手の届かないところにまで高騰していると指摘し，住宅建築の技術改革などによるアフォーダブル化の取り組みも必要であると警告している。土地そのものが，深刻な不足状態にあることから，各都市部では天井を打つほどの急騰ぶりを見せている。したがって最近の新築住宅価格の内，土地の構成比率は60％にまで上昇している。

　図5－2「住宅資産の値上りとリバースモーゲージ・ローンの借入」は，時価評価45万ドルの住宅資産に対して，貸付限度25万ドルのリバースモーゲージ・ローンを組んだ，典型的なシナリオのチャートである。このシナリオの利用者は，まず，最初に新車の購入や住宅の改装資金として5万ドルを借り入れし，その次からは，生活資金として毎月500ドルを借り入れす

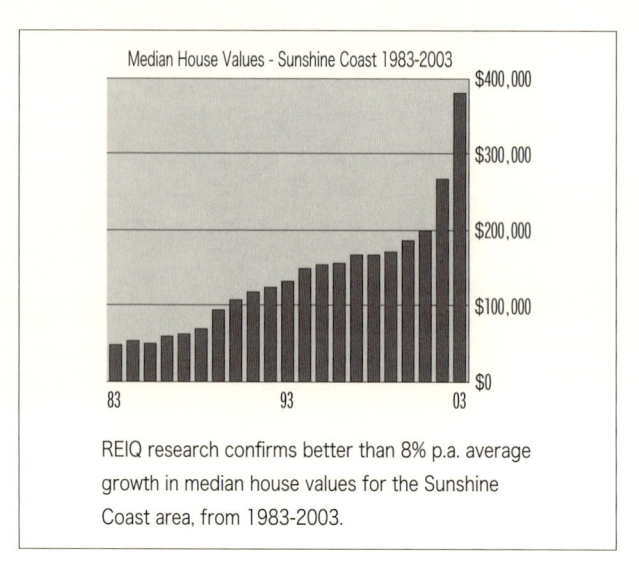

図5-1　中位住宅価格の推移（シドニー）

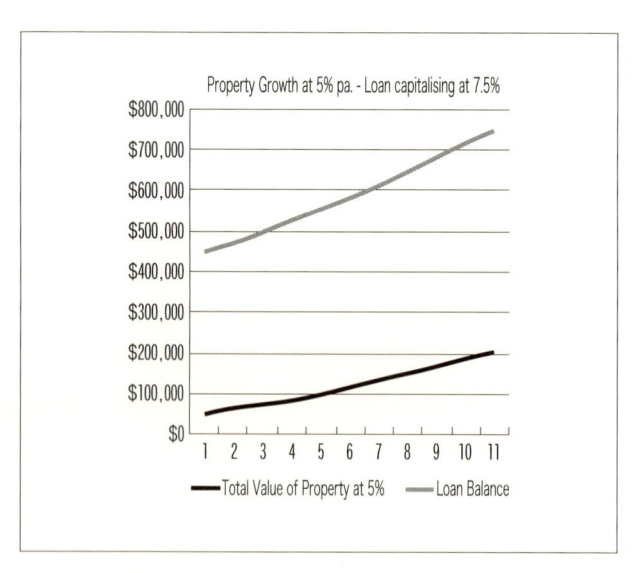

図5-2　住宅の値上りとリバースモーゲージ・ローンの借入
（資料：The Reverse Mortgage Company Pry Ltd)

る。リバースモーゲージの借入利息を7.5%とすると、10年目の借入総額は19万6016ドルになる。片や住宅資産の方も──住宅価格の値上率を5%として計算すると──時価評価73万3003ドルになっている。10年後に、利用者（相続人）が住宅を売却してローンを一括清算したとすると──少なくとも計算上では──差し引き53万6987ドルが手元に残る勘定である。このチャートは、オーストラリアのリバースモーゲージ・カンパニー（The Reverse Mortgage Company Pty Ltd）の販促用資料に基づいたものだが、同社の描くシナリオの背景として好調な住宅市場の存在が前提条件となっている。また同社の販促用資料には、リバースモーゲージ・ローンの返済はまず必要ないだろうとも謳われている。

　オーストラリア人にとっての住宅は、生活安定のためにも、また退職後の経済的原資としても重要な資産であり、政府もまた積極的な住宅政策を展開させている。しかし、こうした堅固な持家志向は、その反作用として、住宅を長期的だが比較的低リスクで確実な投資対象とみなす市場を形成させる効果もあり、また資金供給を買って出る攻勢的な金融市場も手伝って、競争的な住宅投資熱を煽ることになる。もちろん、だから住宅の資産性が安定的な環境を維持できているのだが。オーストラリアの場合、住宅を取得（投資）する平均年齢としては43歳であり、その内の82%が自分の住む家の購入であり、6%が2カ所に家を持ち、さらに1%は3カ所以上の家を所有している。しかし最終的には、住宅所有は退職までの不動産投資であると考えている人が圧倒的多数でもある[8]。

　2004年8月、財務担当大臣コステロ、ピーター（Costello, Peter ; Australian Treasurer）は、国内人口の高齢化に対する政府の財政的能力の限界について触れ、住宅の資産性に注目した投資などは財政的安定を講ずる方法の一つであるとする考えを表明している[9]。

住宅資産と消費性向

　住宅資産は、他の財物・商品と明確に異なった性格を持つ不動産であり、したがって、その市場における需要・供給システムにおいても特徴的である[10]。

(1) 住宅は，複数の要素の混成の生産物であり，市場の需要の寡多の他に，建物の種類や品質（性能・機能・デザイン）などの要素から価格は形成される。価格の相違は，品質の格差と同義といえる。
(2) 住宅は，本来，居住用資産だが，また収益資産とも投資資産ともなる。
(3) オーストラリアの場合，住宅ストックの供給は非常に緩慢であり，年間の新築件数は1～2％程度の増加しかない。したがって住宅の価格低下に対抗する市場調整は，供給面よりも，むしろ需要面における調整の方が効果的といえる。
(4) 住宅ストックの供給が需要に追いつかないといった，需要が過剰な市場においては，住宅価格の不安定な状態が長期間にわたって続くことが，経験則として言える。

　オーストラリア人の消費行動に普遍的な特徴は，住宅市場の体質や性向にも色濃く影響を与えている。彼らは，貯蓄志向以上に消費志向が強く，あらゆる商品・サービスの対価（価格）には敏感であり，とりわけ耐久消費財については価格以上にその品質を重視する傾向がある。したがってオーストラリアの産業や消費者は，商品・サービスの購入（注文）を決定する場合にも極めて選択的である。商品は，その精度が高く，ハイグレードであり，安定的で能率的な供給体制を要求する。また，ある種の製品については確実なアフター・セールス・ケアを要求し，いつでもスペア・パーツが供給されることを重要視している。このように，すべての取引において，売買対象への信頼性に重きを置く消費性向は，オーストラリアの中古住宅市場でも，堅実で信頼性の高い，安定した取引環境を維持・確保するうえで貢献している。

2　中古住宅市場とリノベーション

2−1　リノベーション

　われわれは，オーストラリア社会の特徴の一つを，「住まい」と「ライフスタイル」との関係の中に探り当てることができる。彼らのライフスタイルとしては，「居住する場所」は，「移動」よりも，むしろ「定着」を好む。住

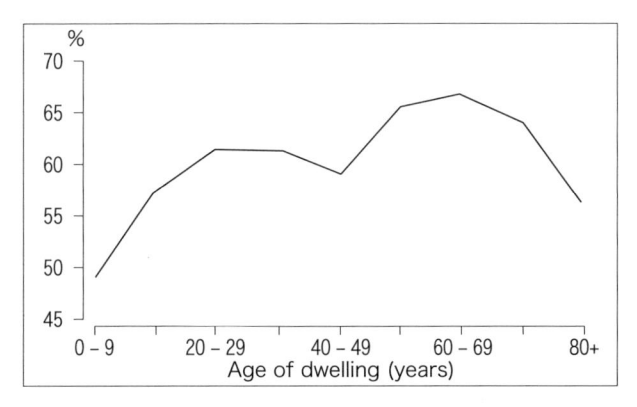

図5−3 住宅の築後年数とリノベーション施工（1998〜1999）
出所：Owner-occupied dwellings renovated in the 10 years to 1999.
Source: ABS 1999 Australian Housing Survey.

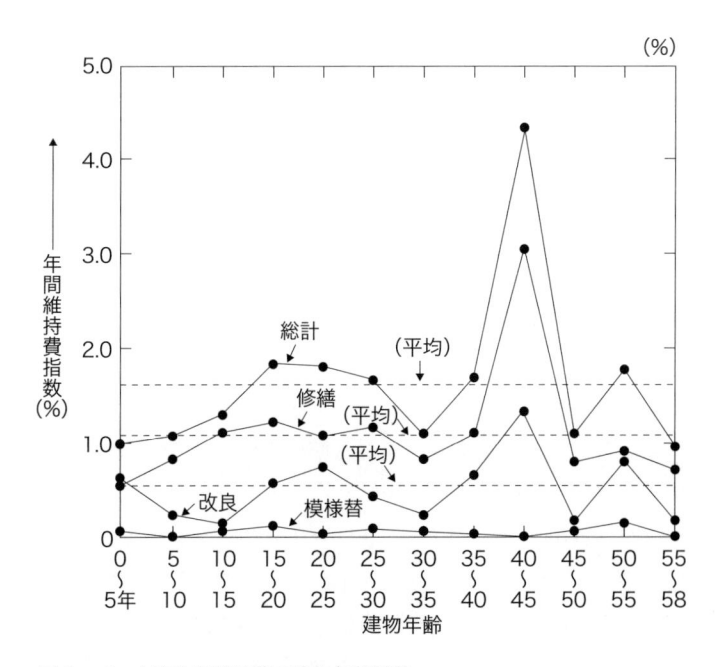

図5−4 木造住宅維持費の建物年齢推移
（出所：橋本正五「木造住宅の寿命と建て替え」『新住宅』）

宅を購入する場合でも,「新築住宅」よりも,むしろ「中古住宅」を選択して,自分たちの手で「修理・改装」を施しながら「付加価値」を高めていこうと考えるのは,初期投資（購入資金）を抑え,リターン（再販譲渡益）を最大化する方法だからである。

1920年から1949年の間に建築された住宅の66％が,1999年までの10年間に修理・改装されていて,そのうちの27％は購入から2年以内に実行されている[11]。彼らは,築後年数の新しい住宅よりも,修理・改装の必要な中古住宅の方をあえて購入しようとする傾向がある。しかも高所得者層の方（65％）が,低所得者層（47％）以上に,頻繁に,多岐にわたって,持家に「修理・改装」を加えている。

図5－3「住宅の築後年数とリノベーション施工（1998～1999）」からも明らかだが,築後20年前後に最初のピーク,次に築後60年前後に2度目のピークを形成しながら,リノベーションが加えられている。日本の場合を,図5－4「木造住宅維持費の建物年齢推移」で見ると,築後10～25年の間に比較的簡便なリノベーションの時期があり,次に築後40年をピークにした大規模な修理・改造を施している。日豪両国のリノベーションを比較するとき,日本のリノベーションの方が全体的な施工量が少ない。また家屋の老朽化が修復可能なレベルを超えて進行してから施すリノベーションでは,寿命の延伸まで,その効果が届いていない点も明確である。人間の健康維持と同じで,トラブルの早期発見が寿命の延伸に結び付く。

このようにオーストラリアでは,極端に老朽化した住宅を除けば,中古住宅の多くがリノベーションを経ながら持続的に使用されていく。このような中古住宅の優れたサステイナビリティが,中古住宅の需要に安定性を持たせ,中古住宅市場の循環性（反復性）を高水準に維持させる要素である。好調な中古住宅市場は,新築住宅市場以上にオーストラリア経済に貢献してきている。この点は,2002年で,「中古住宅」のリノベーションに投じられた資金は143億2100万ドルであり,「新築住宅」に投じられた資金は,その2割強の31億900万ドルであったことからも実証されている。こうした市場性向は,中古住宅である「持家」の資産性を制度基盤としているリバースモーゲージ市場の発展に連環していくものでもある。

1999年の9月から12月の間に行われたオーストラリア統計局（ABS；Australian Bureau of Statistics）のオーストラリアの住宅市場調査（Housing Survey）によると、オーストラリアの住宅ストックの18％は築後10年未満であり、半分以上（55％）は30年未満である。居住している住宅の約12％は60年間以上経過している。一般的には、「消耗」と「経年」に基因する「風化」は、居住の物理的な状態を悪化させ、修理の必要度が増していく。最もベーシックな部分（塗り壁、配管工事、および電気工事）については、「経年」のいかんにかかわらず修繕が必要とされている。

　1999年に、外部の修理を必要とした住宅の割合は、築後5年未満の住宅の11％から、60年間以上経過した住宅の63％にまで及んでいる。内部の修理を必要とした住宅の割合も、同様であり、5年未満の住宅の16％から、60年間以上経過した住宅の59％にまで及んだ。

　1999年に、10年間経過した住宅の10％未満が、主要な構造上の問題を持っていた。30年以上経過した、およそ30％の居住と比べて、60年間以上経過した住宅の3分の1以上（35％）にも主要な構造上の問題があった。経年数によって、すべてのタイプの住宅に重要な構造上の問題が増加していた。しかし壁や床のひび割れは、経年数にかかわらず、すべての住宅の最も一般的なタイプの問題であり、電気系統のトラブルに至っては5年未満を除いたすべての住宅に普遍的問題であった。また借家人の場合は、所有者以上に「修理」を必要と感じている。1999年に、54％の持家世帯に比べて、64％の借家世帯が、住宅の「修理」を必要と感じていることが報告されている。さらに緊急的修理が必要な借家世帯の割合は、持家世帯（5％）の約3倍であった[12]。

　オーストラリア政府の2002年度の統計資料（Australia Bureau of Statistics Australia Now）から読み取る、1999年までの10年間の中古住宅市場は、日本の場合とはその様相を異にするものであった。

　まずオーストラリアでは、住宅に施すリノベーションは、ごく日常的に施される住宅の維持・管理であった。住宅のリノベーションは、買い替えなどの移動がなくて、居住空間の性能・機能に対する時宜的な欲求を満たす簡便

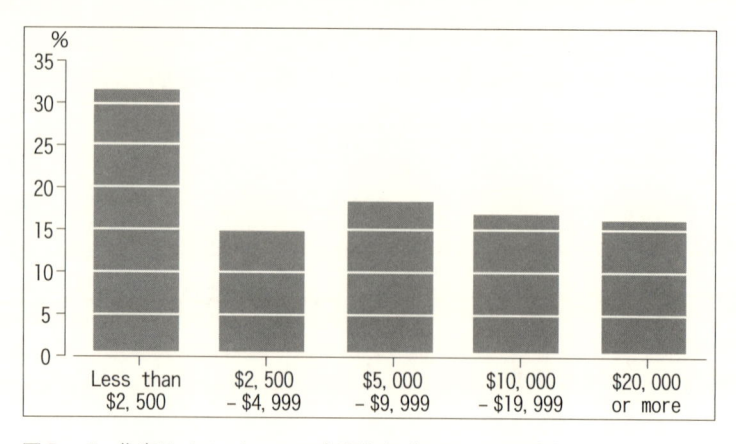

図5-5　住宅リノベーション工事費比率（1997～1999年）
（出所：Housing Characteristics, Costs and Conditions, Australia, 1999, ABS Cat. no. 4182.0)

な方法だからである。人々はこう考えた。現在の家や近隣が好きだから，また改装の方が新築に比べたら費用も安いし，家の付加価値が高まるから，移動しないで，住んでいる家を改装した方が賢明だと。それに，老朽家屋を購入して改装する方法は，次の上級の住宅へと買い替えするための第一歩でもあった。20世紀末の20年間は，取り付けか，交換か，改造か，増築かと，あらゆる場面で，あらゆる箇所に多彩なリノベーションが加えられた。図5－5「住宅リノベーション工事費比率」で，1999年までの2年間に施されたリノベーションの工事費を見ると，2500ドルから2万ドル以上まで，ほぼ同率である点から推測するに，常時，どこかしらリノベーションが施されていることが窺える。このように日常的な「手入れ」は，既存住宅の老朽化を延伸させるばかりか，設備面でも陳腐化を防ぎ，資産性を高めるものであり，結果として中古住宅市場の需要を安定化させている。

　1920年から1949年の間に建てられた住宅の66％が，1999年までの10年間にリノベーションが施され，しかも2～3回のリノベーションが施されている。1999年までの10年間における，各家計のリノベーションの平均工事費は1万2100ドルであり，それ以前の10年間の平均工事費は5800ドルで

あった。リノベーションの主な種類は、キッチンやバスルームなどの水回りの設備関係、そして玄関なども多く、新しい機能の取り付けや、造り付けの家具の移動や高級ペインティングなどもある。セキュリティ・ドアの取り付けも増えてきているが、家庭の防犯意識が高まってきている点と、損害保険の掛け金を抑えるためにセキュリティ・ドアを設置するケースもある。

いずれも購入者のライフスタイルや要求に合わせて、古い家ほど、広範囲にリノベーションが施される。

1999年の時点で、購入後10年以内にリノベーションを施した持家は58％（290万戸）であり、そのうちでも、さらに2年以内にリノベーションを施した持家の数は130万戸に上った。この場合のリノベーションは、あくまでも「改造（alterations）」や「増築（additions）」であり、「修理（repair）」や「維持（maintenance）」は除外している。

また高所得世帯の方が、低所得世帯以上に、リノベーションには熱心である。高所得世帯の傾向は、住宅にリノベーションを施すか、すでにリノベーションが施されている住宅を購入するかである。多くの住宅所有者は、何らかの変化が動機になって住宅を購入している。そして比較的、短期間に、リノベーションを施している。あるいは、ごく最近、リノベーション済みの住宅を購入する。通常の住宅購入のパターンとして、古い住宅を購入するか、あるいは販売業者が、販売戦略として、リノベーションを施して付加価値を高めてから高価格で販売している住宅を購入するかの、いずれかである。

次頁の図5－6「住宅のリノベーションと所有者年齢」によると、オーストラリア人は比較的、若い時期から住宅所得をしていて、自分たちの手で頻繁に「修理・改装」を施している。またオーストラリアの住宅の半分以上（57％）が何らかの修繕を必要としていて、さらに、その2％は緊急的な修繕が必要な状態であると、政府の資料に記載されている。

家計の面から、中古住宅の購入を検討する場合であれば、
(1) 住宅購入に向ける初期投資が少なくて済む、
(2) 検討対象の周辺の居住環境が安定的であり確認するのも容易、

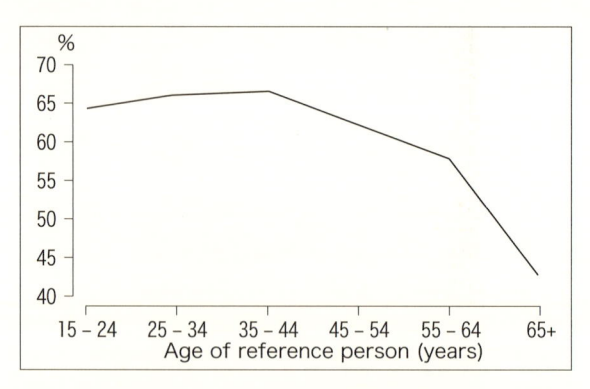

図5-6 住宅のリノベーションと所有者年齢（1989～1999）
出所：Owner-occupied dwellings renovated in the 10 years to 1999.
Source: ABS 1999 Australian Housing Survey.

(3) 将来，転売する場合も，「修理・改装」による「付加価値」が収益性を持つ，などの要素から，安全で功利的な選択となる。

2－2　スマート・ハウスとサステイナビリティ（Smart House & Sustainablity）

クイーンズランド政府のサイト（Queensland Government web-site）には，「スマート・ハウス」について，次のように述べられている。「スマート・ハウスは維持継続性の高い住宅デザインである。またスマート・ハウスは社会性，環境性，経済性などの面でより優れている（Smart Housing is the sustainable solution housing design. A Smart House is more socially,environmentally and economically sustainable）」。

オーストラリアの場合，住宅のサステイナビリティの増強には，官民で標榜している「スマート・ハウジング（Smart Housing）」のコンセプト（図5－7）の資するところが大きい。

この「住宅」の「デザイン・コンセプト（スマート・ハウジング）」について簡明に定義するならば，「社会的持続性（Social Sustainability）」，「環境的持続性（Environment Sustainability）」，「経済的持続性（Economic

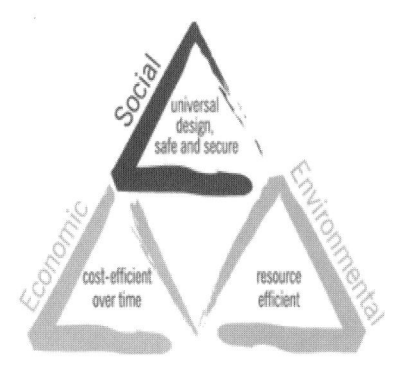

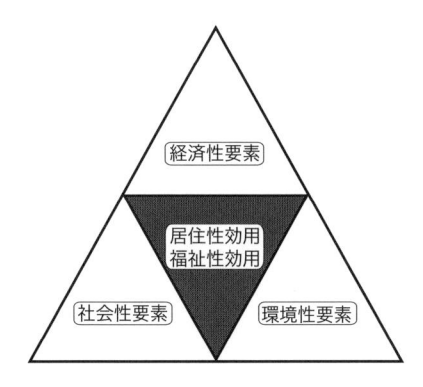

図5－7　Smart Housing Concept　　図5－8　住宅の資産性の構成要素（著者作成）

Sustainability)」の3種類の要素の「持続性」の集束であると整理できる。

　「社会的持続性」とは，住宅の基本的要素ともいうべき，安全性（safe）や信頼性（secure）であり，またユニバーサル・デザイン（universal design）など各要素によって形成されている。

　また「環境的持続性」とは，ムダを避けた効率的，有効的な環境資源の利用方法であり，とりわけ水はオーストラリアの場合は貴重な資源だけにその利用には慎重である。

　さらに「経済的持続性」については，投資（価格）に対応した合理的な経済（資産）性を維持するための効率性の追求とも言える。これら各要素に通底する点は，生活上の安全性を確保しながらの，厳しい自然環境を慮った資源の節約と効率的な利用であるから，行き着くところは，アフォーダブルでありながら，健康的で快適性を失わない，持続・継続性（寿命）の高い「住宅」の確保である。また自然環境が厳しいオーストラリア社会では，自然環境との共生が生存権的に必要であるとする結論が，このスマート・ハウジングの中に投影されていると，理解することも正鵠を得ている。こうした住宅資産観の普及は，中古（既存）住宅に対するサステイナビリティまでも信頼性を高めるものであり，オーストラリアの中古住宅市場の裾野を拡大させる経済的効果も期待できるものである。

　図5－8「住宅の資産性の構成要素」の方は，著者の主張する「住宅」の

「資産性」の「分析図」である。「住宅」を含めた，あらゆる財物の「価値（資産性）」は，帰属している「環境」に適応した評価で計られる性格がある。その場合の「環境」は，「自然性要素」と「社会性要素」に分別され，その双方と条件的適合性を備えて初めて市場価値が生じるのであり，「経済性要素」と分類できる[13]。これら3種類の各要素は，鼎の配置関係にあり，相互に連環性と補完性を共有しながら均衡性を保持している。また，その均衡関係から，「住宅＝住まい」の健全な「居住性効用」と，人間生活に不可欠な「福祉性効用」が醸成されていると説明できる。

こうした視点からすれば，住宅のサステイナビリティに配慮したデザインやリノベーションの重要性が改めて確認できるし，また日本の住宅市場に蔓延している「スクラップ＆ビルド」の風潮を再検討する必要性についても気づくことである。

中野不二男氏（1995, 120頁）が，オーストラリアの若い世帯の生活の様子を，次のように書いている。

「結婚すると，市の中心からやや外れた住宅街に，テラス・ハウス風の古い家をローンで買う。……若い夫婦は，購入と同時にこの古い家の改装をはじめる。勤続年数しだいであるが，大学卒業後ずっと同じ会社で働いていれば，20代の後半にはクリスマス・ホリデイと合わせて2カ月くらいの休暇は取れるので，その時間を利用して窓の修理や床板の削り出し，カーペットと壁紙の張り替えからキッチンの補修，そして時には増築までやる。ローンを始めたばかりで節約しなければならない若い夫婦の場合，専門の業者に頼んだりせず，夫がそうした仕事をすることが多い。けっこう専門知識と技術を必要とするので，夫は電動工具とマニュアルを買い込んで独習したり，また講習会に参加して学んだりする。……家屋に対する彼らのこうした働きぶりで忘れてならないのは，それが付加価値になるということであろう。日本では，ほとんどの一般民家の場合，財産として価値があるのは土地だけで，"うわもの"は古くなれば中古車と同じで二束三文に扱われるから，いかに改築に費用を注ぎ込もうとも，資産価値としての変化は少ない。しかしオーストラリアの場合，建築物としての家屋構造はもちろんだが，外装も内装も価値に反映するので，手間暇かけて暖炉をつくったり，ベランダを補修して

毎年ペンキを塗ったとしても，たとえば売却時のことを考えれば無駄にならない。」

3 リバースモーゲージ市場とその特徴

　先進各国と同様に，オーストラリアの場合も，その人口の高齢化や家族構成の変化が主因となって，徐々にではあるが社会保障制度の規模に膨張が見られている。

　オーストラリアの場合も，その人口高齢化の主因として，更新的な長命化，出生率の低下，ベビーブーマーの高齢化[14]が挙げられている。オーストラリア人の平均寿命は，主として死亡率の低下によるものであるが，男性は，1947年の66.1歳から1999年には76.2歳までに，女性の場合は70.6歳から81.8歳にまで延びている。出生率の方では，逆に，1976年の2.1子から，1999年には1.7子にまで減じている。

　オーストラリアの高齢者福祉に対する予算は，これまでホステルやナーシングホームにその大半が投じられてきたが，近年では在宅ケアに焦点を合わせたノーマライゼーション政策に方向転換している。政府が，「施設介護」以上に，「在宅介護」の「効用」を認めた結果，1984年に，地域に住む高齢者のノーマライゼーションを支援する「地域在宅ケアプログラム[15] (The Home and Community Care Programs；H・A・C・C)」をスタートさせている。住宅地が広域に散開しているオーストラリアでは，福祉サービスの提供者が受給者の元に派遣される方法の方がより合理的である。しかし高齢者家計の方も，経済的負担がスパイラル状態で増えてきていて，在宅で各種の福祉サービスを受けるにしても，その支払いに事欠く世帯が少なくない。

　持家の高齢者（オーストラリアでは，asset rich but cash poor）の場合ならば，その持家資産を現金収入に変換する「リバースモーゲージ・プログラム」は，現金収入の乏しい高齢者家計を経済的に救済し，また同時に，社会保障財源も節減するものでもある。

　リバースモーゲージ・プログラムの推進を検討する場合，とくに肝心の

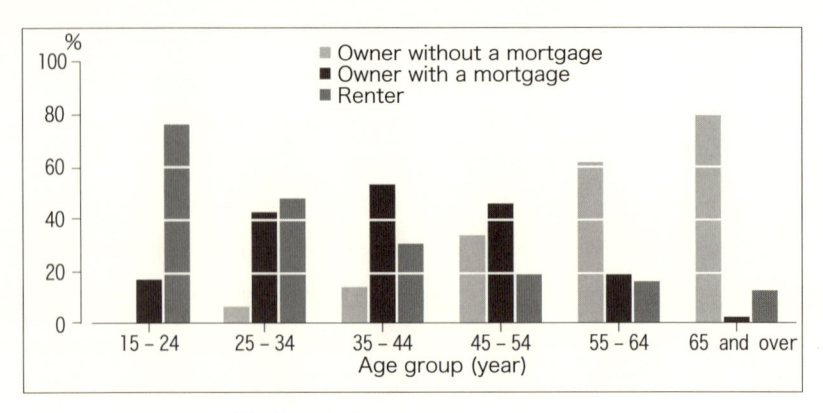

図5−9　年齢別持家（借入）比率（2002〜2003）
（出所：ABS 2002-2003 Survey of Income and Housing）

「持家率」については，オーストラリアの場合は確実に上昇方向で推移してきている。持家率の調査によれば，1933〜1947年の調査で53％，1954年で63％，1966年で71％，1988年の調査では，普通世帯の75.9％（持家41.6％，ローン返済中の持家34.3％）が持家であり，18.2％が借家であった[16]。図5−9「年齢別持家（借入）比率（2002〜2003）」からも明らかであるが，65歳以上の場合は，ローン返済も終わっている持家が圧倒的であり，また比較的，若い頃から住宅ローンを利用しながら持家を取得している傾向がうかがえる。

リバースモーゲージ制度そのものは，すでに先進各国がその社会保障制度の補完的プログラムの一環として推進させているポピュラーなプログラムである。その仕組みを簡明に説明すると，「持家高齢者が，いま住んでいる家を売らないで，そこに住み続けながら，家屋の修理やバリアフリー化の工事費，医療費や介護費用，また不測の支払など，生活に必要な支払に当てる現金を調達できるシステム」と言える。

先進各国にしても，リバースモーゲージ制度を普及させて，高齢者が病院・施設ではなくて，在宅で，医療・介護サービスを受けられるようにさせたいと目論んでいる。オーストラリア政府も，リバースモーゲージ制度がその政府方針に沿ったシステムであり，また財政的な節減効果も大きい点から，

改めて着目し，積極的に支援する方向で進めている。

かつてオーストラリアにおいても，1990年代にリバースモーゲージ商品が販売された経緯はあったのだが，この仕組みに対する消費者の十分な理解が得られなかったことから，その普及・定着にまでは至らなかった[17]。しかし近年のオーストラリア社会では，"Asset rich but cash poor"状態の持家高齢者の家計を救済するのに，リバースモーゲージ制度が最適なシステムであることは誰しもが理解するところである。幸運なことに，オーストラリアの場合は，その不動産市場は好調であり，住宅価格も安定的な上昇傾向が見込めることから，制度普及の環境としては好条件である。

3-1 リバースモーゲージ市場の背景

オーストラリアのリバースモーゲージ・プランの特徴の一つは，海外市場の実態を十分に研究し，自国の市場に反映させている点である。とりわけアメリカのリバースモーゲージ市場からは，高齢者家計と金融市場，住宅市場との補完性，リバースモーゲージに欠かせない社会的公平性や倫理性，同時に金融市場を啓蒙し監視する機関の必要性などについて，多くの教訓を得ている[18]。

オーストラリアのリバースモーゲージも，基本的な仕組みにおいてはアメリカやカナダ，イギリスなどのリバースモーゲージとほぼ同様である。その販売については，コモンウェルス・バンク（Commonwealth Bank）など，数行の大手銀行が中心になって扱っている。新たに市場参入する金融機関は増える傾向にあるから，新商品の開発・販売も期待できそうな様相であり，オーストラリアのリバースモーゲージ市場は，再び，その幕を開けようとしている。

そこで低調な日本の市場との比較を通して，オーストラリアの市場の背景を整理してみよう。まず日豪両国のリバースモーゲージ市場に明確な陰陽がみられる要因としては，次の点が挙げられる。

(1) 不動産市場の景況の格差であり，とりわけ中古住宅市場の需要の格差が挙げられる。まずオーストラリアの住宅市場が，日本市場と明確に相違する点は中古住宅市場に見られる旺盛な需要である。この特徴はアメ

リカ市場にも敷衍できる点でもあるのだが，その中古住宅の需要を喚起している要因を，本書では次のように抽出している。

オーストラリアの厳しい自然環境条件であり，広大な国土の中にも居住に適した土地の供給が極めて狭隘な点にある。都市中心部から放射線状に散開している新興住宅地では，交通機能など，必要なインフラ整備の方が追随できていない。その点においては，既成の市街地，あるいはその近隣に建つ既存の中古住宅を購入する方が，インフラも整備されているし，そこの住民層など居住環境の把握が容易であり，不安が少ない利点がある。

(2) 住宅購入に対するインセンティブ（税制優遇措置等政策的支援）の格差が大きい。最初の住宅の購入（first home buying）に際して，新築住宅と中古住宅の区別なく，政府から7000ドルの補助金が支給される点やローン利率の厚遇などの効果がある。

オーストラリア政府は，リバースモーゲージ制度の支援措置の一つとして，住宅資産の権利移転に関わる印紙税の繰り延べ措置を予定している[19]。

ちなみに日本では2005年度末をもって，不動産流通税（登録免許税・不動産取得税）の3年間の軽減措置（登録免許税は半分，取得税は4%が3%に）が期限切れになる。両流通税の取引抑制効果から，資産デフレのさらなる継続を懸念した声が多い。また，最近，中古住宅への差別的な減税措置や保証制度が撤廃・改廃されたのだが，まだ残滓が見付けられる点で，その市場効果は薄い。

(3) ライフスタイルの多様性なども，決して無関係ではない。日本人とも共通する点であるが，オーストラリア人も，居住地の「移動」を好まず，「定着」を選好する風潮（ライフスタイル）が強いといわれている。こうしたライフスタイルの特徴は，日本の住宅市場に敷衍するならば，「買い替え（住み替え）＝移動」よりも，むしろ「建て替え＝定着」を選択するのが一般的傾向である。しかしオーストラリア人の場合は，「スクラップ＆ビルド」ではなくて，「リノベーション」を自分たちの手で施して残存使用年数を延伸化させている。

もちろん，中古住宅市場の需要が安定しているから，既存住宅に施すリノベーションも転売する際には「付加価値」として評価されて，取引価格にも反映されるインセンティブの効果も忘れてはならない。古い家に手を加えて便利に使うといったオーストラリア独特のライフスタイルは，「住宅デザイン・コンセプト（smart housing）」に象徴されている。

　実は，以上に記述した要素のすべてが，リバースモーゲージ市場にとっては順風となるものである。
　上記の (1)，(2) の要素は，リバースモーゲージの制度原資となっている高齢者の持家資産の担保力の補強になるものであり，リバースモーゲージ市場にとってはプラス効果といえる。とりわけ (2) の要素は，若い世代にとって初期投資負担の軽い中古住宅ストックへの直接的なインセンティブとして効果的である。また金融機関の方にしても，安定的な中古住宅市場に向けた投資には積極的姿勢を示している。だからこそ金融機関にしても，リバースモーゲージ・ローンの場合，利息収益に止まらず，担保物件の持分の一部を共有（購入）しながら，インフレヘッジや貸越ヘッジを講じている。アメリカやカナダとの相違点でもあるのだが，オーストラリアではリバースモーゲージの融資側が，担保物件の持分の一部を保有することは——安定的な不動産市場の場合だが——リバースモーゲージ特有の問題点（リスク）のいくつかを，回避あるいは軽減できる利点がある。
　(3) の要素にしても，中古住宅の資産性のサステイナビリティをさらに延伸させるものであり，持家高齢者が自分の家（コミュニティ）でノーマライゼーションを継続できることから，まさにリバースモーゲージ・プランの適用条件（持家に継続して居住する）に適っている。

　オーストラリアにおいても，人口の高齢化と社会保障コストの膨張が懸念されており，持家高齢者の自助的な経済的自立策の一つとして，リバースモーゲージの必要性が標榜されている。オーストラリアの場合は，欧米のリバースモーゲージ市場を検討しながら自国のオリジナル・システムを模索してきた経緯があり，新規性に富んだ，よりダイナミックな市場を形成しそうな

気配が感じられる。またリバースモーゲージ市場に新規参入するオリジネーターの動きが活発なのは，何よりも制度基盤である住宅市場の循環性が安定的だからである。その循環性の安定性を形成する要素は，特徴ある自然環境と，その影響を強く受けている社会経済的環境とに基づいた旺盛な「住宅需要」であり，それがまた住宅資産のサステイナビリティを増強している。加えて，そこに介在する金融市場は，ドラスティックで，多様性に優れ，あらゆる階層の需要に応じる適応性に富んでいることから，関係市場の循環性を補強し，継続させていく原動力ともなっている。

また恒常的な移民による人口増加は，オーストラリアの「社会的環境」に起因した現象である。このように，「自然環境」と「社会的環境」との相克，協調などの相対的影響を受けているオーストラリアの市場経済の発展性は計りしれないものがある。

このような環境条件が織り成す「住宅市場」は，住宅資産のサステイナビリティをさらに増強させる方向を示唆するだけに，リバースモーゲージ市場の発展性にも繋がっていくものである。

またオーストラリア政府による住宅取得に対する税制優遇措置や最初の住宅購入に対する支援策（補助金や低利融資等）は極めて明快であり，簡便・迅速に実施されている点も，住宅市場やリバースモーゲージ市場への効果的なインセンティブと評価できる。さらに注視しなければならない点は，住宅資産の優れたサステイナビリティを直截的に支えてきた，極めて制約的なオーストラリアの「自然環境」を考量した住宅デザイン・コンセプト「スマート・ハウジング」であり，その功績は大きい。

3－2　リバースモーゲージ・ローン

各プランによって，多少の相違点はあるが，ほぼ共通している条件は以下の通りである。

(1) 利用対象者

原則として60歳（多くは65歳）以上の「持家高齢者」であり，「低所得者」を対象としている。「同居人」の有無に関する特段の規定や，「連帯保証人」を要求する規定もない。この点では，日本の制度と別の

仕組みと言える。

(2) キャッシュ・フロー

「融資形式」は，「月次年金方式」，「一括払い」，「期間内適宜融資」，あるいは，これらの「組合せ」などの選択肢がある。実際には，利用者の60％以上が，「期間内適宜融資＝当座貸越融資契約」と，「一時払い」方式を選択している。

オーストラリアのリバースモーゲージの問題点の一つは，融資が複利に基づくものであり，長命の利用者では資産を消費し切ってしまうケースである。この種のリスクは，オーストラリア人の平均寿命（男性78歳，女性81歳）の延伸に依拠している。

(3) 「返済（清算）方法」については特徴的であり，返済時の評価額の80％を返済総額と定めているノンリコース・ローンである。したがって残りの20％相当の資産については相続分として遺留できる。「返済（清算）時期」は，「転居」，「住宅の売却」，「永久的な移動」の時点と定めている。この点は，欧米や日本の制度と同様である。

「資金用途」にも特段の制約はなく，子供に現金を贈ることさえ可能である。

(4) 対象不動産

「持家」が対象であり，「戸建」，「共同住宅」などに対する制約的規定もない。所有権は最後まで保有していて，融資期間中も融資側に移転することはない。また対象の持家が，すでに担保設定されている場合であっても，「次順位」の担保設定で，融資は実行される仕組みである。

シニア・エクイティ・リリース・ローン（Senior Equity Release Loan）

このリバースモーゲージ・ローンの取り扱い銀行は，ポリス・アンド・ナーシズ・クレジット・ソサエティ（Police and Nurses Credit Society）の他に，コモンウェルス・バンクとセント・ジョージ・バンクズ（St. George Banks）の2行が中心的に扱っている。

このリバースモーゲージ・ローンには，以下のような規約がある。また，その販売エリアは，一部の地域（ウェスタン・オーストラリア：Western

表5-3 融資極度額と利用者年齢層

利用者の年齢層（歳）	60 - 64	65 - 69	70 - 74	75 - 79	80 - 84	85 +
融資極度額比率	10%	20%	25%	30%	35%	40%

（資料：Suzanne Doe, J. P. Dipl. of Financial Services）

Australia）を除いたすべての州に及んでいる。

(1) 利用対象者

65歳以上の持家高齢者としているが，原則，持家ならば60歳以上の人すべてが適用対象となる（表5-3）。

(2) 対象不動産

融資の対象は，評価額が15万ドル以上の住宅資産である。しかし投資用財産であっても住宅資産ならば担保対象になり，それぞれの不動産の個別評価額を査定の対象に定めている。要するに，60歳以上の高齢者が，所有権を保有している住宅資産はすべて対象となる。

融資対象から除外される資産は，以下の通りである。

① 空地（Vacant Land）
② 10階建以上の複合型アパート（Apartments in Complexes ＞ 10-levels in Height）
③ 商業建物（Commercial Properties）
④ 地方の住宅（10エーカー以上）（Rural Properties ＞ 10 acres）
⑤ モービルハウス（Mobile Homes）
⑥ リタイヤメント・ビレッジ内の住宅（Retirement Villages Properties）
⑦ 法人との共有，あるいは区分所有権の住宅（Company Share or Stratum Title Properties）
⑧ 旧法の所有権[20]（Old Law Title）

(3) キャッシュ・フロー

融資極度額は，最高75万ドルであり，その受給方法は一括払い（a lump sum）なら2万ドルが最低金額であり，月次年金方式（periodic payment）ならば最低月次受給額は400ドル以上とし，この両方の組

み合わせは可能である。

「返済の時期」は，他のリバースモーゲージ・ローンと同様であり，融資期間の満了時に元利共の一括返済となる。他の資産をもって返済，あるいは相続人の代位弁済なども可能である。期間途中であっても，全額あるいは一部を返済できる。

資金の「使用用途」に関する特段の制約はなくて，投資用資金としても可能である。ただしビジネス（運転）資金や，その関連的用途は規制されている。

資産評価額の20％相当分は，将来の健康管理費や相続人のために残されるノンリコース・ローンである。融資に伴う借入利息や手数料の負担はあるが，その支払いも清算時までは請求されない。このローンの融資は複利計算によるものであるから，借り入れ総額は住宅の担保価値を超えてしまう場合も考えられる。そうした場合でも，相続人はその補填の責任は負わなくて済むが，その遺留分は断念することになる。

(4) 返済（清算）時期

返済の時期は，① 対象住宅の「売却時」，② 他所に「転出」した時，③ 生存配偶者に対して「所有権移転」してから10カ月以内のうち，のいずれか最も早い時期と定めている。

(5) 諸費用

ローンの契約時に，680ドルの諸費用（application fee），220ドルの不動産鑑定費用（valuation fee），政府税（government taxes），諸費用（fees）などが必要になる。また毎月，ローン手数料として，8ドルが借入金総額に加算されていく。「担保設定」については，第1位の順位での設定が条件として要求される。

(6) その他

融資について，所得として確定申告（Income Declaration）する義務はない。融資内容の報告書が毎年7月と12月の2回，配布される。

エクイティ・アンロック・ローン（Equity Unlock Loan）

コモンウェルス・バンクのローンの特徴については，以下のように整理で

きる。
- (1) 融資額がスライド方式（sliding scale）に基づいている。
- (2) 高齢者の住宅のダウンサイジングを目的にした「買い替え」にも利用できる。
- (3) 住宅の資産評価額の45%（上限は42万5000ドル）が融資の上限である。
- (4) 利用者が、他の場所に住むケースも、予め融資側の了解を取り付ければ可能である。
- (5) 「一括払い」か、「月次年金方式」のいずれかを選択できる。
- (6) 契約時の「諸費用」は、最初に950ドル、毎月の経費が12ドルである。

　ちなみに、セント・ジョージ・シニア・アクセス・ローン（St. George Senior Access Loan）の場合では、融資極度額は10万ドル、最初の消費用が750ドル、毎月の手数料が10ドルであり、さらにその上に、10万ドルの融資に対して、10年間、1000ドルの手数料が加算される。利用者の年齢が65歳から69歳までの場合は、最高融資限度額が15万ドルから（資産の20%相当か、15万ドルかのいずれか低い金額）、80歳以上では22万5000ドル（あるいは35%相当）になる。こうした種類のローンを利用する選択は、4万ドル以上の現金が年金に加算されるケースもあって、年金生活者の家計に余裕をもたらしている[21]。

ベンディゴ・ホームセーフ・エクイティ・リリース（Bendigo Homesafe Equity Release）

　ベンディゴ・バンク（Bendigo Bank）は、オーストラリアでは、比較的、遅れてリバースモーゲージ市場に参入して、シドニーやメルボルンに在住の70歳以上の持家高齢者を対象に長期的融資を始めた。セント・ジョージ・バンクやブルーストーン（Bluestone）のローンは、既存住宅を担保にした複利計算による融資であるが、ベンディゴ・バンクの場合は、「複利融資」を廃して、低リスクのローン商品を提供できると考えていた。

　また利用者は、最高で、住宅の持分の50%相当まで、ベンディゴ・バン

クに売却することができる。しかしリバースモーゲージは，利用者の死後，担保物件を売却した際に，融資資金と利息分の回収が可能かどうかが問題である。このリスクについて，ベンディゴ・バンクは，融資した資金に対する利息を請求するよりも，担保物件を売却した際，担保物件の住宅価格の値上り相当分から，融資に要した資金コストを十分に補って余りある利益が回収できるものと確信していた。

利用者が，住宅の30％相当分をベンディゴ・バンクに売却する方法ならば，消費者はまず最初に売却資金が手に入り，最後の売却で残り分も現金化できる。こうした方法によって，ベンディゴ・バンクは，最後の清算時には，消費者の資産で受け取るか，あるいは現金返済によって，担保物件の，そのときの市場価値の30％を確保することができる。

ベンディゴ・バンクは，オーストラリア国内のリバースモーゲージ市場が，ある程度にまで成長するのを窺っていた。また融資条件に「複利」を採用しないことで，先行しているセント・ジョージ・バンクやブルーストーンなどの先行している金融機関よりも，利用しやすいリバースモーゲージ・ローンを販売できる勝算があった。一般ローンと違って，リバースモーゲージの場合は，担保資産（住宅）の売却処分（清算）によっても，利息以上のキャピタル・ゲインを獲得できるものと踏んでいるからである。

ベンディゴ・バンクが，2005年から販売するパイロット・スキームは，次のような内容である。

(1) 60歳以上の高齢者が対象（夫婦の場合は二人とも）。
(2) 融資担保の資産については，メルボルンか，シドニーのいずれかの地域内に建つ，完全な所有権の戸建住宅が対象。
(3) 利用者が，住宅の持分の30％をベンディゴ・バンクに譲渡することも可能であり，この譲渡によって，利用者は当初に必要な資金を調達できる（最高50％まで持分をベンディゴ・バンクに譲渡できる）。

利用者は，残りの持分70％の資産価値を，最後（死亡）の時までか，あるいは売却する時まで活用できる。その時の清算では，ベンディゴ・バンクの持分（30％）はすべて市場評価に基づくものであり，共有者，あるいは共有資産として処分・運用の選択ができる。

ベンディゴ・バンクは，銀行側のリスクとして，特段，担保物件の市場価格の低下（下落）を想定していない。その理由として，利用者の生涯にわたって約束されている貸付利息（年利8%）収益が見込めるからである。しかし利息収益は利用者のライフスパン（寿命）にも依存している点は変動的であり，利用者の早死や住宅の売却などの場合，想定収益は達成できない。

　こうした不測の事態に備えて，ベンディゴ・バンクは，実績のある保険会社とのジョイントベンチャー手法によってリスク分散化を図っている。この種の商品は，ベンディゴ・バンクにとっても長期的な投資であるが不利益な投資ではない。しかし融資を継続していく途中で発生するであろう，銀行やパートナーにとってのマイナス面も想定されている[22]。融資側の内部モデリングによれば，利用者の長命リスクよりも，むしろ短命の方が利益獲得機会の喪失であり，ありがちな機会として想定している。

その他のリバースモーゲージ・ローン

　2005年4月19日，オーストラリアのマクアリア・モーゲージ（Macquarie Mortgages）社は，リバースモーゲージ市場への参入を発表した。そのリバースモーゲージ商品「シルバー・リビング（Silver Living）」は，60歳以上の持家高齢者を対象にして，その住宅資産の40%相当，あるいは50万ドルまで融資するノンリコース・ローンである。リバースモーゲージ商品の中でもフレキシブルな商品の一つであり，変動金利，あるいは10年間の固定金利のいずれかを選択することができる。

　リバースモーゲージ・カンパニー（The Reverse Mortgage Company）のリバースモーゲージ・ローンも，60歳以上の持家高齢者が対象であり，アメリカやイギリスのプランをベースにした内容といえる。資金用途にもまったく制約はなく，子や孫への資金援助に充当することさえ認めている。所得証明や健康診断の必要もない。住宅に他の担保設定がある場合でも融資の対象になる。公的な資金を基金にした社会保障制度の補完的なプログラムではなくて，むしろ民間金融機関による，やや変則的，あるいは複雑なローン商品といった性格が強い。

オーストラリアの場合も，ほとんどの家族が，両親のリバースモーゲージ・ローンの利用には賛同している。その理由の一つは，住宅の資産評価の一部を担保にした限定的借入だからである。金融機関の方も，相続が発生する頃には資産価値も上昇して，借入返済はわずかなものになるだろう，という見方をしている。その背景としては，安定的で堅調に推移しているオーストラリアの住宅市場の存在がある。

　ビクトリア基地のある地域では，増え続ける，"asset-rich, cash-poor" の退役軍人（70歳以上）を対象にしたリバースモーゲージ[23]（Shared Equity Product）が販売されている。

　オーストラリアのリバースモーゲージ商品は，長期的融資というよりも，むしろ譲渡契約といった要素が色濃いローンといえる。なぜならば高齢者の住宅の所有権の30％を取得して，利用者が死亡，あるいは住宅を売却する際に，金融機関もキャピタル・ゲイン（売却損の場合も）を取得する仕組みだからである。こうしたリバースモーゲージ商品は，住宅市場の長期的な成長性に対する信頼に基づいて開発されたものでもある。

　オーストラリアのリバースモーゲージの特徴でもあるのだが，日本やアメリカでも制度普及の阻害要因となっている持家高齢者の「相続志向」を配慮して，最初から20％相当の相続分（遺留分）を定めるなど，制度利用に家族の同意を得やすい取り組みは優れている。
　翻って日本のリバースモーゲージ制度は，いまなお，その運用に消極的な自治体が少なくない。高齢期の「居住」と「福祉」に関わる制度だけに，その地域の住宅市場性向なども勘考しながらではあるが，「暮らしの様態（ライフスタイル）」などに表顕されている「地域特性」にも対応できる制度の研究が待たれるところである。

4　不動産開発と金融機関

4-1　市場経済と不動産開発

　オーストラリアの都市は，富の配分が，土地や財産を含む商品の交換を通じて行われる市場構造を基盤としている (Kilmartin, 1985)。また都市の基礎資源は土地であり，都市の開発には建設環境の構成が欠かせないのだが，その中心を形成するのは住宅ストックであり，やはりその基盤となるのは土地である。土地市場および住宅市場を包括する不動産市場の開発・発展は，そのプロセスの段階で体験する政府の政策的介入（調整）の影響を過小評価することは誤りであるが，経済的環境特有の周期性が，より強く「促進」と「抑制」の光と陰を落とすものといえる。

　資本主義社会の特質ともいえるのだが，国内事情と海外諸国との経済的関係の均衡の変化，あるいは国内産業構造の変化などから誘発されるある種の波動が，関係市場の景況に何らかの周期性をもたらすことは経験的に認められている。この周期性が明確に表れる市場の一つに，不動産市場がある。

　不動産価格の変動と株式市場の景況との間の連動性は認められず，むしろ不動産市場の「沈滞期」と「流動期」が，市場に周期性を生じさせてきた (Somers, Jan, 2002, p. 102)。

　オーストラリアの場合，巨大都市にある住宅資産は，これまでの20年間で年平均7.8％の価格上昇が見られたのだが，必ずしも，毎年，順調に値上がりしてきたわけではない。ブリスベン (Brisbane) の住宅市場で検証してみると，1976年から2001年までの25年間，価格上昇は年平均7.4％（2万3500〜14万ドル）であった。しかしながら1983年から1987年の4年間はわずか2.4％（5万〜5万5000ドル）であり，次の5年間は14.2％（5万5000〜10万7000ドル），その後の9年間は3.0％（10万7000〜14万ドル）であった。しかし，そこには明確な周期性は認められない。ソマーズ，ジャン (Somers, Jan) は，詰まるところ不動産市場の周期性 (the cyclical nature of the property market) には，人間の欲望に起因した群集心理が深く関わっているものと結論している (p. 102)。

オーストラリアの住宅市場の場合は，都市中心部に人口の集中度が際立って強いことから，些細なことでも引き金になって群集心理をパニック状態に陥れやすい。そうしたタイトな市況が住宅価格に反映したとするなら，前述のような住宅価格の上昇カーブを描く市場メカニズムが理解できる。金融機関までもが投機的な不動産融資を行い，自らも開発・販売に手を下していた事態は，かつての狂騒的な日本のバブル期を彷彿させるものがある。

　オーストラリアの住宅市場には，その地理・地形的要素，人口構造要素，経済的要素，歴史的要素などから形成された明確な特徴がある。まず広大な国土に対して有効住宅地比率が低い点である。地下資源の豊富なオーストラリアでは，その広大な国土面積は潤沢な輸出量の安定性を示唆するものであっても，住宅地の供給能力までも示唆するものではない。

　オーストラリアの場合，土地は最も流動性の高い市場向きの商品であり，好況時には個人や公共団体がこぞって投資して資本化しようとするから，競争的な商取引が起こる。また経済が膨張する好況時には，海外からオーストラリアへと，移民を誘致する政策が取られる。その影響を受けて，都市内部や周辺の土地や住宅ストックは不足し，やがて需要過剰な競争的市場を形成するから，また悪循環的に土地や住宅の価格を上昇させる連鎖が起こる。しかし新来者にも住む家が必要であるから，住宅地の開発が急務であり促進策が講じられる。経済の発展に伴って労働者獲得の必要性は高まるばかりであり，経済そのものが移民への依存性を強めている景況は，金融機関をして積極的な住宅投資に走らせ，郊外の土地開発や住宅販売を促進させる方向に向かわせた（堀裕：1991，115頁）。

　1851年に，ビクトリア（Victoria）で金鉱が発見され，その規模は世界の採掘量の30％強を占めるほどであった。そこにイギリスやアイルランドなどから60万人の移民（ゴールドラッシュ移民）が流入した。すでに論じたとおり，急増する新来者の住宅需要はドラスティックであり，対する住宅市場の土地供給は制限的であるから，否応なく土地が急騰し，賃貸住宅の賃料も値上がりする。

　1865年から1869年の「土地選択法（Selection Acts）」の成立から農民が

土地を取得できた。1870年代以降の，オーストラリア政府による国有地売却政策は，当然の帰結として，私有地の拡大と土地取引を活発化させた。農牧地の私有地化と集中化，商業活動の発展から，人口増加と都市部への集中化，中間所得層の拡大など，経済活動の引き起こす連鎖は，次第に都市型経済を形成していった。

この頃は，国営鉄道の敷設や農業用の灌漑施設などの整備が進み，やがて1880年代に入ると，金鉱，牧羊，農業などを中心にした経済発展が始まった。

1880年代は，主要都市（シドニー・メルボルンなど）やその郊外に，人口増加と集中化が起こり，住宅需要や生活に関連した商業施設の建設需要も顕在化していった。こうした建設需要に対応して，土地の開発と建物の建設に関わり，必要な資金融資を担ったのが，住宅金融組合（building society），抵当銀行（mortgage banks），不動産投資銀行（property and investment company）などの住宅・不動産金融機関であった。その資金源には，オーストラリア国内の貯蓄とイギリス資金が当てられた（堀裕，217頁）。

1885～90年は，都市開発と住宅建設を中心とした不動産市場の活況の時期であった。不動産投資ブームの種は，1884～85年の都市の繁栄に始まり，その後も急速に成長して，1887～88年には，旺盛な不動産投機の年を迎えた。

1888年には市場調整が不可能に陥り，株式市場までも巻き込んだ価格上昇の気運は，イギリス資本の注目を集める市場となり，積極的な資金の導入が見られ，ますます過熱していった。

同年5月，メルボルン植民地土地投資会社が開業し，土地の仕入れもないうちに66.6％の配当を約束して資金を集めた。また1887年5月からの1年間に，ビクトリアに土地投資会社が112社，誕生した。

1888年10月，ビクトリア・バンク（Victoria Bank）は，投機的土地投資への融資を中止する旨，発表した。

しかしブームの崩壊は1889年末に突然起こった。不動産金融機関による不動産開発と住宅金融の無制限的な拡大策は，郊外に限界的ともいえるほどの地価上昇を招き，市場の循環性は保たれなくなってきた結果，買い手市場

に転じた。棚卸資産として仕入れた土地を抱えた住宅金融組合は，厳しい販売競争に巻き込まれた。

1891年には，メルボルン銀行の土地投資会社が倒産し，次いで1893年には金融恐慌が襲った。金融機関の破綻で問題視された点は，ブーム期に投機的融資を演出した経営者の資質と金融取引および会計制度の法的整備であった（堀裕，250頁）。

石田高生氏[24]は，オーストラリアの不動産ブーム崩壊の原因の一つを，以下に整理した，「金融機関の行き過ぎた不動産投資・貸付の増大と貸付基準」に求めている。

(1) 会計監査制度の問題。
(2) 不動産及び抵当権の評価問題。
(3) 経営者の個人的裁量及び不正問題。
(4) 不動産抵当貸付業務と預金銀行業務の分離問題。
(5) 不動産価格のバランスシート記入方法。

19世紀後半のオーストラリアには，預金銀行と異なる独特の非銀行金融機関の発展があり，やがて証券市場の発展にも結ぶものであった。潤沢な埋蔵資源，牧羊や農業の振興，それに関わる人口増加などの，自然環境条件や人為的環境である市場経済はちぐはぐながら，急速に発展していった。こうした市場では，資金需要も多様化し，したがって金融取引の形態も追随していき，ついには金融機関そのものも分化していくといった独特の資金流通経路を形成するに至った。

オーストラリアの経済発展は，国民所得の増加を実現し，1880年代以降，イギリス資本の導入も加担して，オーストラリアの本格的な都市開発の方向に連鎖していった。こうした成長傾向は，資金仲介機能を必要とし，結果として，不動産金融銀行，不動産投資銀行，土地抵当銀行など，どちらかといえば都市型とも分類できる，多彩な金融機関を創生することになる（堀裕，209頁）。オーストラリアの全国の固定資産支出額の50％は都市地域が占めている。したがって金融機関および市場の運営と都市開発形態との間には重大な関連性がある（Kilmartin and Thorns, p. 166）。

4-2　住宅金融機関

住宅金融組合（building societies）

　住宅金融組合は，様々な金融サービスを住宅金融市場に提供する共済組合である。銀行と同様に，住宅ローン，当座預金，クレジットカード・サービスなどの他に，投資サービスも扱っている。

　住宅金融組合は，イギリスで18世紀末から発展してきた自助的な組織であり，1840年代後半に，オーストラリアに出現したのだが，それから100年間は比較的小さな地方の金融機関であった。1950年から1970年までの期間，住宅に対する旺盛な需要は住宅金融組合の数を急速に拡大させ，1975年にはそれまでで最多の178の住宅金融組合が作られた。産業界に顕著な合理化と合併の波は，1985年になると，住宅金融組合を70にまで減退させた。

　1980年代の金融業の規制緩和以来，多くの住宅金融組合が，銀行に変わるか，あるいは合併した。2002年7月現在，15の住宅金融組合がオーストラリアに残っている。

　オーストラリアの住宅金融組合は，最初，政府の，1862年の条件付土地売却推進政策に端を発して，1860年代には5社，70年代前半に6社，その後半に8社，80年代前半に18社，やはりその後半には12社が名乗りを上げた。そもそも住宅金融組合は，都市部や郊外を対象にして住宅建設資金を融資する金融機関の一種であり，出資金や貯蓄性資金を集積して原資とし，住宅担保融資を主たる業務とした組織である。住宅金融組合は，その出資金の性格から，「永続住宅金融組合（permanent building society）」と，「期限付き住宅金融組合（terminating building society）」の2種類に分類できる。全体的には，住宅金融組合は成功しており，土地取引が公認されたことによって収益性が向上し，その結果は多彩な金融機関の萌芽にも繋がっていった。

　出資者は，通常の場合「組合員」になり，「持株（shares）」に対する「配当金」が支払われ，出資元本に組み込まれた。住宅金融組合は，永続性株式（permanent shares）の発行によって更なる資金調達の拡大化を図った。この永続性株式の配当金は定期的に現金で支払われたので人気があり，多くの

投資家を募るのに成功した。

　しかし住宅金融組合は，1880年代中頃から，本来の業務域から大きく逸脱して，土地に対する投機的資金投与が表面化するようになった。また組合は，未開発の政府国有地を購入して，更に細分化した区画を販売する方法で利鞘を稼ぎ，その分割地購入者に対しては8％を超える高金利で融資し，住宅資金融資の他にも，戸建住宅やテラスハウスなどの販売にまで手を染めた。

　住宅金融が中心的営業である住宅金融組合の他に，大規模不動産開発やその関連融資を主とした営業抵当銀行や不動産投資会社などもあるのだが，いずれの金融機関の資産も，貸付債権，不動産関連の所有権，また抵当権などで構成されている。そして，これらノンバンク系金融機関の営業活動が，1880年代の都市中心部（シティー）や郊外の不動産価格を異常に上昇させた牽引力になったことは疑いない点である（石田髙生：2005, p. 243）。

　この当時は，住宅金融組合ばかりか抵当銀行や不動産投資会社の方も，政府が売却した未開拓の土地区画を，その一次取得者から直接的に購入し，宅地造成・細分化して販売した。

　住宅金融組合の場合は，シティーや郊外で，一区画を「間口＝20フィート」×「奥行き＝80〜100フィート」に細分化して販売し，そこにテラスハウスが建てられた。

　1870〜80年代になると，住宅金融組合にも小口貯蓄が着実に増加してきて，その顧客の多くは，家賃を負担するよりも，たとえミニサイズであっても自分の家を購入した方が得策と考えるようになった。

　住宅金融組合は，当初，こうした人たちが出資ないし預金して設立した組合組織の金融機関であったが，住宅建設や都市郊外の開発が進むころには，金融機関の自己資金で不動産取引に携わるように変わっていった。やがて通常業務である住宅金融の外に，不動産取引や開発事業に積極的に取り組むようになった。いくつかの住宅金融組合は不動産取引のライセンスも持っていたし，抵当銀行や不動産投資会社はさらに大規模な土地開発や建設への接近を積極的に繰り返していった。政府からの土地の購入は，条件付販売（conditional sale）によって制約されるなかで，都市開発の拡大につれて地価の上昇を招き，労働賃金の上昇とも重なって，開発・建設コストの上昇を

惹起させた。要するに，土地商品の，制約的で狭隘な供給に対して，組合員の出資や小口預金を積極的に集めて資金力を付けたノンバンク系金融機関が開発攻勢をかけて，短期間に，土地の市場に急激な流動性を付与させた結果が招いたコストや価格の上昇機運と言えた。

　オーストラリアの不動産投資ブームの種は，まず1884年から1885年の繁栄していた都市に萌芽し，驚異的なスピードで成長し，わずか数年後には不動産投機も更に活発化し，その勢いは株式市場にまで波及した。この数年来のインフレ現象は，1888年頃にはあらゆる分野にまで蔓延した。こうした急激なインフレの背景には，1880年代にはピークを迎えていたイギリス資本の積極的な導入があった（石田，244頁）。

　やがて不動産ブームの崩壊は，1889年の終わり頃，突然に起こった。金融機関の不動産開発と住宅金融の広がりは，多くの郊外の地価上昇の要因となって，需要の限界点を突破してしまった。土地の在庫を抱え込み過ぎた住宅金融組合は，不本意な販売競争を余儀なくされた。住宅金融組合に資金提供していた預金銀行は，預金金利を4％から5％に引き上げ，さらに不動産担保貸付を手控えた。

　不動産ブーム崩壊の要因について，当時の論評は，以下のように要約している。① 向こう見ずでまったく不当な借入，② 信用創出期間の過度の増加，③ 金融負債を引き受けることに対するギャンブル的な精神と無頓着さの前例のないほどの爆発，④ 植民地の輸出生産物である羊毛，小麦，鉱物資源の市場価格の全般的な下落，などである。

　不振の始まりは，1888年10月のメルボルンにおける不動産投機の失敗に関連した会社の清算に求めるのが自然である。これによって1880年代の不動産ブームは緩やかに収束に向かった。その間にも，不動産関連会社の多くが倒産に追い込まれ，不動産市場の将来予測は暗転した。住宅金融組合は，大衆から資金を預かり，通常は安全な形で投資してリスクを最小限に抑えてきたのだが，一転して保有不動産の処分が難しくなり，集めた資金は仕入れた不動産の借入など債務の返済に充当しなければならなかった。

　高コストの内外資金が投じられた無謀な都市開発と，1880年代の高度成長の悪果とも言える建設コストの上昇などから設定される不動産投資の臨界

点は，賃金の上昇や所得増大の広がりだけではクリアできないほど高価格帯であった。要するに，地価の上昇と建設コストの上昇から，住宅価格は高目設定となり，その価格実現に困難が生じた結果，住宅金融組合の方は，借入返済や利払いに不履行が生じたのである（石田，243〜245頁）。

現在も，住宅金融組合は，オーストラリアの住宅関連の資金需要を中心にして幅広く対応している。融資上の細かい規制は，州によって多少の相違はあるが，住宅ローン，保険商品，住宅担保ローンなどが，銀行よりも好条件で販売されている。

抵当銀行（mortgage bank）

抵当銀行は，住宅金融組合と業務の内容はほぼ同様であり，住宅金融機関の一種である。住宅金融組合との相違点は，根抵当を担保にした資金融資が主な業務であり，1件当りの融資額がより多額な点，また会社法（Company Statute）に基づいて登記された法人格を有しているから広範な営業活動が可能である点などが挙げられる。

不動産投資会社（property and investment company）

不動産投資銀行の業務は，土地取引や投資を主としていて，預金銀行が持つ抵当物件なども融資の対象にしている。資金の調達については，自己資本率や預金の比重は低く，預金銀行からの借入に依存した経営体質といえる。住宅金融組合や抵当銀行とは，その経営面において性格を異にしている。

金融サービス協同組合（financial services co-operatives）

金融サービス協同組合とは，一般的な個人預金や融資を扱い，ノンバンク・ファイナンシャル・インスティテューション（NBFI；Non Bank Financial Institutions）と呼ばれる共済組合であり，住宅金融組合，消費者信用組合，コーポラティブ住宅組合，および共済組合などがある。他の協同組合と異なって，NBFIの組合はオーストラリア政府の監督下にあり，現在，250の共済組合が組合員のために財政的な各種サービスを扱っている。

消費者信用組合 (credit unions)
　消費者信用組合とは，組合員の資金を最も低金利で，相互に融通し合う方法に同意した人々から形成されている貯蓄貸付組合である。組合員は利潤目的の動機ではなくて，組合員同士の財政的安定を図ろうとする目的で結ばれている。2002年7月8日現在，196の消費者信用組合がオーストラリアに存在している。

コーポラティブ住宅組合 (co-operative housing societies)
　コーポラティブ住宅組合は，1935年の初めに，ニューサウスウェールズで始まった。その目的は，低中位所得層の住宅購入希望者に向けた住宅資金の融資であり，究極的な住宅組合として，つとに知られている。組合の基金については，1956年前までは銀行や保険会社から保証されていたが，1956年以降は，英連邦/州の住宅基金 (Housing Agreement Funds) を，連邦政府の住宅政策予算の一部として低所得者家計に融資することが許されている。

共済組合 (friendly societies)
　共済組合は1836年以来，オーストラリアに存在している自助的機構である。すでに19世紀のイギリス産業革命に，その起源を辿ることができるほど伝統的な組合組織である。当時，職工や肉体労働者が，貧困からなる罹病や死から彼らや家族を護るために，彼ら自ら立ち上がって基金を集め，団結した。
　オーストラリアの共済組合は，医療業務，病気療養中の手当，および基金を，組合員に対する福祉サービスとして提供する目的で組織された。共済組合は，組合員にとって，しばしば植民地としての下積み時代に利用できる唯一の資金提供の役目を担ってきた。共済組合が成長するに連れて，提供するサービスはより一層多様化した。その後，共済組合は，高齢者や障害者のために，失業時の所得保障や，求職活動に必要な諸費用などを支給できる年金も扱うようになっている。年金，失業保険，疾病保険など，政府が保証する福祉制度の実現によって，共済組合は組合員に提供するサービスを，年

金，投資，保険，リタイヤメント，ホステル，旅行企画，休日施設などにまで，その事業規模を拡大化させている。

2001年5月9日の時点で，オーストラリアで最も成功している金融機関のリストの中に，39の共済組合を見つけることができる。

1997年，オーストラリア政府は，銀行，住宅金融組合，消費者組合，生命保険会社などに，退職資金（retirement savings）商品の販売を許可している[25]。

5　オーストラリアの不動産権[26]

日本は，大陸法（フランス，ドイツ）の法制度を範とした成文法国家であり，大陸法系の法概念に基づいている。オーストラリアの場合は，英米法体系が採用されていて，基本的にはイギリスの土地所有制度が継承されているから，不動産関係の法的概念にしても日本とは別のものである。

オーストラリアの不動産取引に関しては，歴史的変遷を経ながらも，英国法の土地法を継承しているから，権利関係も難解な部分が多い。さらに連邦法と州法の，法規制が二重構造を取っていて，土地に関する法律も連邦議会の専属的権限に含まれないで，州の立法権に属している。不動産の所有権の概念にしても，フリーシンプル（Free Simple），あるいはフリーホールド（Free Hold）といった2種類の所有権の形態に分類されているが，実質的には日本の所有権に近いものである。フリーシンプルに到達していないリースホールド（Lease Hold）といった形もある。

土地の有効利用については，1847年，占有許可制度の導入によって，それまで放任されていた未公認土地における，不法占有者（スクオター；squatter）による公然の不法占有を，公式に開拓地として定めた19地区内の公有地売却による土地私有と併せて，1861年，新たに，国有地売却法（Alienation of Land Act）と国有地占有法（Occupation of Land Act）から構成されている土地法として成立させるに至った。

この国有地占有法では，スクオターに自己の占有地に対する先買権を認

めると同時に，枢密院規定（1847年：Privy Council Verdict）に基づいて，牧羊地借地契約（pastoral leases）の更新と占有の継続も保証した。ただし借地期間を，東部の第一級開拓地については1年間，中部・西部地域は5年間と期間を制限し，それぞれの更新を可能と定めた（石田，244頁）。

オーストラリアのほとんどの土地は，オールド・システム（Old System）か，トレンス・システム（Torrens System）のいずれかの法体系の下にあり，後者のシステムは，19世紀の間に各州に導入された。1858年に，サウス・オーストラリアから始まり，やがてヴィクトリアには1862年，ニュー・サウス・ウェールズには1863年に，それぞれ導入されている。

こうして土地登記制度が導入され，所有権者が登記された土地は，トレンス・システムの土地，その所有権はトレンス・タイトル（Torrens Title）であり，未だに登記されていない土地は，オールド・タイトル（Old Title），あるいは「オールド・システムの土地」であり，州によって，この登記の種類の配分は異なっている。ちなみに，オールド・システムの土地はリバースモーゲージの融資担保の対象から除外されている。トレンス・システムの導入前は，不動産の公示方法が確立されていない状態だったので，リーガル・モーゲージ（Legal Mortgage）といった担保制度の方法で，日本の譲渡担保と同様に，所有権を一旦，担保権者に譲渡する形式を採用していた。

オーストラリアの土地所有の特徴であるのだが，土地の所有権は，その上に建つ家屋や施設にも，土地の上の定着物として及ぶものと定められている。土地登記制度と区分所有登記制度（Strata Title あるいは Building Unit Title）はあるが，建物登記制度は存在しないのだから，土地の上の「付着物（Fixture）」として捕捉・評価することになる。日本の建物の場合は，民法第86条第1項や不動産登記法第15条[27]によって，土地とは別の所有権対象を法定し，建物登記簿も用意されている。

堀裕氏（1991）は，オーストラリアのトレンス・システムの登記について，「土地（区分所有も含む）の登記のみに限り，建物自体についての登記制度はない。建物を構成する各部分を土地に付着する動産と考え，その動産は土地に付着（attack）した時に土地の一部を構成したものとみなされる。それ

故，土地所有者は，日本流に言えば，附合により，自動的にそのものに対する権原を取得する（whatever is attached to the soil becomes part of the land）。これら付着した目的物を，付加物（Fixture）と呼んでいる」と論じている。

ここで重要な点は，「付着」の度合・状態の判断である。「付着」の判断が，「不動産」か「動産」かを決定するからである。堀氏によれば，「土地または土地上の建物にしっかりと付着（security sustaintially）すれば，反証のない限り，付加物」とみなされるのである。

日本の場合，民法第86条第1項に，「土地及びその定着物は之を不動産とする」と，明記されている。日本では，「定着物」についても，土地とは別個の独立性を持った「不動産」とみなし，オーストラリアでは，「動産」として捕捉している。「住宅」を考えるとき，日本であれば，「土地と建物の，2個の不動産」を意味し，オーストラリアでは，「不動産である土地と，その付着物（建物：動産）」ということになる。「動産」とは，民法上では，不動産以外の「物」であり，不動産との相違は，得喪変更の対抗要件（引渡しと登記），即時取得，所有権設定されるほかに，物権の種類，取引の厳格性などがある。

オーストラリアの不動産物件の広告を見ても，建物は「動産」だから，その面積や建築年数などよりも，建物の価値を，使用上の利便性・快適性に置いているとも，理解できる。日本の場合は，建物も権利主体としての独立性を認められた「不動産」であるから，その面積や構造，建築年数などは重要な固有条件であり，販売広告の中にも明確に記載されている。固定資産としての評価基準上の資産性（担保力）が優先的な日本人と，住む人の個人的志向（ライフスタイルの実現性）をより重視するオーストラリア人の，それぞれの選択に日豪両国の住宅に対する期待が象徴されている。

日豪両国の，不動産の権利形態の相違は，不動産評価にも反映されている。オーストラリアの場合，土地については，その場所（place），あるいは地域の中に占める位置（location）が，主たる価値（value）を構成する。しかし，その定着物である建物の場合は，住宅としての性能・機能が基本的な評価基準である点は日本とも共通しているが，その外に，建物のデザイン性を

含めた，個別性（individuality）が資産的価値を構成している。そうした評価方法の背景として，不動産の法的体系が関係していると解釈することも誤りではない。

住宅としての資産的価値を，土地と同格の権利主体として法定化している日本と違って，その家が，住宅地全体（コミュニティ）との相対性の中に，ある種の調和感（harmony）を持ちながら，なおかつその家の個性（character）が明確でありたいとする理由は——家のデザイン的特徴も貢献度が強いのだが——住む人のライフスタイルの象徴性を求めているからである。

オーストラリアでは，こうした非計測的要素も，住宅の資産性を構成している。あるいは，そうした認識がより普遍的な市場がオーストラリアの住宅市場であるとも理解できる。

そうした傾向は，不動産広告のチラシからも，明確に読み取れる。オーストラリアの不動産業者が重要事項説明書を用意しているケースは大型物件に限られており，一般住宅の場合は建築年度や建物規模などの詳細な資料（情報）を，所有者も保管していないケースも少なくない（堀裕，88頁）。

注
(1) 「一人当たりの道路延長距離」ではオーストラリア（54.2m）が世界一長い国。牧野昇：27頁参照。
(2) 「セカンドハウス所有率」では，カナダ（20.2%）に次いでオーストラリアは2位（17.2%）。牧野昇：124頁参照。
(3) J. K. Wilton & Company。投資顧問会社（関東財務局登録法人）。
(4) イギリスは2004年5月のEU加盟後から移民を対象に「労働者登録制度」を導入。ポーランドなどから大量の移民を受け入れている（『朝日新聞』2005年11月2日付）。
(5) Chris Chamberlain and David MacKenzie.
(6) 近年，新たな居住空間獲得のスキーム（Homestake shared equity scheme）としてイギリス国内で普及。
(7) *Latest Property News Archive*, 17 Dec 2004.
(8) オーストラリア人の35%は75歳位までの個人的年金の準備はあるが，健康ならば87歳位までの準備が必要。(*Latest Property News Archive*, 27 Aug 2004).
(9) 注(8)参照。

(10) Waxman, Peter (2004), *"House Price Determination" Investing in Residential Property*, Wrigtbooks.
(11) Australian Housing Survey-1999.
(12) Housing Characteristics, Costs, Conditions (ABS Cat. No. 4182.0).
(13) 著者の別稿においては,「自然環境」と相対的な位置付けに「社会的環境」を配して論考している。その場合の「社会的環境」とは,「市場経済」を示す意味合いであり,広く社会制度までも包摂するものとして論じている。
(14) 2011年から2031年の間にベビーブーマーが65歳に達する。
(15) 各自治体の高齢者・障害者公的支援サービス・プログラム。移動,買物,銀行,住宅修理,カウンセリングなど生活に必要なすべてのサービスを提供する。ケアサービスのレベルに応じた費用負担があるが,利用者の所得も勘案される。
(16) 牧厚志:72頁参照。
(17) Richard Reed (University of Melbourne property expert):*Media Release*, Thursday 27 November, 2003.
　In a report written with Georgia State University's Karen Gibler (*Media Release*, Thursday 27 November, 2003).
(18) Rebecca Trott Media Liaison.
(19) Boreham, Tim (20/10/2004) *The Australian*, "Shared equity reverses the mortgage burden".
(20) 旧法 (Real Property Act 1900) に基づいた所有権。
(21) AAA Seniors Finance. Suzanne Doe, J. P. Dipl. of Financial Services.
(22) Publication: Financial Review Section: Financial Services, Jonstone, Eric (02/05/2005).
(23) 2004年7月,オーストラリアで初めて開発・販売された「最初の住宅の購入層」を対象にしたローン。自己資金がなくても融資側と住宅を共有する方法で全額融資する。
(24) 『オーストラリアの金融・経済の発展』。
(25) A more flexible and adaptable retirement income system, Australian Government.
(26) 堀裕 (1991)『オーストラリアの不動産取引』111頁参照。
(27) 不動産登記法第15条(登記簿の編成――不動産一登記用紙主義)「登記簿は一筆の土地又は一個の建物に付き一用紙を備なう」。

参考文献

- 石田髙生（2005）「金融恐慌の特殊性」『オーストラリアの金融・経済の発展』日本経済評論社.
- 伊波貢（2003）『おきなわデータ散歩』沖縄タイムズ社.
- 小沢理市郎・他（2000）『リバースモーゲージの活用ニーズの把握及び制度促進に関する調査研究』高齢者住宅財団.
- キルマーチン, レスリー（Kilmartin, Leslie）・他（著）吉井弘（訳）（1988）「都市開発プロセス」『オーストラリアの社会構造』勁草書房.
- 世界銀行（著）田村勝省（訳）（2005）『世界開発報告2005』シュプリンナー・フェアラーク東京.
- 橋本正五（1948）「木造住宅の寿命と建て替え」『新住宅』新住宅社.
- 藤井良広（2005）『金融で解く地球環境』岩波書店.
- 堀裕（1991）『オーストラリアの不動産取引』同文舘.
- 中野不二男（1995）『もっと知りたいオーストラリア』弘文堂.
- 日本政策投資銀行（2005）『2005年度版地域ハンドブック』.
- 牧厚志（1991）『オーストラリアの消費, 貯蓄, 投資』三菱経済研究所.
- 牧野昇（監修）BOX編集部（編）（1988）『1人当たりの地球白書』ダイヤモンド社.
- 琉球銀行経済調査室（2005年）『沖縄県経済の2004年の回顧と2005年の展望』.
- AAA Seniors Finance.
- Australian Housing Survey-1999.
- Boreham, Tim（20/10/2004）The Australian, "Shared equity reverses the mortgage burden" By Website.
- *Financial Review*, Bendigo Bank reverse logic. 02/05/2005.
- *FHA Spot Condo Affidavit*, A Subsidiary of IndyMac Bank.
- Housing Characteristics, Costs, Conditions（ABS Cat. No. 4182.0）.
- In a report written with Georgia State University's Karen Gibler（*Media Release*, Thursday 27 November, 2003）.
- *Latest Property News Archive*, 17/Dec/2004.
- Program Report Counting the Homeless（ABS cat. no. 2050.0）by Chris Chamberlain and David MacKenzie.
- Rebecca Trott Media Liaison.
- Richard Reed（University of Melbourne property expert）：*Media Release*, Thursday 27 November, 2003.
- Somers, Jan（2002）*More Wealth from Residential Property*, Herron Book Distributors.

- Stucki, Barbara R. (2005) *Use Your Home to Stay at Home — Expanding the Use of Reverse Mortgage for Long-Term Care: A Blueprint for Action*. The National Council on the Aging.
- Suzanne Doe, J. P. Dipl. of Financial Services.
- *The State of Hawaii Data Book 2000*.
- The Robert Wood Johnson Foundation & The Centers for Medicare and Medicaid Services, *Use Your Home to Stay at Home — Expanding the Use of Reverse Mortgage for Long-Term Care: A Blueprint for Action*.
- *The National Council on the Aging* (2005).

資　料

1　HECM Spot Condo Affidavit　214-215
2　Origination Approval Agreement (OAA)　216-223

HECM Spot Condo Affidavit[1]

FINANCIAL FREEDOM THE REVERSE MORTGAGE SPECIALIST.

A Subsidiary of IndyMac Bank, F.S.B.

FHA SPOT CONDO AFFIDAVIT TO BE EXECUTED BY THE OWNERS ASSOCIATION OR MANAGEMENT FIRM

Name of Condominium Project: _____
# of Phases: _____ Total # of Units: _____ # of Investment Properties: _____

In reference to the above-described project, I hereby certify that:

1. The unit is part of a condominium regime that provides for common and undivided ownership of common areas by unit owners.
2. The project, including the common elements, and those of any Master Association, are complete, and the project is not subject to additional phasing or annexation.
3.
   (a) There are no special assessments pending.
   (b) No legal action is pending against the condominium association, or its officers or directors.
4. The common areas have been under control of the homeowners association for at least one year.
5. At least 90% of the units in the project have been sold. Verified by _____
6. At least 51% of the total units in the project are owner-occupied. Verified by _____
7. There are no adverse environmental factors affecting the project as a whole or individual unit.
8. No single entity owns more than 10% of the total units in the project. Verified by _____
9. The units in the project are owned in a fee simple or the units are held under a leasehold acceptable to FHA.
   Leasehold in file.
10. The owners association has adequate common area insurance coverage.
    General liability replacement coverage, etc. reflects the character, amenities and risks of the

12. The owners association has a reserve plan and a reserve fund, separate from the operating account, that is _____ adequate to prevent deferred maintenance. The amount of the reserve fund is $ _____ as of ____/____.

13. The legal document of the homeowners association do not contain a right of first refusal or restrictive covenant.
Not applicable on a Reverse Mortgage. Refer to rule as stated below: Per Federal Register: 24 CFR PART 206 [Docket No. FR-4267-F-02] RIN 2502-AG93
Home Equity Conversion Mortgage Insurance:Right of First Refusal Permitted for Condominium Associations

This final rule removes, for the Home Equity Conversion Mortgage (HECM) insurance program only, the restriction on FHA mortgage insurance for a dwelling unit in a condominium project where the condominium association has a right of refusal.

14. _____ (a) For projects consisting of over 30 units, no more than 10% of the total units are encumbered by FHA insured mortgages. Verified by _____
_____ (b) For projects consisting of 30 units or less, no more than 20% of the total units are encumbered by FHA insured mortgages. Verified by _____

(Mortgagee)
(Reviewer)

(Address) ss)
(Title)

(Date)

U.S. DEPARTMENT OF HOUSING AND URBAN DEVELOPMENT
WASHINGTON, DC 20410-8000

OFFICE OF HOUSING

Dear Mortgagee:

The Department has accepted your application for approval as a HUD/FHA loan correspondent mortgagee. A copy of your application with the appropriate approval signature is enclosed for your records. The mortgagee identification number referenced above must be used on all HUD/FHA insured mortgage documents where required and on any correspondence sent to HUD/FHA.

This letter also constitutes an Origination Approval Agreement (OAA) authorizing your institution to originate single family mortgages to be insured by HUD/FHA. Origination of any mortgage loans pursuant to this agreement constitutes your acknowledgement that your authority to originate single family mortgage loans insured by FHA is subject to compliance with appropriate laws and regulations as they may be amended from time to time. The OAA may be terminated by HUD/FHA as set forth in Section 202.3 (c) of the Lender and Mortgagee Approval Regulations, 24

214

Your institution has been approved to originate single family mortgages in the jurisdiction of the HUD field office(s) indicated on the enclosed application. These mortgages must be sold to your approved sponsor(s). Any changes in addresses must be made by you using the FHA Connection. Enclosed for your reference is a copy of Mortgagee Letter 99-17, FHA Connection Lender Approval Functions and HUD seals and posters.

If you have any questions concerning the approval of your institution, please contact this office

Sincerely,

Enclosures

www.hud.gov espanol.hud.gov

Application for Approval
FHA Lender and/or Ginnie Mae Mortgage-Backed Securities Issuer

U.S. Department of Housing and Urban Development
Federal Housing Administration and
Government National Mortgage Association

OMB Approval Numbers 2503-0012 (Exp. 11/30/99)
2502-0005 (exp 6/30/96)

RECEIVED

All Applicants are required to complete Sections A and B. Use this form as a cover sheet for your submission.

Section A. General Information

1a. Corporate Name	2a. Phone (include area code and extension)

1b. DBA (if applicable)	2b. FAX (include area code)
	2c. Email

3. Geographic Address of Home Office (must be physical address) Attention (Use a title, not an individual's name)	5a. Contact Person for this application
Street Address	5b. Contact Phone Number and extension for this application
City	State	Zip Code	6a. Contact FAX Number and area code for this application
County	6b. Contact E-Mail Address for this application sdodson@federalmortgagelicensing.com

4. Mailing Address Check if same as ☐ Geographic Attention (Use a title, not an individual's name)	7. Date of Charter
Street Address "P.O. Box	8. Under Laws of the State of (if applicable)
City	State	Zip Code	

Minority / Woman Owned Business

☐ Ginnie Mae Single-Family ☐ FHA Multifamily ☐ FHA Title II Conversion ☐ Minority Owned
☐ Ginnie Mae Multifamily ☐ Women Owned
☐ Minority Owned / Women Owned

11. All Applicants **must** provide the information below for all officers, along with owners having a 25% or greater ownership interest in the applicant. If additional space is needed, use a separate sheet. Please indicate which officer is in charge of the day-to-day operations of the applicant by checking the box provided.

Officer/Owner Name	Title (if applicable)	Social Security Number	% Ownership
☐ ☐ ☐ ☐ ☐ ☐ ☐ ☐			

Previous editions are obsolete.
Replaces HUD-92001, 92001-D and LD

Page 1 of 3

form **HUD-11701** (11/2000)
ref Handbooks 5500.3 and 4060.1

資　料　217

☐ Section B. History and Business Status

Please check the appropriate answer for each question below. If any of the questions require a "Yes" answer, provide an explanation on a separate sheet.

Yes No

1. ☐ ☐ Is the applicant the subject of any assessments, or contingent liabilities not disclosed in its financial statements?

2. ☐ ☐ Has the applicant or any of its principals, officers, individuals serving on the Board of Directors, or individuals acting as authorized signatories, ever been, or are any presently suspended, terminated, debarred, sanctioned, fined, convicted, denied approval, or refused a license by any Federal, State, or local government agency, or a government-related entity, where the action is related to the responsibilities that are commensurate with those of the financial services industry?

3. ☐ ☐ Is the applicant or any of it principals, officers, individuals serving on it's Board of Directors, individuals acting as authorized signatories, or employees currently involved in a proceeding or subject to an investigation that could result, or has resulted, in suspension, fine, or disbarment by a Federal, State, or local government agency, conviction in a criminal matter, bankruptcy or denial of fidelity insurance or mortgagee's errors and omissions insurance coverage?

Yes No

4. ☐ ☐ Have any mortgage insurance companies, secondary marketing agencies or warehouse lenders, or broker/dealers denied the applicant approval in the three previous fiscal years being reported? Provide the date and reasons for each denial.

5. ☐ ☐ Has the applicant been subject to any past or present action by HUD, VA, Fannie Mae, Freddie Mac, or other government-related entity to indemnify the entity against loss?

6. ☐ ☐ Is the applicant currently subject to regulatory or supervisory action by any regulatory agency? Regulatory actions include, but are not limited to, supervisory agreements, cease and desist orders, notices of determination, memorandum of understanding, unresolved audits, and investigations. Supervisory actions include, but are not limited to, the appointment of a trustee, conservator, or managing agent.

7. ☐ ☐ Has the applicant or any owner, principal, or managing executive been involved, through ownership or otherwise, with a previously defaulted Ginnie Mae issuer(s)?

Section C: FHA Title I and Title II only

1. Premium Address Check if same as: ☐ Geographic ☐ Mailing			5. Lender/Mortgage Type	6. Institution Type
Attention (Use a title, not an individual's name)			☐ Government	☐ Federal ☐ State ☐ Local
Street Address /P.O. Box			☐ Supervised * (not Loan Correspondent)	☐ Credit Union ☐ Bank ☐ Savings Bank ☐ Savings and Loan
City	State	Zip Code		

Title I and Title II (rotated form content)

Title I an / Title II only

	Loan Correspondent (Supervised/Non-supervised)	Mortgage Co./Finance Co.* Supervised Loan Corr.*
City	Investing Mortgagee	☐ For-Profit ☐ Not-for-Profit

3. CHUMS Address Check if same as: ☐ Geographic ☐ Mailing ☐ Premium ☐ Payee

Attention (Use a title, not an individual's name)

☐ Reserved

Street Address /P.O. Box

City — State — Zip Code

☐ Service Provider — ☐ Service Provider ☐ Servicing Agent

4. Endorsement Address Check if same as: ☐ Geographic ☐ Mailing ☐ Premium ☐ Payee ☐ CHUMS

Attention (Use a title, not an individual's name)

Street Address /P.O. Box

City — State — Zip Code

5. Lender/Mortgagee Type Code (HUD use)

6. Institution Type (HUD use)

Supervised Only

7. Examined and Supervised
- ☐ Federal Reserve System
- ☐ Federal Deposit Insurance Corp.
- ☐ Office of Thrift Supervision
- ☐ National Credit Union Admin.
- ☐ Other (specify)

7. Examined and Supervised Code (HUD use)

10. Origination/Service

Originate ☐☐☐☐ Service ☐☐☐☐ (HUD use)

☐ Title I — Property Improvement / Manufactured Housing
☐ Title II — 1-4 Family Mortgages / Multifamily Mortgages

11. Fiscal Year End (month)

12. Financial Statement Date (HUD use)

8. Sponsor Home Office Lender/Mortgagee ID (10 digits)

9. Applicant Taxpayer Identifying Number (9 digits)

13a. Title I Home Office Lender ID, if prior approval (10 digits)

13b. Title II Home Office Mortgagee ID, if prior approval (10 digits)

Previous editions are obsolete.
Replaces HUD-92001, 92001-D and LD

Page 2 of 3

form **HUD-11701** (11/2000)
ref Handbooks 5500.3 and 4060.1

☐ **FHA Certification**

The undersigned agrees to comply with the provisions of the HUD regulations and the requirements of the Secretary of HUD. I certify that I am authorized to execute this application on behalf of the applicant.

☐ **Section D. Ginnie Mae I and/or II Applicants (Fannie Mae and/or Freddie Mac Approved)**

1. FHA Mortgagee Number (If applicable)

2. Fannie Mae Seller/Servicer Number(s)

3. FHLMC Seller/Servicer Number(s)

4. Total Dollar Amount of Mortgage Servicing Portfolio

(Servicing)	(Sub-servicing)
$	$

5. On a separate sheet, please provide a description of any restrictions on the applicant's activities that have been imposed by Fannie Mae and/or Freddie Mac. Please also provide a copy of the applicant's annual eligibility certification report and the most recent compliance report from Fannie Mae and/or Freddie Mac.

6. For those applicants applying for approval in Ginnie Mae's multifamily program, provide eligibility certification of multifamily approval by Fannie Mae and/or Freddie Mac.

7. For those applicants who are not approved for Fannie Mae's and/or Freddie Mac's multifamily program, provide two resumes showing the relevant experience in multifamily origination and servicing for the past ten years.

☐ **Section E. Ginnie Mae I and/or II Applicants (No Fannie Mae or Freddie Mac Approval)**

1. FHA Mortgagee Number: (If applicable)

2. On a separate sheet, please provide a brief description of the applicant's history. Please include operating and business plans.

3. On a separate sheet, please provide the following: Mortgage loan operations and volume of originations segregated by loan type

5. On a separate sheet, please list investors for whom the applicant sells mortgages.

6. On a separate sheet, please list at least four resumes (minimum of three full-time officers and one full-time employee) for the key officers and employees of the applicant. The resume must show the employee's name, Social Security Number, date of birth, and the relevant experience pertaining to the mortgage banking industry. Please include each employee's employment history for the past ten years by name of the employer, date, title, supervisor, and

...amount for whom this applicant services mortgages (sub-servicing is to be identified and broken out separately using the same format).

Section F. Ginnie Mae Certifications (All Ginnie Mae Applicants)

1. The financial statements submitted to Ginnie Mae are complete and accurate statements of the applicant's financial condition.
2. To the best of its knowledge and belief, the information and data contained herein are true and correct. Further, it is the opinion of the undersigned that it has powers and authority sufficient to act as issuer of Ginnie Mae mortgage-backed securities.
3. Each applicant warrants that while the application is pending action by Ginnie Mae, the applicant will notify Ginnie Mae in writing of a change in any material factor that could affect the application decision.
4. Agreements: The undersigned applicant by submitting this application agrees to issue and administer Ginnie Mae mortgage-backed securities and service pooled mortgages in accordance with Section 306(g) of the National Housing Act, its applicable regulations; and the applicable "Government National Mortgage Association Mortgage-Backed Securities Guide" (Ginnie Mae I: Handbook 5500.3).

All Applicants are required to sign and date the application.

Applicant		Date
Signature (must be original)	Name (printed or typed)	
	Title (must be President, Vice President, Partner, or Managing Member)	Title I ID Number
		Title II ID Number

Approved (HUD Use Only)

U.S. Department of Housing and Urban Development,
Director, Office of Lender Activities and Program Compliance
By: Signature of Director Lender Approval and Recertification Division

Date

Previous editions are obsolete.
Replaces HUD-92001, 92001-D and LD

form HUD-11701 (11/2000)
ref Handbooks 5500.3 and 4060.1

索　引

A－Z

AARP　65-6, 72, 79
AIP　94
American Saving Bank　124, 125
Bendigo Bank　190
Bendigo Homesafe Equity Release　190
BLL　148
Cash Account Plan　66, 84
Commonwealth Bank　169, 183
DCF法　138
Deferred Payment Loans　72
Equity Loan　21
Fannie Mae　16, 65
FHA　50, 64-5, 72, 77-8, 80-1, 82, 88-90, 99, 142
Financial Freedom　66, 69, 73, 84, 90
First home buyers　168, 184
HECM　50, 65-6, 72, 76-80, 81-3, 86-91, 95-6, 99, 128-9, 136
Home Keeper for Home Purchase　16, 83
Home Keeper　66, 82-3
HUD-HECM　51
Legal Mortgage　205
Macquarie Mortgages　192
NCHEC　65-6
NCOA　69-70, 78
Old law Title　188
Police and Nurses Credit Society　187
Property Tax Deferral　72
Proprietary Reverse Mortgages　72
Senior Equity Release Loan　187
Shared Equity Product　193
Silver Living　192
Simply Zero Cash Account　78
SOHO　144, 146, 157
St. George Bank　187
St. George Senior Access Loan　190
Unlock Loan　189
Victoria Bank　196
Wells Fargo Home Mortgage　69, 90

ア　行

ア・ラ・イエ　42
アイルランド　195
アクタス・プラン　105-6
旭化成ホームズ　18, 24-5, 27-9, 31, 157
アフォーダブル　103, 115-7, 167, 169, 179
アメリカ　2-3, 6, 8-15, 21, 23, 26, 28-9, 39, 46, 50, 54, 61, 63-70, 77-9, 90-3, 96, 99, 101, 105-6, 112, 120, 123-4, 125, 127-8, 131-5, 137-8, 141-2, 150, 152, 160, 166, 183-4, 192-3
──公的医療制度　63
──政府　63-4, 92-3, 105
──の持家高齢者の持家評価額　79
イギリス　2, 71, 160, 166, 183, 192, 195-6, 200, 202-3, 209
──産業革命　202
──資金　196
石田高生　197, 199
意思能力　10, 12-3
一括受取方式　77
一体評価　6, 13, 49
一般消費税　140
移住　26, 38, 93, 102, 104, 125, 137, 144, 162, 172, 176, 184, 187, 207　→「住み替え」「買い替え」も参照
──機能　162
移民　23, 109, 114, 116, 146-7, 161, 163, 186, 195, 206

ヴィクトリア　204

永続住宅金融組合　198

永続性株式　198
英米法体系　203

オアフ
────島　3, 101-2, 104-5, 108-11, 115, 118-9, 123, 126, 143-8, 150, 152, 156
────島のジレンマ　101, 106, 126, 128-131, 145
────の住宅取引件数推移　111
────の不動産市場（戸建住宅ブーム）114, 151
オーストラリア　2-3, 71, 121, 159-63, 166-9, 171-2, 174-5, 177-208
────政府　167, 175, 182, 184, 186, 196, 202-3
オーストラリアン・ドリーム　167
オーナー・ビルダー　106
オールインワン取引　125
オールド・システム　204-5
オールド・タイトル　204
沖縄
────県　8, 11, 56-9, 62, 143, 146, 149, 152-5, 157-8
────産業廃棄物税条例　149
────の新設住宅利用関係別着工戸数の推移　153-4
────福祉協議会　62
────振興計画　146
────振興特別措置法　147
────本島　3, 8, 60, 113, 143-7, 150, 152, 154-6

カ　行

カー・シェアリング　103
買い替え　12, 49, 60, 83-4, 103, 112, 132, 141, 175-6, 184, 190　→「移動」「住み替え」も参照
────取引　112
買戻特約付住宅　42
解約権　78, 82, 84-5, 86, 88
カウンセラー　79, 87, 114
カウンセリング　4, 12, 21-2, 66, 69, 73, 79, 84, 86, 88-9, 128, 135, 207

確定申告　189
瑕疵担保責任保険　53
貸家需要　152
過疎化　38, 40, 144, 146
家族型リバースモーゲージ商品　133
家族の同意　26, 193
カナダ　2, 8-10, 14-6, 26, 39, 46, 71, 99, 138, 160, 166, 183, 185, 206
可変性　27, 39, 43
空取引　114
環境
────汚染　145, 148
────会計　149
────金融　149
────破壊　166
関係諸法　4, 12
観光産業　101-2, 105, 108, 111, 147
鑑定評価基準　51, 149

期限付き住宅金融組合　198
既得権　13-4, 44
キニー，カイ　68
逆住宅ローン　38
キャッシュ・フロー　4, 8, 19, 24, 64, 187-8
キャピタル・ゲイン　103, 116, 119-20, 137, 191, 193
共済組合　198, 201-2
協住型住居　16
競争的市場　195
共同販売所　144-5, 157
京都議定書　51
居住
────効用　156
────コスト　166
────性能　33, 48
────福祉環境システム　156
────福祉環境制度　2-3
────用資産　2, 9, 11, 47-8, 71, 77, 114, 121, 134, 139, 155, 172
キルマーチン，レスリー　162

金融
────サービス会社　127

──サービス協同組合 201
──証券市場 44
金利の変動 4, 82

区分所有
──権 7, 121-2, 188
──登記制度 204
組合員 55-6, 63, 198, 200, 202
グラデーション 112, 162
軍事基地 104-5, 109, 131-2

経営的持続性（going concern） 29
経済性要素 143, 180
継承財産 154
月次年金方式 77, 96-8, 190
減価償却制度 49
原価法 47, 50, 137
現金収入 1-2, 68, 84, 95, 152, 181
権限保険 74
建設
──市場 104, 107
──廃棄物 148, 157
現存性
──価値 14, 16, 51-2
建築基準法 14, 34, 51

恒久的な社会保障制度 2
工事契約補償制度 107
工場生産型住宅 73, 82, 85
洪水保険 74, 86, 88
厚生労働省 2-3, 18, 45, 52, 58, 61
高層空間 111
交通
──システム 113
──渋滞 101-2, 104, 110, 113, 145
神戸市災害復興住宅高齢者向け不動産処分
　　型特別融資制度 33
高齢化問題特別委員会 65
高齢者
──住み替え支援制度 40, 47-8
──のまちなか居住 40, 47
──福祉サービス市場 44
コーポラティブ
──・ハウス 73

──住宅組合 202
ゴールドラッシュ移民 195
国有地
──占有法 203
──売却政策 196
──売却法 203
個人家計と住宅関連情報 168-9
個人的志向 205
コステロ，ピーター 171
戸建住宅 7-8, 16, 20-2, 26-8, 30, 39, 41,
　　45, 46-7, 59, 73, 82, 85, 109-10, 116,
　　118, 126, 133, 138, 147-8, 150-1, 155,
　　167-8, 191, 199
──地の住宅価格の都市間比較 168
固定資産税 12, 47, 52, 61, 137
コハウジング 7, 11-2
個別性 206
コミュニティ型（在宅）ケアシステム 93
コンドミニアム 73, 82, 85, 87, 111, 114,
　　116, 118-23, 126, 139, 141-2, 157
──・リゾート・ホテル 121
──市場 111, 118
コンバージョン 16, 44, 62, 65, 77, 86,
　　120-3, 148

サ 行

財産権 14
在宅介護 181
再販指数 119
サステイナビリティ 1, 6, 17, 26-7, 29,
　　39, 41, 48-50, 59, 61, 86, 102, 122-3,
　　148-9, 155-6, 166, 174, 178-80, 185-6
残価設定型リバースモーゲージ 43
産業集積 159, 166
三大リスク 24
自家消費財 154
自己消費（老齢生活資金に変換） 15
資産形成意欲 162
市場
──経済性要素 143
──変動リスク 9, 49
施設型長期ケアシステム 93

索　引　225

自然
──環境性要素　143, 145-6, 150, 152
──性要素　180
シドニー　161-2, 168-9, 190-1, 196
社会
──資本　17, 43, 48, 50, 52, 61, 149, 156
──性要素　180
──責任投資　44
──的責任投資ファンド　150
──福祉協議会　2, 18, 45, 57, 155, 158
借地権　7, 104, 118
借家率　152
収益還元法　47, 49, 51, 137
周期性　161-2, 194
充実人生　22
終身
──性　4, 10, 46
──生命保険契約　59
──年金保険　20, 51, 60
住宅
──価格の比較　117
──鑑定評価　80
──金融組合　196-201, 203
──金融市場　24, 198
──購買力　39, 154
──担保型老後資金ローン　18, 20-1
──の築後年数とリノベーション施工　173-4
──のリノベーションと所有者年齢（1989〜1999年）　178
──リノベーション工事費比率（1997〜1999年）　176
集約化　38
循環性　27, 29, 43, 50, 58, 106, 112-4, 154, 162, 174, 186, 196
ジョイントベンチャー手法　192
償還
──能力　36-7
──猶予　10
条件付販売　199
消費者
──信用組合　202
──保護　87, 106
しょくぎんGOLDローン・長寿　19

殖産銀行　18-9, 50
所得規定　5
自立型
──社会　15
──福祉社会　156
人為的環境　197
人口
──集中　159
──増加　116, 132, 146, 161-3, 166, 186, 196, 197
──密度　146, 166
──流入　145-6, 150
新築住宅　12-3, 34, 43, 110, 112, 119, 124, 169, 174, 184
──市場　112
人的保証　26, 28, 59-60
信用調査情報　73

推定相続人　9, 19, 26, 28, 45
枢密院規定　204
スクラップ＆ビルド　28-9, 33, 38, 52, 60, 147-8, 180, 184
ステュキー、バーバラ　92
スプロール化　101-2
スマート・ハウジング　178-9, 186
スマート・ハウス　178
住み替え　7, 12, 18, 22, 24, 26, 28, 38, 40-3, 46-9, 54, 61, 68, 130, 163, 184
　　→「移動」「買い換え」も参照
──支援制度　40-1, 47-8
スライド方式　190

生活
──サービス・プラン　17
──再建方法　37
──の質の比較　160
──福祉資金　2-4, 18, 45, 57
──保護　10, 13
清算（一括返済）　8

生存
──年数（寿命）　4
──配偶者　4, 10, 45, 75-6, 83, 189

生存権的
——資産　14, 46, 48, 150, 152
——費用　15
政府保証　8, 65-6, 69, 72, 79, 90, 97-8, 126
生命保険会社　203
セール・リースバック　43
セカンド・ハウス　73
セキ，ジーン　125-8, 133, 142
積水ハウス　31-2
ゼネラル・モーターズ　63
全国高齢者週間　94
占有許可制度　203

相続
——意向　59
——志向　193
ゾーニング　13, 76, 131
遡及型融資　60

タ　行

代位弁済　5, 8, 189
対抗要件　7, 205
対象不動産　4, 6, 19-20, 22, 25, 26, 34-6, 55, 187-8
退職
——後の経済的原資　171
——資金　203
——者追跡調査　68
耐震性　52
代替性資産　90
タイムシェア　114-5, 119, 123, 141, 157
タイムシェアリング　122
耐用年数　13, 39, 48, 59, 155
大陸法　203
立入権　122
建物
——長期点検制度　31
——登記制度　204
多様性　4, 6, 11, 14, 43, 108, 124, 184, 186
担保割れ　9, 49, 51, 60

地域
——慣習　58
——在宅ケアプログラム　181
——特性　3, 8, 11, 150, 154-5, 193
地上権　7
中位住宅価格の推移（シドニー）　168, 170
中央三井信託銀行　18, 20-1, 61
中古住宅　6, 12-4, 27-9, 31, 33, 39-40, 44, 50, 61, 107, 110, 112, 116-7, 119, 126, 130, 133, 140, 148-9, 154, 166-7, 172, 174-7, 179, 183-5
——市場　6, 13, 27-9, 39, 50, 60, 112, 126, 148, 172, 174-5, 179, 183-5
——ストック　14, 31, 33, 44, 60, 130, 154, 166-7, 185
長期
——生活支援資金制度　2
——的借地権　104
調和感　206
陳腐化　43, 101-2, 176

低価格住宅　103, 109, 113, 115-6, 131, 141
——供給政策　115-6
定期借地権付住宅　7
定着（建て替え）　2-3, 17, 38, 40, 172, 184
——物　138, 204-5
抵当銀行　196, 197, 199, 201
適応性　3-4, 11, 186
テキサス州　66, 77, 80, 95-6, 98, 129
デザイン・コンセプト　178, 185-6
鉄筋コンクリート造　8, 49, 150, 152, 155, 157
デモンストレーション・プログラム　66-7
東京急行電鉄　43
東京スター銀行　21
同居人規定　37
当座貸越方式　77, 96-7
動産　137, 205
投資銀行　158, 196, 197, 201
島嶼性　102, 143, 146-7

都市
──開発　196-7, 199-200
──開発省　65, 99
──計画法　14, 52
──集中　159, 163, 166
──型社会　159
土地
──選択法　196
──抵当銀行　197
──登記制度　204
トヨタホーム　18, 30-1, 157
トラスク，ハウナニ＝ケイ　103
取引
──事例法　47
──深度　43
──成約価格　154
トレンス・タイトル　204

　　　ナ　行

中野不二男　180
名護市　147, 157

新潟県
──中越大震災復興基金　37
──不動産活用型融資制度　37
西山和夫　112

年収倍率　39, 152, 154
年齢
──規定　5
──別持家（借入）比率（2002〜2003）
　　182
農業協同組合　54-5, 59
農業用地　104, 115, 131
ノーマライゼーション　2, 9, 181, 185
ノンリコース・ローン（非遡及型融資）
　　8, 10, 21, 26, 28, 45, 51, 60, 86-7,
　　126, 135, 187, 189, 192

　　　ハ　行

バイオファイナンス　149

廃棄物ファイナンス　149
配当金　198
ハウスメーカー　2, 24, 31, 59, 155, 157
ハウス・リッチ，キャッシュ・プア　58,
　　152, 156
バブル市場　115
バリアフリー　52, 182
ハワイ
──改正法　135
──州の可処分所得　151
ピアジェ　12, 55

東恩納良吉　110
非課税資産　138
非銀行金融機関　197
被災高齢者　37
非遡及型融資　8, 26, 28, 45

付加価値　6, 29, 49-50, 52, 61, 62, 163,
　　174, 176-8, 180, 185
付加物　205
福祉
──資金貸付制度　3, 48, 58
──性　3-11, 14, 45, 48, 53, 180
──的効用　29, 134, 156
複利　187, 189, 190-1
──融資　190
負債化現象　154
付着物　205
復興住宅建設（取得）資金　18
物的保証　26, 28, 59-60
不動産　→随所に
──価格の変動　4, 194
──金融機関　196
──金融銀行　197
──権　118, 203
──資産税　136-8
──市場　2-4, 14-5, 17, 38-9, 42-4, 55,
　　108-9, 112-5, 118, 131, 137-8, 150-1,
　　159, 169, 183, 185, 194, 200
──賃借権　122
──登記法　138, 204, 207
──投資会社　199, 201
──投資銀行　196-7, 201

──投資ブーム 196, 200
──ブーム 199, 200
──流通税 53, 184
不法占有者（スクオター） 204
フラ・メイ・プログラム 116
フランス 2, 12, 16, 38, 62, 123, 203
フロス市場 120
文京区 47

米国 HECM 利用状況 90-1
ベビーブーマー世代 42, 64
変動性要素 4
法定後見人制度 13
ホームエクイティ・ローン 21
牧羊地借地契約 204
保険資産 93
保証保険 88, 90
ホノルル市 101, 103-4, 106, 113, 117, 126, 136, 140-1

マ　行

まちなか暮らし 42
マンション 6-7, 21, 26, 28, 38, 41, 46-8, 86, 120, 123, 126, 142, 154

みずほ銀行 150
三菱 UFJ 信託銀行 150
民法 51, 137-8, 204-5

無機的環境要素 143
武蔵野市福祉公社 2

メルボルン 161-2, 190-1, 196-7, 202
──植民地土地投資会社 197

模合 57
モーゲージ
──・ブローカー 126-8
──業務のプロセス 127
モービルハウス 85, 188
木造住宅維持費の建物年齢推移 173-4
持家（既存住宅） 1
──高齢者 2, 16, 45-7, 52, 61, 64-5,

67-70, 78-9, 91-2, 95, 97-8, 124, 128, 182-3, 185-6, 188, 190, 192-3
──資産福祉年金転換制度 45
──世帯の資産力 162
──の課税負担 140
──率 17, 114, 123, 158, 167, 182
持株 199
モデュール・ホーム 73
門中 57

ヤ　行

遺言執行引受予諾契約 34
有機的環境要素 143
融資
──極度額 6, 10, 20, 22, 25, 46, 78, 81-3, 129, 168, 188, 190
──と利用者年齢層 188
──費用 88
──枠制限保護 88
ユニバーサル・デザイン 179

4つの経験則 98

ラ　行

ライフサポートサービス 18, 29-30
ライフスタイル 3, 12, 14, 23, 31, 38-40, 43, 50, 58-9, 92, 105, 134, 141, 160, 167, 172, 177, 184-5, 193, 206

リサイクリング（リサイクル） 44, 131
リスク 4, 9-10, 24, 36, 49-50, 67, 77, 87, 147, 149, 171, 187, 190, 192, 200
──テイキング 9, 43, 50-1, 60
──機能 51
リゾート
──・オフィス・促進プロジェクト 146
──・ホーム需要 112
──・マンション 123
リターン（再販譲渡益） 174
リタイア・コミュニティ 102
リノベーション 16, 39, 41-2, 48-50, 52-3, 62, 123, 149, 172-8, 180, 184-5

索　引　229

──＆セル　61
リバースモーゲージ　→随所に
──・インシュアランス・コンセプト　64-5
──市場　2-3, 6, 11, 13-4, 19, 24, 44, 55-6, 66-9, 90, 93, 126-9, 174, 181, 183, 185-6, 190-2
リファイナンス　76, 89
リムーブ　18, 24-9

利用対象者　4, 19-20, 22, 25, 32, 58, 156, 186, 188
レイト・ロック・イン　88
連帯保証　9, 22, 26, 28, 32, 35, 45, 59-60, 187

ワ　行

ワタミ・グループ　18

著者略歴

倉田　剛（くらた　つよし）
・日本大学大学院法学研究科博士前期課程（修了）
・法政大学大学院社会科学研究科博士前期課程（修了）
・法政大学大学院社会科学研究科博士後期課程（学位取得後退学）
・一級建築士・経営学博士（法政大学）
・研究分野：リバースモーゲージ論・居住環境福祉論・住宅資産論・福祉環境経営学
・現在：住宅資産研究所（主宰）・一級建築士事務所（代表）・法政大学現代福祉学部（講師）
・著書：『リバースモーゲージと住宅』（2002年，日本評論社）
　　　　『少子高齢社会のライフスタイルと住宅』（2004年，ミネルヴァ書房）
　　　　『団塊世代とリバースモーゲージ』（2006年，住宅新報社）

持家資産の転換システム
―― リバースモーゲージ制度の福祉的効用

2007年3月1日　　初版第1刷発行

著　者　倉田　剛
発行所　財団法人　法政大学出版局
　　　　〒102-0073 東京都千代田区九段北 3-2-7
　　　　電話 03 (5214) 5540　振替 00160-6-95814
組版：海美舎　印刷：平文社　製本：根本製本
© 2007 Tsuyoshi Kurata
Printed in Japan

ISBN978-4-588-65509-8

サービス・マーケティング入門
フィスク，グローブ，ジョン／小川孔輔・戸谷圭子監訳 ……………3000円

日本の企業経営　歴史的考察
一寸木俊昭 ……………………………………………………………3800円

産業集積の経済地理学
山本健兒 ………………………………………………………………2700円

社会を越える社会学　移動・環境・シチズンシップ
J.アーリ／吉原直樹監訳 ……………………………………………5000円

場所を消費する
J.アーリ／吉原直樹・大澤善信監訳 ………………………………2200円

観光のまなざし
J.アーリ／加太宏邦訳 ………………………………………………3300円

PR！　世論操作の社会史
S.ユーウェン／平野秀秋・挾本佳代・左古輝人訳 ………………6900円

メディア・コミュニケーション
石坂悦男・田中優子編 ………………………………………………2000円

テレビと日本人　「テレビ50年」と生活・文化・意識
田中義久・小川文弥編 ………………………………………………3800円

畏怖する近代　社会学入門
左古輝人著 ……………………………………………………………1890円

社会システム論と自然　日本社会学史学会2000年度奨励賞受賞
挾本佳代著 ……………………………………………………………4300円

ヒト・社会のインターフェース
小林修一著 ……………………………………………………………2500円

国立公園成立史の研究　開発と自然保護の確執を中心に
村串仁三郎 ……………………………………………………………7500円

水の法と社会　治水・利水から保水・親水へ
森實／平成2年度日本農業法学会賞受賞 …………………………5800円

＊表示価格は税別です＊